Das war 94

STERN JAHRBUCH

das war 94

Herausgeber:	Dr. Werner Funk
Programmleitung und Textredaktion:	Dr. Manfred Leier
Bildredaktion:	Beate Magrich
Gestaltung:	Herbert Suhr
Verlagsleitung:	Peter Remmersen
Produktion:	Bernd Bartmann, Druckzentrale G + J
Satz:	Karl Neef GmbH & Co., Wittingen
Lithographie:	MWW Repro, Hamburg
Druck:	Mohndruck, Gütersloh

1. Auflage 1995
ISBN: 3-570-19038-2

Zu diesem Buch

Das neue Jahrbuch des STERN ist eine besonders dramatische Fotochronik. In Afrika gehen die Bürgerkriege weiter, auch wenn durch Mandela im Süden des Kontinents erstmals Hoffnung auf ein friedliches Zuammenleben von Schwarz und Weiß aufkommt. In Bosnien treibt der Bürgerkrieg der Entscheidung entgegen – die Ohnmacht der Uno, die Gerüchte über den Abzug der Schutztruppen sind mehr als ein schlimmes Zeichen für die Zukunft. Und im Nahen Osten ist die Gründung der autonomen palästinensischen Gebiete um Gaza und Jericho ein bescheidener Anfang für die Befriedung der Region. Immerhin: Zwischen Jordanien und Israel wurde ein Friedensvertrag geschlossen, und auch die Syrer verhandeln mit den Israelis über die Vorbedingungen für ein konfliktfreies Zusammenleben. Das jedenfalls läßt hoffen – auch wenn Fanatiker mit selbstmörderischen Attentaten versuchen, diesen Befriedungsprozeß aufzuhalten. In Haiti kehrte vorerst Ruhe ein, nachdem der Diktator – unter massivem Druck aus Washington und nach der Landung amerikanischer Truppen – das Land verlassen hatte, auf Kuba geht die Ära Castros langsam zu Ende, und in Algerien forcierte die fundamentalistische Opposition ihre Terroranschläge spektakulär durch die Entführung einer Air-France-Maschine, die von den Attentätern über Paris in die Luft gesprengt werden sollte – ein grausiges Szenario, dessen Realisierung uns erspart blieb, weil eine französische Eliteeinheit das Flugzeug in Marseille stürmen konnte.

Innenpolitisch endete das „Superwahljahr“ mit einem hauchdünnen Sieg der Koalition, doch auch hier stehen die Zeichen auf Veränderung: Ob die FDP nach ihren schweren Wahlniederlagen eine Zukunft hat, ist noch nicht ausgemacht. Erfreulicher ist die Entwicklung in der Wirtschaft. Nach der schlimmen Rezession begann der Aufschwung und verhalf dem Kanzler zum Wahlsieg – aber auch dies ist zunächst nur ein Scheck auf bessere Zeiten. Einen neuen Helden haben die Deutschen aber doch in diesem Jahr bejubeln können: Rennfahrer Michael Schumacher wurde Weltmeister in der Formel 1. Bilder von seinen Rennen sind ebenso in diesem Buch enthalten wie die wichtisten Ereignisse aus Politik und Mode, Wissenschaft und Kultur, Wirtschaft und Society.

Hamburg, im Januar 1995

Die Redaktion

Bildtexte:
Mario R. Dederichs,
Manfred Leier, Jo Viellvoye
Synchronopse:
Matthias Weber

Highlights

Ausland

Deutschland

Szene

Kultur

Sport

Wirtschaft

Umwelt

Wissenschaft

Leute

Beilage: Poster „Die Schlacht um Bonn", gezeichnet von Wieslaw Smetek unter Benutzung eines Gemäldes von Jan Matejko

Winter-Olympiade in Lillehammer: Feuerwerk und Lichtfontänen eröffnen eine neue Zeitrechnung des Sports. In Norwegen finden die ersten Olympische Spiele im veränderten Rhythmus statt – nicht mehr Sommer- und Winterspiele im selben Jahr, sondern wechselweise im Abstand von zwei Jahren. Dank der überwältigenden Gastfreundschaft der Norweger gerät die Premiere – hier die festlich illuminierte Eröffnungsveranstaltung – zum umjubelten Erfolg.

Braune Brühe, ganz ohne politische Symbolik: Zu Beginn des Super-Wahljahrs 1994 begab sich dieses TV-Team, bemüht um Lebensnähe, bis zur Hüfte in das Hochwasser der Mosel bei Cochem. Langanhaltende Regenfälle hatten Rhein und Nebenflüsse gewaltig ausufern lassen.

Es war – politisch – wohl schon später als viertel vor zwölf, als sich Nelson Mandela auf einer Wahlveranstaltung über dieses Geschenk freuen durfte. Inzwischen, seit dem 10. Mai 1994, ist der 75jährige Freiheitskämpfer Staatspräsident Südafrikas.

Der Moskauer Kreml im Winter: Erstmals wurden die goldenen Kuppeln des Präsidentensitzes aus der Luft fotografiert. Boris Jelzin persönlich gab die Einwilligung, daß der Fotograf Dieter Blum am 20. Februar aus einem Hubschrauber heraus dieses Foto machen durfte. Von militärischen Aufnahmen abgesehen ist der Kreml bisher nie aus der Vogelperspektive fotografiert worden.

Der US-Flugzeugträger „George Washington“ zwängt sich im Oktober durch den Suezkanal, um Kuwait gegen einen befürchteten irakischen Überfall beizustehen. Die Fahrt durch diese enge Wasserstraße vom Mittelmeer in den Persischen Golf kostet den Riesen 500 000 Dollar Gebühren

Mord in Haiti: Vor den Augen des Fotografen wird ein Anhänger des gestürzten Präsidenten Aristide erschossen. Zu Elend, Armut und Hunger kommt in dem ärmsten Land der Karibik die Mordlust einer marodierenden Soldateska – die entfesselte Anarchie kennt keine Achtung vor dem Leben eines Menschen.

Der größte Fisch der Welt ist auch der geheimnisvollste. Vom Walhai weiß man nur, daß er in warmen Meeren lebt, etwa 15 Meter lang und rund 15 Tonnen schwer wird. Zu sehen sind die friedlichen Riesen nur extrem selten.

Vor der australischen Küste beobachtet STERN-Reporter Gerd Schuster (zwei Meter groß) einen rund zehn Meter langen Walhai.

Vor dem Horn von Afrika treiben mehr als 900 Menschen im Meer. Sie haben die brennende „Achille Lauro“ verlassen, nachdem am Morgen des 30. November im Maschinenraum des Luxusliners ein Brand ausgebrochen war. Da der Kapitän rechtzeitig SOS funkte und das Meer ruhig war, konnten 576 Passagiere und die Besatzung von herbeigeeilten Schiffen aufgenommen werden. Nur drei Menschen kamen bei der Katastrophe ums Leben.

Auch Schrott will bewacht sein: Im sächsischen Weißkessel sind ausgemusterte Panzer aus Beständen der ehemaligen Nationalen Volksarmee abgestellt. Ein Wachsoldat, der einen scharfen Schäferhund an der Leine führt, sichert das Gelände.

Ritt über das Matterhorn – auf einer Kunststoff-Mirage von 1,80 Meter Länge und einem Meter Spannweite! Aus 6000 Meter Höhe segelt der Schweizer Yves Rossy (normalerweise fliegt er einen Swissair-Jumbo) hinunter auf 3000 Meter und landet, per Fallschirm, sanft auf einem Gletscher-Plateau.

Mit ölverschmiertem Frack warten diese Pinguine von Dassen Island vor der südafrikanischen Küste auf die Hilfe der Menschen. Hubschrauber flogen 5000 aufs Festland, wo sie gewaschen und dadurch gerettet wurden.

Ausland

Niemand kann sagen, die Katastrophe sei aus heiterem Himmel über Ruanda hereingebrochen. Warnzeichen hatte es genug gegeben: In einem der ärmsten und überbevölkertsten Länder der Erde, gebrandmarkt durch Jahrhunderte alten Haß, Jahrzehnte blutiger Massaker und Jahre erbitterten Bürgerkriegs, wurde ein Friedensvertrag mißachtet und eine Waffenruhe gebrochen, kamen Gewehre in die Hände fanatisierter Schergen. Beobachter der Vereinten Nationen schlugen Alarm: Die Hutu holten zum Schlag gegen die Tutsi aus.
Selbst ausländischen Waffenlieferanten schien die Lage zu „instabil" für weitere Lieferungen. Die Welt jedoch nahm keine Notiz: Krieg und Stammesfehden, Flucht und Elend in Schwarzafrika – was war daran schon so ungewöhnlich?
Das Ungewöhnliche an der Katastrophe in Ruanda lag in ihrem Ausmaß: Sie stellte alle anderen Bluttaten des Jahres in den Schatten. Überlebende erfuhren „die Hölle auf Erden". Am 6. April kam Ruandas Präsident Juvénal Habyarimana, ein Hutu, bei einem Flugzeugabschuß über Kigali ums Leben. Damit fiel gleichsam der Startschuß zu einem von Hutu-Politikern und -Militärs vorbereiteten Gemetzel an der Tutsi-Minderheit und an gemäßigten Hutus.
Eine halbe Million Menschen fiel diesem Völkermord zum Opfer, ehe die Killer von der Tutsi-Bewegung FPR verjagt wurden. Das war Mitte Juni. Zweieinhalb Monate lang, während ein Volk beinahe ausgerottet wurde, tat die Weltgemeinschaft – nichts. Die UN zogen lediglich ihre wirkungslose Waffenstillstandstruppe ab – zehn belgische Soldaten waren gestorben, als Hutu-Häscher sie zusammen mit der Ministerpräsidentin Agathe Unwilingiyimana ermordeten. Die USA bemühten sich, die Ereignisse nicht als „Genozid" anzuprangern. Das hätte sie nämlich zum Eingreifen verpflichtet, wie auch alle anderen Nationen, die nach dem Nazi-Völkermord nie wieder tatenlos zusehen wollten...
Doch der hehre Vorsatz, verankert 1948 in der UN-Konvention zur Verhinderung und Bestrafung von Genozid, war längst gebrochen worden – zuletzt auf dem Balkan. Auch gegen das Wüten der serbischen Aggressoren im islamisch geprägten Bosnien-Herzegowina, gegen Folterlager, Massenvergewaltigungen und Vertreibung – verharmlosend „ethnische Säuberung" genannt – hatte die „Neue Weltordnung" nichts aufzubieten als Appelle und Nothilfe, Nadelstiche in Form seltener Nato-Luftangriffe und einen einzigen Kriegsverbrecherprozeß. Am Ende machte das Eingreifen alles nur schlimmer: UN, Nato, Europas Union und die USA mußten die von den bosnischen Serben „mit Blut gezogenen" Grenzen hinnehmen.
Die Signale von Sarajevo sind entsetzlich: Moslems fühlen sich, wieder einmal, vom Westen verraten – das ist Wasser auf die Mühlen der Eiferer in Algerien, im Iran und im Gazastreifen. Die Macht der Bündnisse, ihr Anspruch auf Schutz des Rechts, erweist sich als hohl. Am schlimmsten aber wirkt die Schlußfolgerung, daß sich Gewaltanwendung in der Politik wieder lohnt.
Hinter dem Appeasement stand die Arthritis der Macht in den großen Zentralen von einst: In Washington kämpft Präsident Bill Clinton, seiner parlamentarischen Mehrheit beraubt, um sein politisches Überleben. In Moskau taumelt Boris Jelzin von einer Krise in die nächste. In London und Bonn regieren Premierminister John Major und Bundeskanzler Helmut Kohl auf brüchig gewordenen Grundlagen. In Paris und Peking lähmt das lange Sterben von François Mitterrand und Deng Xiaoping die Zukunftsorientierung. In Tokio blockiert die einstmals allmächtige Liberaldemokratische Partei die überfällige Systemreform mit allen Mitteln. Arbeitslosigkeit, Steuerlast, Staatsschulden, Wettbewerbszwänge, Zukunftsängste plagen die Regierenden. Wer hat da noch Energie für Bosnien oder Ruanda?
Die Friedenssicherung überließ man den UN, seit mit dem Ende des Kalten Krieges die Gefahr des „Omnizids", der (nuklearen) Vernichtung allen Lebens, gebannt war. „Die Globalisierung der Ereignisse muß man einfach akzeptieren", betonte UN-Generalsekretär

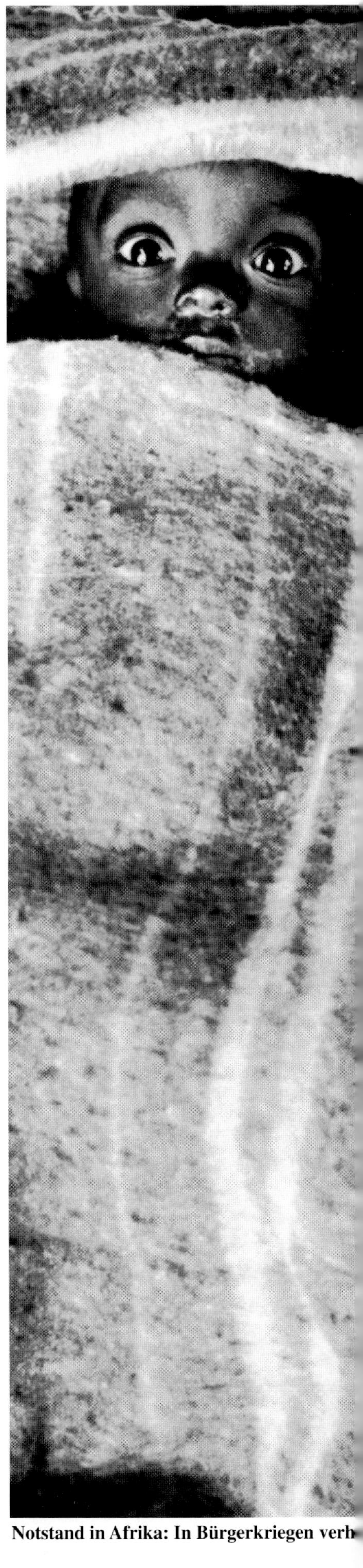

Notstand in Afrika: In Bürgerkriegen verh

n in vielen Ländern die Kinder des Schwarzen Kontinents

Boutros-Ghali. „Statt einer großen Konfrontation haben wir jetzt hundert kleine, und die kosten uns weniger als ein Prozent dessen, was wir während der großen Konfrontation ausgegeben haben." Doch 1994 verloren die „Blauhelme" ihren Rang als weltpolitisches Allheilmittel.

Zu viele ihrer zunächst gefeierten Erfolge verblaßten schneller als die Morgenröte: Somalia, Angola, Kambodscha – und Bosnien. Wo der Wille zum Frieden fehlt, kann niemand ihn aufzwingen, schon gar nicht mit Halbherzigkeit. Und es gibt, vor allem im ehemaligen „Ostblock", genug Reibungsflächen für neue verheerende Brände: rassistischer Haß, religiöse Intoleranz, willkürliche Grenzen, überholte Ansprüche. Dabei schadet, daß der Westen Rußlands Hegemonie über die einstigen Sowjetrepubliken hinnimmt und sogar die blutige Invasion des quasi-unabhängigen Tschetschenien als „innere Angelegenheit" abtut. Wenn seine früheren „Satelliten" dann Schutz in der Nato suchen, zürnt Moskau: Brüsk warnte Jelzin beim Budapester Gipfel im Dezember vor einem „kalten Frieden" .

Es schien 1994, als sei Frieden nur da möglich, wo die Gegner endlich des Mordens und Zerstörens überdrüssig geworden sind: im Nahen Osten, in Südafrika, in Nordirland, in Mittelamerika. Oder, wo der Gewaltverzicht durch wirtschaftliche Konzessionen schmackhaft gemacht wurde. So vermieden die USA eine gewaltsame Besetzung Haitis, indem sie die herrschende Junta mit Beute und ohne Strafe abziehen ließ. So verhinderten sie einen möglichen Atomkonflikt, indem sie Nordkorea für die Aufgabe seiner nuklearen Ambitionen reichlich entlohnten.

Weniger beachtet als die Schatten von Ruanda und die Signale von Sarajevo blieb das Warnzeichen von Kairo. Dort zeigte im September die vierte Weltbevölkerungskonferenz auf, was die Welt erwartet: Heute fünfeinhalb Milliarden Bewohner, in 25 Jahren schon acht. Der Druck der zunehmenden Massen auf die abnehmenden Lebensräume und Naturreserven der Erde steigt Jahr für Jahr. Im Verteilungskampf gewinnen weltweit die Reichen. Den Armen bleibt nur die Wahl zwischen Hinnehmen und Wegnehmen, meist von anderen Armen. Weitere „Ruandas" scheinen programmiert, auch da, wo der Himmel noch heiter ist. *Mario R. Dederichs*

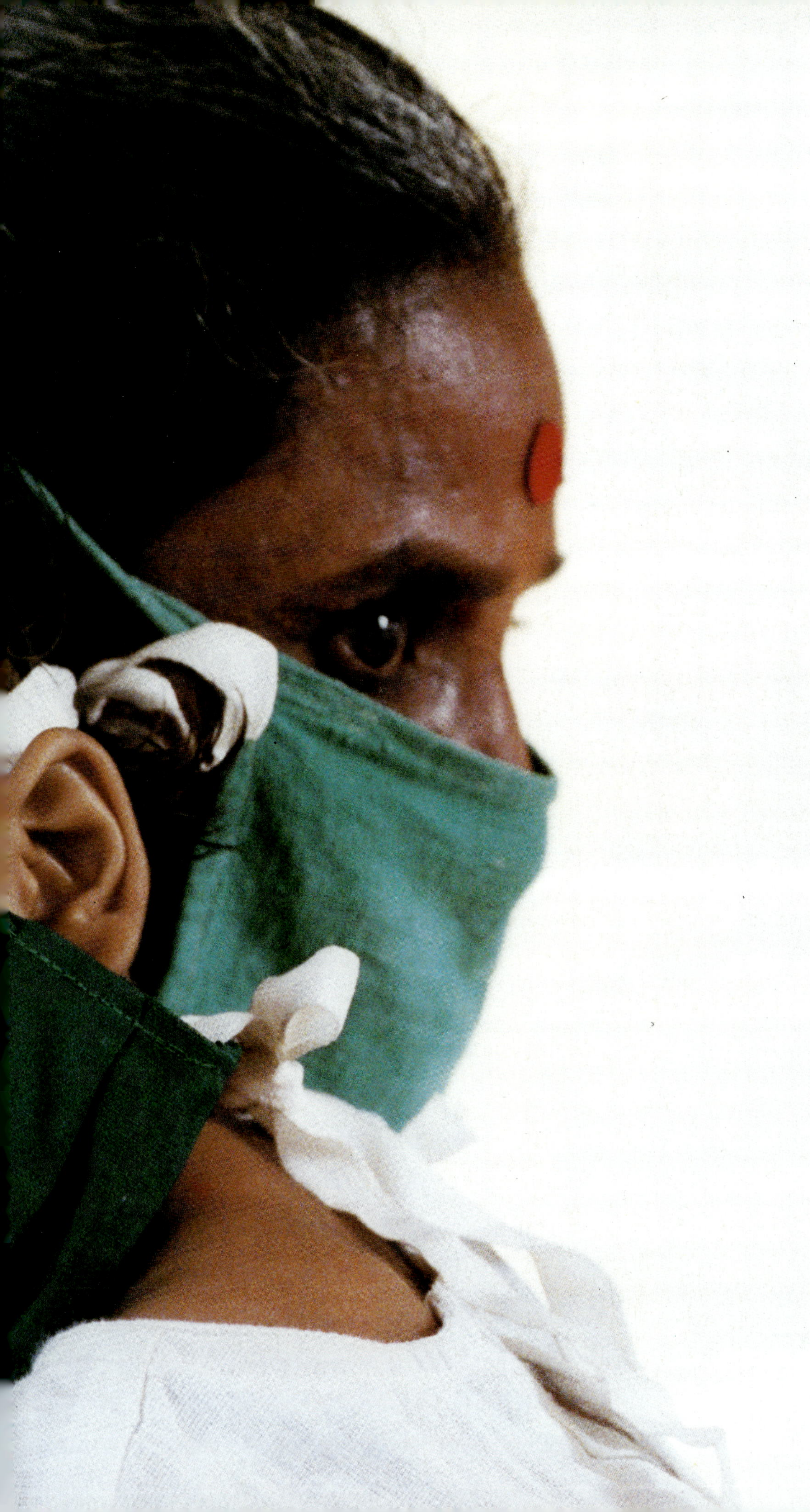

Der schwarze Tod grassiert in Indien

Man hielt sie längst für besiegt, endgültig überwunden, durch Medizin und Pharmazie gebannt. Wer wußte schon, daß es weltweit immer noch 1500 Pestfälle jährlich gibt, vorwiegend in Asien, aber auch in den USA? Doch dann tritt die Pest im September in der westindischen Hafenstadt Surat auf, infiziert etwa 3000 Menschen, fordert mehr als 50 Tote. Insider glauben diesen offiziellen Zahlen nicht, halten die Wahrheit für viel schlimmer, verweisen auf die katastrophalen sozialen und hygienischen Verhältnisse im Land, vor allem in den großen Städten. Erreger der Lungenpest, um die es sich in Surat handelt, ist die Bakterie „Yersinia Pestis". Sie lebt in Nagetieren wie Ratten. Flöhe übertragen die Krankheit auf Menschen, durch Husten wird sie weiterverbreitet. Antibiotika können die Pest bekämpfen. Schutztücher vor Mund und Nase sollen das Risiko der Ansteckung verringern. Doch weit mehr Menschen setzen auf Flucht. Nur durch umfangreiche Schutzimpfungen wird letztlich die große Katastrophe verhindert.

Arafat kehrt heim nach Gaza

Siebenundzwanzig Jahre nach seiner Flucht aus dem von Israel besetzten Palästina kehrt Jassir Arafat am 1. Juli aus dem Exil in Tunis zurück. Am Nachmittag passiert seine Wagenkolonne von Ägypten kommend den Grenzort Rafah, und dort küßt „Abu Ammar" (eine Deutung seines Namens: „Der Unbeugsame", eine andere: „Vater des Amman", ein Kämpfer und Begleiter des Propheten Mohammed), wie sein Kampfname lautet, den Boden des inzwischen autonom gewordenen Gaza-Streifens. Anschließend fährt Arafat weiter nach Gaza-City, wo er von etwa 70 000 jubelnden Palästinensern empfangen wird. Im offenen Wagen steht Nabil Schaath neben ihm, sein Unterhändler bei den Friedensverhandlungen mit Israel (Foto). Im September '93 hatte Palästinenser-Führer Arafat in dem Abkommen von Washington mit den Israelis Autonomie für die Gebiete um Gaza und Jericho ausgehandelt, doch erst zehn Monate später betritt der Architekt der jüdisch-palästinensischen Verständigung erstmals wieder palästinensischen Boden.

Der Massenmord von Hebron

Ein Mann wird, unter drohend geballten Fäusten, zu Grabe getragen, Opfer des politischen Amoklaufs eines israelischen Extremisten. Am frühen Morgen des 25. Februar hat der aus New York stammende jüdische Siedler Baruch Goldstein, 42 (Foto oben), Arzt und Vater von vier Kindern, die Moschee am „Grab des Patriarchen“ in Hebron betreten. Er trägt die Uniform eines Reserveoffiziers der israelischen Armee. Vor allem aber trägt er ein Schnellfeuergewehr. Mit ihm schießt er wahllos auf die zum Gebet versammelten Moslems, tötet 29 und verwundet 125, ehe er selbst gelyncht wird. Das schlimmste Massaker seit 1967, als Israel die Westbank und den Gazastreifen besetzte, läßt erneut die Spirale von Gewalt und Gegengewalt rotieren. In Beirut tötet wenig später eine Bombe der fundamentalistischen „Hamas“ zehn Christen in einer Kirche. Im Westjordanland sterben Araber bei Straßenschlachten mit der israelischen Armee. Die Welt, vor allem die Regierung Israels, bekundet Entsetzen, doch die Witwe Goldsteins fragt allen Ernstes, wann endlich die Mörder ihres Mannes vor Gericht gestellt werden…

Tel Aviv: So wird der Frieden zerstört

Ein Bild des Grauens: das verbogene Gerippe eines Busses, Metallfetzen, Glassplitter, Leichen und Leichenteile, die bis auf die Dächer der umstehenden Geschäftshäuser geschleudert wurden. Am 19. Oktober 1994, morgens gegen 9 Uhr, zündete ein Mann in einem vollbesetzten Omnibus der Linie 5 auf der belebten Dizengoff-Straße in Tel Aviv eine etwa 20 kg schwere Bombe. Sie explodierte in dem Augenblick, als auf der Gegenfahrbahn ein anderer Bus vorbeifuhr. 22 Tote und 48 zum Teil schwer Verletzte forderte die Wahnsinnstat eines palästinensischen Extremisten, der sich selbst mit in die Luft sprengte und später als „Märtyrer" gefeiert wurde. Der Anschlag war wieder ein Akt der fundamentalistischen „Hamas", deren Mitglieder die Friedensbemühungen Rabins und des PLO-Chefs Arafat bekämpfen. Für sie ist Arafat ein „Verräter". Auch in Israel wächst die Opposition gegen die Friedenspolitik: „Wenn Köpfe durch die Straßen rollen", stammelte entsetzt ein Geschäftsinhaber am Ort des blutigen Geschehens, „kann das Frieden sein?"

Hamas: Mord im Namen Allahs

Den Koran in der einen, die Axt in der anderen Hand, demonstrieren vermummte Palästinenser im Gaza-Streifen gegen Israel. Es sind Mitglieder der radikalen Hamas-Bewegung (Hamas = Eifer, Begeisterung), die sich die Vernichtung Israels und die Gründung eines islamischen Staates in Palästina zum Ziel gesetzt hat. Sie bekämpft den Friedensprozeß im Nahen Osten, vor allem das Abkommen zwischen Israel und der PLO Jassir Arafats. Zur Durchsetzung ihrer politischen Ziele bedient sich die Hamas zunehmend terroristischer Gewalt. Bombenanschläge und Entführungen sollen die Lage in den autonomen Palästinenser-Gebieten destabilisieren und den Frieden zwischen Arabern und Juden unmöglich machen. Hamas begreift sich als Motor einer islamischen Renaissance in der arabischen Welt. Sie kämpft für eine religiöse Ordnung und die Durchsetzung der „Scharia“, des islamischen Religionsgesetzes.

Handschlag für den Frieden

Dieser Händedruck im Arav-Tal zwischen Israel und Jordanien, inszeniert inmitten der Wüste und früheren Minenfeldern, hat die Welt bewegt: Jordaniens König Hussein (links) und Israels Ministerpräsident Rabin besiegeln am 26. Oktober einen Friedensvertrag, der 46 Jahre Kriegszustand zwischen den beiden Nachbarländern beendet. US-Präsident Bill Clinton, prominentester unter den 4500 Ehrengästen und Repräsentant der Ordnungsmacht im Nahen Osten, applaudiert und spricht von einem „Frieden der Tapferen". Nach jahrelangen Geheimverhandlungen wagt Jordanien als zweites arabisches Land den Frieden mit Israel. Der freie Grenzverkehr der den Feinde von einst beginnt, diplomatische Beziehungen werden aufgenommen. Doch am Tag der Friedenszeremonie, zu der PLO-Chef Arafat nicht eingeladen wurde, fliegen Helikopter über den Köpfen der Politiker Patrouille, sollen 6000 Polizisten Anschläge durch extremistische Fundamentalisten verhindern. Und im Norden des Landes suchen die Menschen die Luftschutzkeller auf: Mit Raketen aus dem Libanon grüßt die Terrororganisation Hisbollah im Namen Irans und der Hamas.

Die Queen im Land der Zarenmörder

Boris Jelzin durfte stolz sein. Noch nie hatte ein britisches Staatsoberhaupt russischen Boden betreten, doch Elizabeth II. und Prinz Philip gaben ihm, auch „Zar Boris" genannt, die Ehre. Dies sei „die höchste Form der Anerkennung dafür, daß sich das Land auf dem Wege zur Demokratie befindet", ließ Jelzin verbreiten und erwies sich der Ehre würdig: Charmant und höflich, auch seine Schwäche für Wodka gut im Griff, geleitete er die hohen Häupter durch den Kreml, die Tretjakow-Galerie und ins Bolschoi-Theater (r.), begleitete sie nach St. Petersburg und durch die Eremitage und erfreute sich der allgemeinen Bewunderung für seine königlichen Gäste und wohl auch ein bißchen für sich selbst. Vor 76 Jahren war die weitläufige russische Verwandtschaft der Windsors von Bolschewiken, Jelzins politischen Ahnen, liquidiert worden. Der ermordete Zar Nikolaus II. war ein Vetter König Georgs V., Elizabeths Großvater. Seither herrschte Eiszeit zwischen Buckingham Palace und Kreml.

Kuba – Insel der Tränen

Im karibischen Blau ein Bild puren Jammers: Vor der kubanischen Küste treibt das Wrack eines Floßes. Verzweifelt klammern sich zwei Menschen an die Reste. Sie werden gerettet, doch ihre Hoffnung ist dahin. Die Hoffnung, mit dem selbstgebauten Floß die amerikanische Küste zu erreichen, Florida, wo das Leben nicht nur aus Elend und Armut besteht, wo die Läden voll sind, wo es Autos gibt und Kleider und Schuhe und genug zu essen – nicht nur Reis und Bohnen in Mini-Rationen. Der Zusammenbruch des Ostblocks beraubte Kuba der letzten Stütze, die ihm nach dem Wirtschaftsembargo der USA und anderer westlicher Staaten, darunter Deutschland, geblieben war. Das Leben auf Fidel Castros Zucker-Insel wurde immer bitterer und ließ vergessen, was der Sozialismus hier zustande gebracht hatte: ein respektables Gesundheitswesen, eine bemerkenswerte Bildungsreform, ein erstaunliches Maß an Solidarität und gesellschaftlichem Bewußtsein. Die andere Seite der Medaille: Wie in jedem autoritären Regime wird die Opposition brutal unterdrückt, sind die Versorgungsprobleme so groß, daß immer mehr Kubaner den Weg über das Wasser suchen. Ende August wurden täglich bis zu 3000 von der US-Küstenwache aufgefischt. Wie viele durchkamen oder ertranken, ist nicht bekannt. Fidels stillschweigende Duldung des Exodus setzt die USA so unter Druck, daß Bill Clinton die geflüchteten Kubaner in Lager interniert. Erstmals nimmt der US-Präsident auch Verhandlungen mit Castro auf. Gibt es doch noch Hoffnung für Fidel Castro?

Die verbrannten Frauen von Samarkand

Im Krankenhaus Nr. 1 von Samarkand, der zweitgrößten Stadt der mittelasiatischen Republik Usbekistans, liegt Musullah Saturowa, 26, Mutter von vier Kindern. Sie ist eingewickelt wie eine Mumie, denn Kopfhaut, Gesicht, Hals, Arme und Atemwege sind schwer verbrannt. Musullah wimmert und röchelt, im Krankenhaus fehlen Schmerzmittel ebenso wie Blutplasma. Neben dem Bett steht Musullahs Mutter, murmelt Suren aus dem Koran und beteuert immer wieder: „Gott hat uns bestraft." Sie will nicht wahrhaben, daß ihre Tochter sich selbst anzündete und sich das Leben nehmen wollte. Jahrelang war Musullah von ihrem Mann geschlagen und gefoltert worden – Schicksal vieler Frauen in Ländern wie Usbekistan, der seit 1991 selbständigen Republik der ehemaligen Sowjetunion. Selbstverbrennungen sind an der Tagesordnung, Oberarzt Erkin Gafarow schätzt die Zahl auf 800 jährlich. Er hat in den letzten 15 Jahren mehr als 4000 Operationen mit Hauttransplantationen vornehmen müssen. „Was ist das für eine Gesellschaft", fragt Gafarow, „in der Männer ihre Frauen in den Tod treiben?"

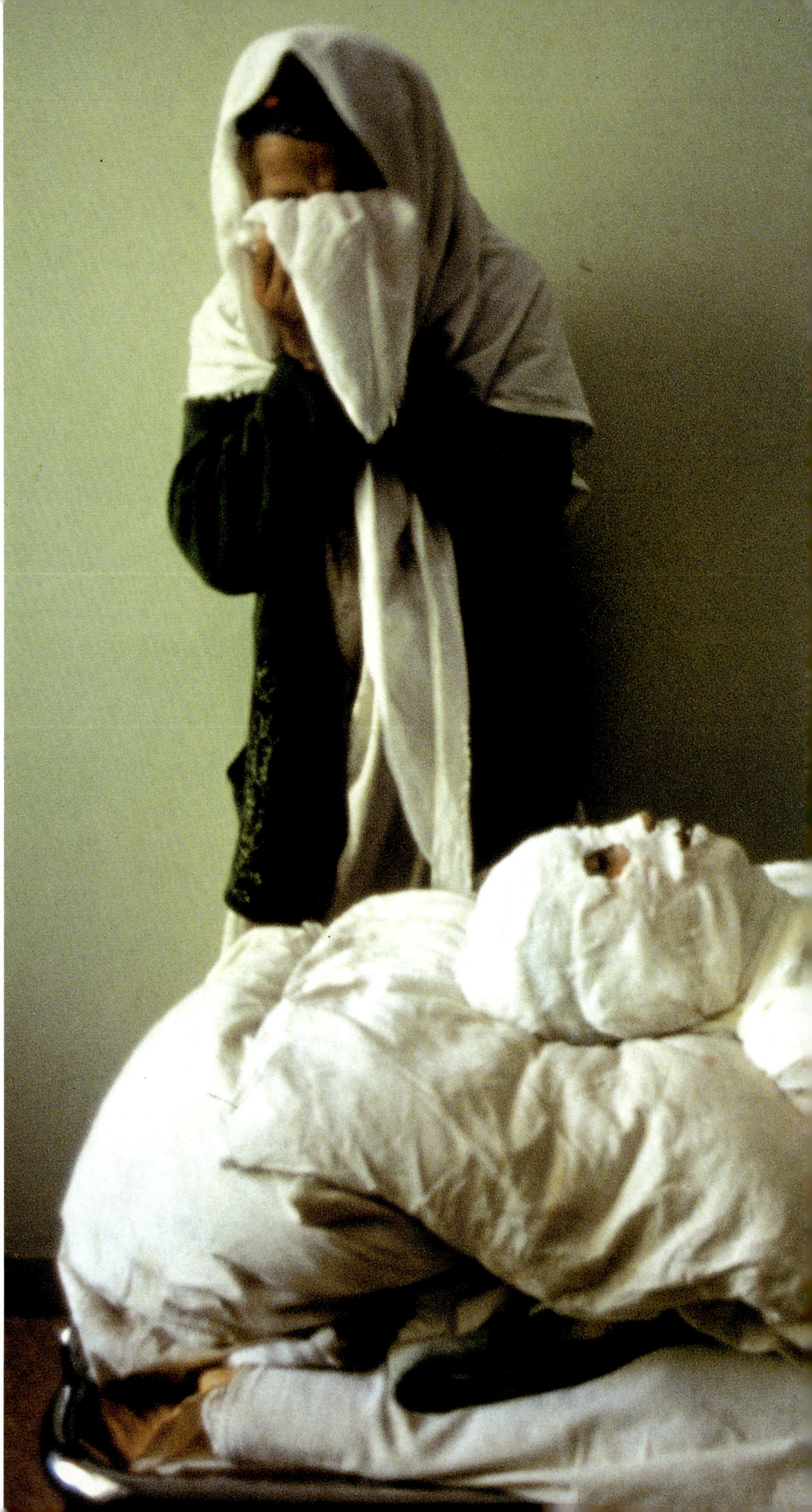

Letzte Fahrt des „Großen Führers"

Ein Bild vom Bildschirm von beklemmender Unwirklichkeit: Am 19. Juli 1994 zeigt das Fernsehen die Beerdigungsprozession von Nordkoreas Herrscher Kim Il Sung. Elf Tage zuvor ist der Staatspräsident und „Große Führer" einem Herzinfarkt erlegen. Der 82jährige war der letzte stalinistische Staatsführer der Welt, der seine 23 Millionen Untertanen fast 50 Jahre lang mit harter Hand regierte, brutal unterdrückte und systematisch von der Außenwelt abschottete. Sein Tod ist für viele Nordkoreaner ein Schock. Trotz wirtschaftlicher Not glaubten sie die Lüge seiner allgegenwärtigen Propaganda-Maschine. Der bizarre Personenkult mündet nach seinem Tod in pure Hysterie: Tagelang zeigt das Staatsfernsehen Bilder von verzweifelten Bauern, schluchzenden Offizieren, weinenden Kindern und wehklagenden Arbeiterinnen. Zugleich präsentiert die Regierung den Nachfolger jenes Mannes, der die Welt mit seinem Nuklearprogramm in Atem hielt: Es ist sein Sohn Kim Jong Il, ein unscheinbarer Mann, der als sprach- und verhaltensgestört gilt.

D-Day von heute

„D-Day", Tag der Entscheidung, 50 Jahre danach: Zwei Tage lang ist in der Normandie die Vokabel „damals" eine der meistbenutzten. Damals, am 6. Juni 1944, begann hier die alliierte Invasion, das größte Landeunternehmen amerikanischer, kanadischer und englischer Luft-, Land- und Seestreitkräfte im Zweiten Weltkrieg. Es war der letzte Akt des Kampfes gegen die Nazi-Diktatur. Damals starben gleich am ersten Tag 10 000 alliierte Soldaten. Unter den vielen tausend Veteranen, Staatsoberhäuptern und Besuchern, die sich zum 50. Jahrestag des Ereignisses an den historischen Schauplätzen drängten, waren auch die Fallschirmjäger der 82. US-Airborne. Die Männer sind inzwischen weit über 70 Jahre alt, was sie nicht hinderte, noch einmal aus einem „Dakota"-Militärtransporter zu springen. 1000 Meter über dem Dorf Saint-Mère Eglise, das sie als erstes befreit hatten. Einen Tag vorher hatten sie sich in Paris getroffen, sich Mut angetrunken und für das Erinnerungsfoto posiert.

Der König des Verrats

Mit unbewegter Miene, die Hände gekettet, läßt sich Aldrich H. Ames im April nach dem Urteil „lebenslange Haft“ vor dem Gericht in Alexandria bei Washington abführen. Der Doppelagent, der von seinen 31 Jahren beim US-Geheimdienst CIA die letzten neun für die Russen spionierte, geht als schlimmster Verräter in die Geschichte der USA ein. Er gab dem KGB mehr als 35 US-Spione und mehr als 100 Geheimoperationen preis. Zehn US-Agenten wurden nachweislich hingerichtet. Ames schanzte Moskau

Tausende von Geheimakten zu, alles, was er in die Hände bekam – aus Geldgier. Der KGB machte ihn zum Millionär. Und dafür, bekannte er, mußte er sich „nie anstrengen“. Der wahre Skandal im Fall Ames ist die unglaubliche Schlamperei der CIA im Umgang mit höchsten Staatsgeheimnissen, die dem „Maulwurf“ den Verrat so einfach machte. Die Amerikaner fragten sich, ob die 30 Milliarden Dollar, die alljährlich für die Geheimdienste ausgegeben werden, nicht eine Vergeudung sind – und ob man die CIA überhaupt noch braucht.

Alltag in Rio: Kampf den Drogen

Soldaten in den Straßen, Maschinengewehre in Stellung – in Rio de Janeiro nahm der Kampf gegen Drogenhandel und Korruption dramatische Formen an. Weil die Polizeiführung und mehr als die Hälfte aller Beamten als total korrupt gelten, setzten der Präsident und der Gouverneur Militär ein. Tausende brasilianischer Marineinfanteristen bezogen im November Stellung in den Straßen bestimmter Stadtteile (das Foto entstand im Zentrum Rios), vorwiegend in den Armenvierteln , den „Favelas". In der Sechs-Millionen-Stadt gibt es 667 Favelas, in 450 von ihnen blüht der Kokainhandel, emsig betrieben von 200 bewaffneten und straff organisierten Banden, deren Stärke auf rund 10 000 Mann geschätzt wird. Jeden Monat setzen die Dealer 2,5 Tonnen des weißen Pulvers um, das via Paraguay aus Kolumbien und Bolivien, aber auch von den Plantagen im Nordosten Brasiliens kommt. Die Folge: steigende Kriminalität und eine Welle der Gewalt im Bundesstaat Rio, wo bereits zwischen 1985 und 1991 mehr als 70 000 Menschen ermordet wurden, mehr als doppelt so viele wie in New York.

HOSPITAL
SILÊNCIO

Ruanda: Der Zug der Tränen

Menschen auf der Flucht, Karawanen des Elends – man hat sich gewöhnt an Bilder wie dieses. Doch der Exodus von über einer Million Menschen aus dem zentralafrikanischen Staat Ruanda ins Nachbarland Zaire war von besonderer Dimension. UNO und Hilfsorganisationen aus aller Welt versuchten die Not zu lindern, organisierten Flüge zur Versorgung mit Medikamenten und Nahrungsmitteln. Doch man hatte es mit zwei Seuchen zur gleichen Zeit zu tun: der traditionellen Stammesrivalität zwischen Hutu und Tutsi, die nach dem gewaltsamen Tod des Staatspräsidenten Juvénal Habyarimana wieder aufbrach und vom Regierungssender der Hutu geschürt wurdc („Tötct dic Tutsi! Worauf wartet ihr noch?“), und einem Choleraerreger, der sich als resistent gegenüber herkömmlichen Mitteln erwies. Zu Zehntausenden starben die verzweifelten, ausgezehrten und abgemagerten Menschen in den von Wassermangel geplagten Flüchtlingslagern. Viele waren schon auf der Flucht vor dem Holocaust am Straßenrand liegengeblieben. Und immer noch wütete der Haß, der zum „größten Massenmord seit dem Zweiten Weltkrieg“ („Die Zeit“) geführt hatte.

Marsch der Tutsi auf Kigali

Der Bürgerkrieg in Ruanda endete mit der Eroberung der Hauptstadt Kigali. Die vorwiegend aus Tutsi-Soldaten bestehende Rebellen-Armee der „Ruandischen Patriotischen Front“, die im Eiltempo junge Rekruten ausbildet (Foto o. l.), erobert nach monatelanger Belagerung die Vororte der Hauptstadt (Foto u. l.) und rückt schließlich am 4. Juli in das Regierungsviertel des ehemals von Hutu regierten Landes ein. Zwar müssen die Tutsi-Soldaten auch weiterhin vor versprengten Milizionären der besiegten Regierungs-Armee auf der Hut sein (Foto u. r.), aber Zeit ist doch für die stille Anteilnahme eines Tutsi-Soldaten am Schicksal eines malariakranken Hutu-Jungen, dessen Eltern von fanatischen Regierungsanhängern umgebracht worden sind (Foto o. r.). Wie viele Menschen in diesem blutigen Bürgerkrieg umgekommen sind, weiß am Ende niemand zu sagen – nach letzten Schätzungen sollen es knapp eine Million Opfer sein.

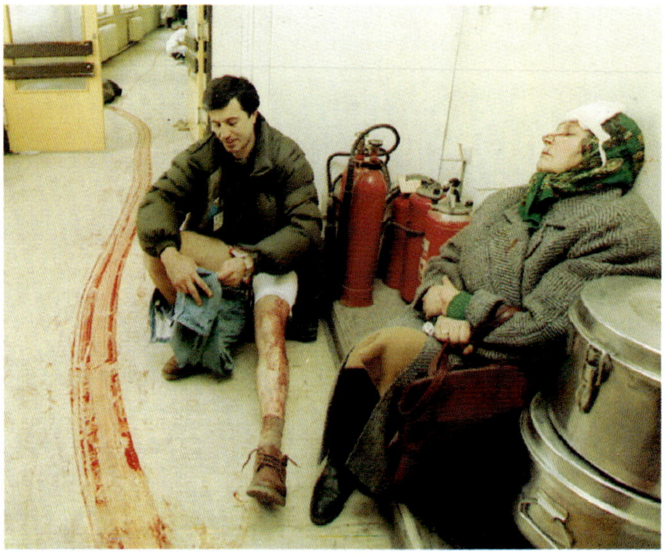

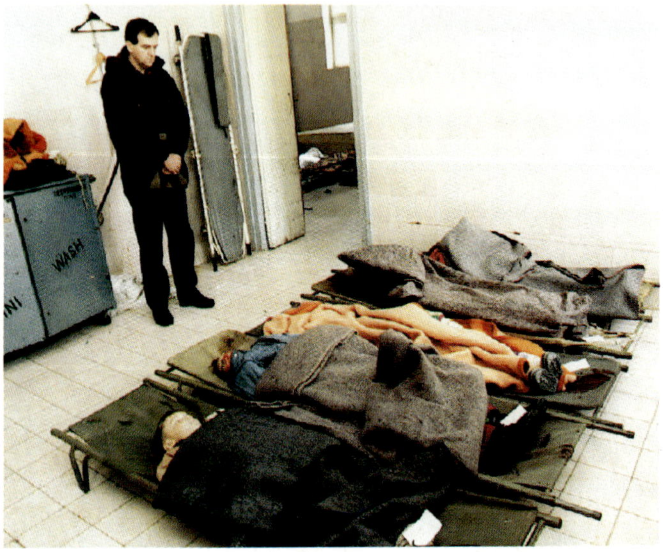

Die Schande von Sarajevo

Februar 1994: Eine Granate, abgefeuert von den serbischen Belagerern, hat in Sarajevo sechs Kinder beim Spielen getötet. Zwei Mütter stecken Blumen an ihren Schlitten. Eine Woche später, an einem Samstagvormittag, schlägt ein Geschoß auf dem Marktplatz im Basarviertel Bascarsija ein, auf dem sich fast 500 Menschen drängen. Die Granate tötet 68 Menschen, 200 werden verwundet. Den UN-Helfern bietet sich ein entsetzliches Bild: zerfetzte Körper, abgerissene Arme, Beine und Köpfe. Wieder einmal wird der Ruf nach einem energischen Eingreifen des Westens laut. In knapp drei Jahren Bürgerkrieg sind in Bosnien nach Schätzungen der UN mehr als 750 000 Moslems und Kroaten von serbischen Soldaten aus ihren Städten und Dörfern vertrieben worden. Mehr als 200 000 Menschen starben, meist unschuldige Zivilisten. Nach dem Massaker auf dem Marktplatz von Sarajevo setzt die Weltgemeinschaft ein deutliches Zeichen: Sie zwingt die Serben durch ein Ultimatum, ihre schweren Waffen rund um Sarajevo abzuziehen, andernfalls müssen sie mit Luftschlägen von Nato-Kampfflugzeugen rechnen. Von Februar bis Herbst '94 erleben die Menschen von Sarajevo die friedlichsten Monate ihrer mehr als dreijährigen Belagerung, bis neue Kämpfe in der Stadt den trügerischen Frieden beenden.

Wie in Bosnien die Uno versagte

Serbische Soldaten in einem Unterstand bei Bihac im Nordwesten Bosniens, ein Granatwerfer in Feuerstellung – eines der gewohnten Bilder aus dem Land, das einmal Jugoslawien hieß. Seit mehr als drei Jahren führt der Zerfall des Vielvölkerstaates zu sinnlosem Blutvergießen, an dem nur jene interessiert sein können, die davon zu profitieren hoffen: Rüstungsproduzenten, Waffenschieber, skrupellose Politiker und Militärs mit einem Kriegsziel, das Großserbien heißt. Fast hilflos stehen die Blauhelme der Uno (oben) zwischen den Fronten. Eine zu Weihnachten ausgehandelte Feuerpause ließ die Welt wieder einmal auf Frieden hoffen. Doch in regionalen Teilabschnitten wurde weitergekämpft, führten War-Lords ihren Privatkrieg. Transporte von Hilfsgütern wurden behindert – im Krankenhaus von Bihac verhungerten während der Festtage drei Menschen. Das Zentrum der Stadt ist von der Uno zur Schutzzone erklärt worden – eine Deklaration, die den Einwohnern nur wenig nützt.

Rettungsinseln für die Opfer der „Estonia"

Acht Grad betrug die Wassertemperatur der Ostsee, als in der Nacht zum 28. September 1994 das estnische Fährschiff „Estonia" versank. Nur 141 Passagiere überlebten das schwerste Schiffsunglück seit dem Zweiten Weltkrieg. Es forderte mehr als 912 Tote, und wieder einmal stellte sich die Frage nach der Sicherheit von Fährschiffahrt und Rettungstechnik. Längst sind Schiffe wie die „Estonia" nicht mehr mit offenen Rettungsbooten ausgerüstet, sie verfügen über sogenannte Rettungsinseln, die überdacht sind und als unsinkbar gelten. Doch bei Sturm werden sie relativ schnell abgetrieben. Oft müssen Schiffbrüchige über Bord springen, um sie zu erreichen. Im eiskalten, aufgewühlten Wasser kann dies vor allem für Frauen und Kinder tödlich sein. Das Bild zeigt eine Rettungsinsel, die am Ort der Katastrophe vom Fährschiff „Viking Isabella" ausgesetzt worden war und über eine Notrutsche Schiffbrüchige der „Estonia" an Bord nahm. Kurz nach der Aufnahme kenterte die überdachte Insel, zwei Menschen ertranken.

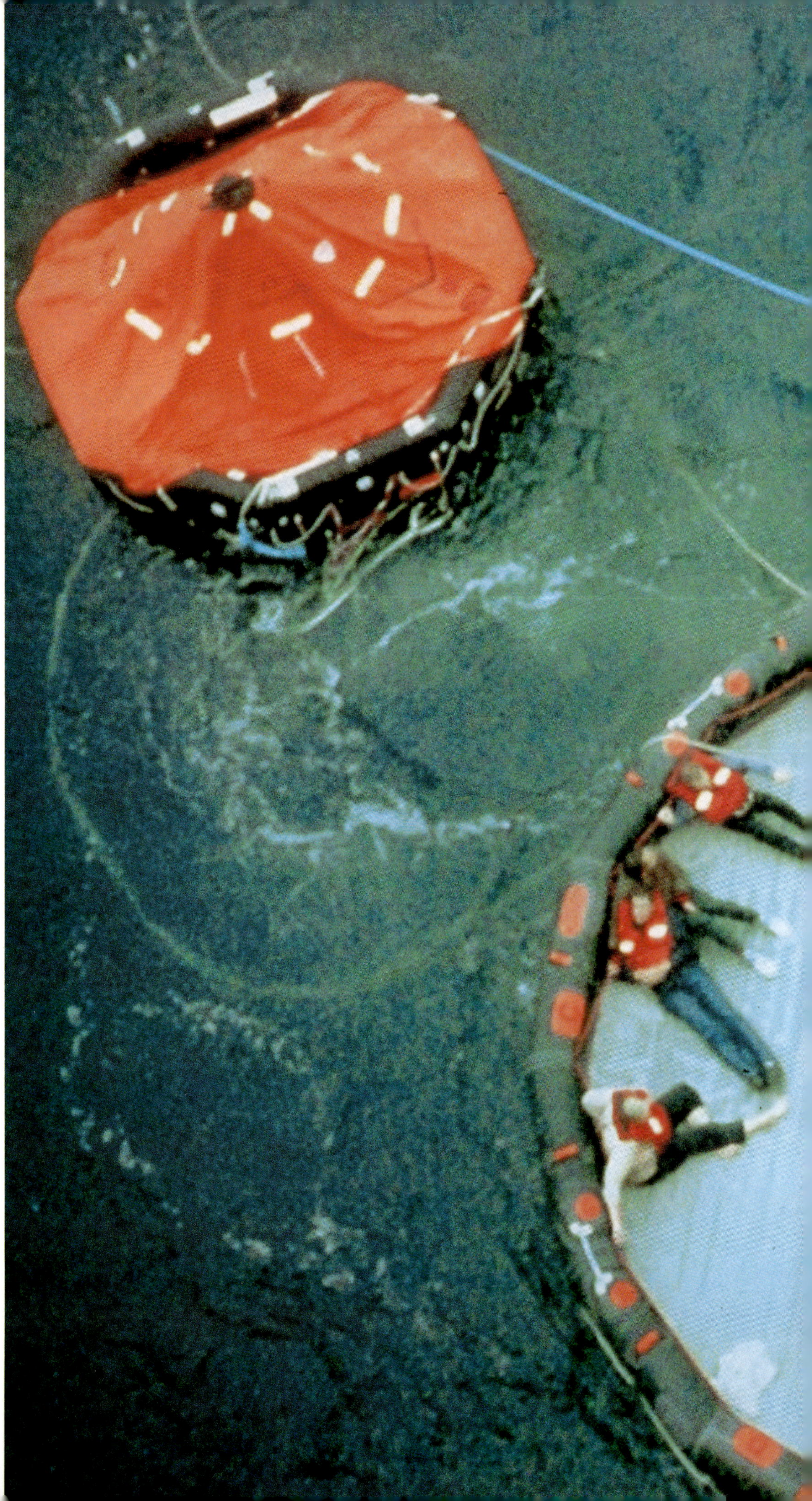

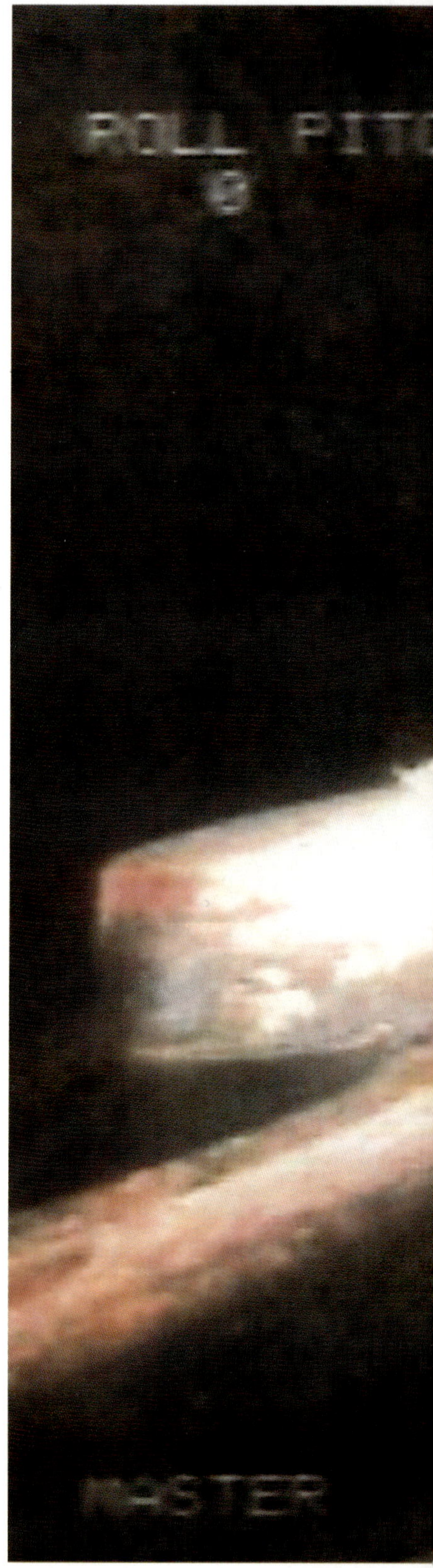

Der Untergang der „Estonia"

„Mayday, Mayday – wir haben Probleme!" Es ist 0.24 Uhr am 28. September 1994, als das estnische Fährschiff „Estonia" diesen Funkspruch absetzt. Wenig später bricht die Verbindung ab, auf der sinkenden „Estonia", unterwegs von Tallinn nach Stockholm, ist der Strom ausgefallen. Das größte Fährunglück seit dem Zweiten Weltkrieg kostete mindestens 912 Menschen das Leben, nur 141 konnten gerettet werden. Vermutlich waren mehr als 1000 Passagiere an Bord, doch wegen unvollständiger Listen konnte die genaue Zahl nie ermittelt werden. 46 Tote brachte ein Schiff der finni-

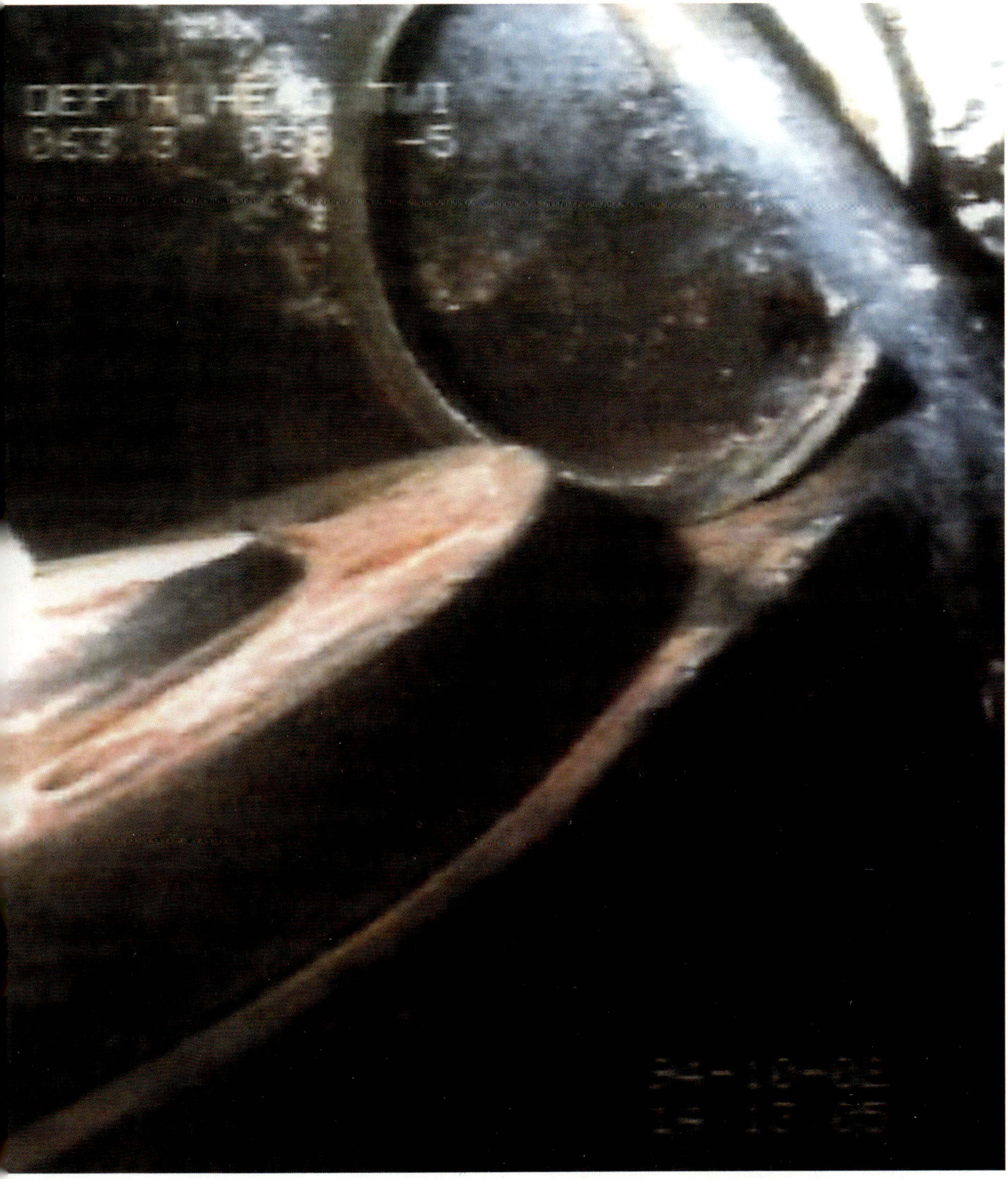

schen Marine nach Turku (links), doch die meisten Menschen riß die „Estonia“ mit ins nasse Grab. In 90 Meter Tiefe orteten Unterwasserkameras Tage später das Schiff und auch die abgerissene Ladeklappe (oben). Durch das Fehlen des Bugvisiers konnten bei schwerer See riesige Wassermassen in die Autodecks eindringen. Dieser Wassereinbruch hat zu der Katastrophe geführt. Es war weltweit der 112. Untergang eines Fährschiffes in den letzten 14 Jahren. Die Ursache: vermutlich zu hohe Fahrgeschwindigkeit und möglicherweise fehlerhafte Bolzen, mangelnde Koordination der Rettungsmaßnahmen auf dem Schiff, ungenügend arretierte Lastwagen im Laderaum. Letztlich entscheidend war wieder etwas, worauf englische Experten schon 1980 vergebens hingewiesen hatten: der Verzicht auf Abschottung der langen, durchgehenden Frachtdecks „aus wirtschaftlichen Gründen“. Der Konkurrenzkampf der Fährlinien ist tödlich geworden.

Mord und Totschlag in Haiti

Trotz der Ankunft der amerikanischen Truppen am 19. September geht das Morden auf Haiti weiter: Mit Holzknüppeln bewaffnete Schlägertrupps des Militärdiktators Cédras haben in Port-au-Prince einen Anhänger des gestürzten Präsidenten Aristide erschlagen. Ein letztes Mal toben sich die Mitglieder der rechtsextremen „Fortschrittsfront“ an ihren politischen Gegnern aus, und die größte Militärmacht der Welt sieht tatenlos zu. Obwohl die Amerikaner der Bevölkerung ihren Schutz zugesichert haben, bewachen die GIs nur einzelne Gebiete der Hauptstadt. Und als sie sich aus den von den Todesschwadronen kontrollierten Straßen zurückziehen, kommt es zu der blutigen Hinrichtung des Aristide-Anhängers.

Heimkehr des verlorenen Sohnes

Tausende stehen vor dem Präsidentenpalast in der Hauptstadt Port-au-Prince, sie tanzen, singen, jubeln: Am 15. Oktober kehrt Jean-Bertrand Aristide nach 1111 Tagen im US-Exil zurück. Haitis rechtmäßiger Präsident, 1990 mit zwei Drittel aller Stimmen gewählt und nach nur sieben Monaten vom Putschgeneral Raoul Cédras vertrieben, bleibt laut Verfassung eine Amtszeit von anderthalb Jahren, um mit dem schweren Erbe der Vergangenheit fertigzuwerden. Haiti ist das ärmste Land der westlichen Welt, jahrzehntelang herrschten hier, mit amerikanischer Unterstützung, der Diktator „Papa Doc" Duvalier und sein debiler Sohn „Baby Doc". Nach dessen Sturz 1986 drehte sich die Spirale von Militär- und Polizeigewalt, von Repression, Widerstand und Folter, bis die Mehrheit den Priester und Politiker Aristide – einen Anhänger der Befreiungstheologie – an die Macht wählte. Jetzt übernimmt Volksheld „Titid", an der Seite von US-Außenminister Warren Christopher (oben), erneut die Amtsgeschäfte. Die Junta-Generäle sind auf amerikanischen Druck ins Ausland gegangen, das Wirtschaftsembargo, unter dem das Volk seit 16 Monaten leidet, fällt – und die Menschen hoffen auf eine bessere Zukunft.

INDIANA

Wieder deutsche Truppen in Paris

14. Juli 1994 auf den Champs-Elysées: Erstmals seit 1944, 50 Jahre nach der Befreiung, marschieren wieder deutsche Soldaten durch Paris. Staatspräsident Mitterrand hatte Bundeskanzler Kohl und eine Einheit der Bundeswehr zu den traditionellen Feierlichkeiten aus Anlaß des französischen Nationalfeiertages eingeladen. 189 Grenadiere des Panzer-Bataillons 294 rollten im Rahmen des „Eurokorps“ auf 24 Schützenpanzerwagen über den Prachtboulevard vom Etoile zum Place de la Concorde. „Wie in einem Brennglas“ habe er in diesem Augenblick die deutsch-französische Geschichte gesehen, sagte Helmut Kohl später. „Ich war bewegt, Mitterrand war es auch. Es war wie ein Traum.“ Der französische Staatspräsident hatte sich mit seiner Einladung über alle kritischen Stimmen in seinem Land hinweggesetzt und in seinem Tagesbefehl klargemacht: „Die deutschen Truppen drücken unseren Wunsch nach einem geeinten Europa aus.“ Entsprechend positiv war die Resonanz: viel Beifall, wenige Pfiffe. Der „Spiegel“ schrieb: „Der Applaus für die Deutschen übertraf Ketten- und Motorgeräusche.“ Ein gutes Zeichen für die 50-Jahr-Feier des Kriegsendes im Mai 1995.

Y-160 267
37
Y-244 744
37

Wie man mit Neonazis umgeht

„Der Schoß ist fruchtbar noch, aus dem das kroch." Bert Brecht hat recht gehabt. Fast 50 Jahre nach der großen Katastrophe haben die Neofaschisten wieder Zulauf, vor allem bei Jugendlichen. Um den Polizeikontrollen in Deutschland zu entgehen, weichen Neonazis nach Luxemburg aus, um des 7. Todestages von „Führer-Stellvertreter" Rudolf Heß zu gedenken. Etwa 100 versammeln sich vor der deutschen Botschaft, rufen Nazi-Parolen und pöbeln Passanten an. Doch die Rechnung ist ohne den Wirt gemacht: Luxemburgs Polizei greift blitzschnell ein, nimmt die ungebetenen Gäste fest, fesselt sie und legt sie aufs Pflaster. Hier dürfen sich die geschichtsblinden Kämpfer, fast alle Mitglieder der rechtsextremen „Freiheitlichen Arbeiterpartei" (FAP) und mit Reizgas, Messern, Baseballschlägern und Funktelefonen ausgerüstet, bis zu ihrer Abschiebung anhören, was man im westlichen Ausland von ihnen hält. „Die waren vor 50 Jahren schon mal hier", empört sich eine ältere Dame, „von diesen Visagen haben wir genug." Ein Jahr zuvor in Fulda hatte die dortige Polizei eine Heß-Kundgebung noch unbehelligt ablaufen lassen. Der schnelle und rigorose Zugriff der Luxemburger Beamten überraschte die straff organisierten Rechtsextremen sichtlich. „Wer rechnet denn damit, daß die dermaßen gegen rechts sind", wunderte sich einer. Von daheim war er das wohl nicht gewohnt.

Buren-Einmarsch im Homeland

Zum letzten Gefecht rücken 3000 schwerbewaffnete Anhänger der rechtsradikalen Afrikaaner Widerstandsbewegung (AWB) im März im südafrikanischen Homeland Bophuthatswana ein. Das Ende der Apartheid und die ersten freien Wahlen in Südafrika vor Augen, hat der Diktator dieses Homelands, der 70jährige schwarze Rassist Mangope, die weißen Faschisten zu Hilfe gerufen, um seine Privilegien gegenüber der schwarzen Bevölkerung zu verteidigen. Doch die Armee des Homelands unterstützt den Aufstand der Bevölkerung gegen den Diktator. Schwarze Soldaten erschießen wenige Minuten, nachdem dieses Foto entstand, drei Buren-Krieger, die verletzt vor ihrem Mercedes liegen. Endgültig niedergeschlagen wird der Aufstand in Bophuthatswana aber erst, als die südafrikanische Armee einrückt und Mangope aus dem Amt jagt. Das Homeland verliert seine Autonomie, die Verwaltung wird der südafrikanischen Regierung unterstellt. Bophuthatswana hat bewiesen, daß eine ernsthafte militärische Bedrohung von den militanten weißen Rechtsradikalen nicht mehr zu erwarten ist. Ein Fortschritt für die Versöhnungspolitik in Südafrika.

AIR FRANCE

Algerien: Geiselgangster kapern Flugzeug

Horror am Heiligen Abend: Auf dem Flughafen von Algier haben vier islamische Fundamentalisten, verkleidet als Bodenpersonal und schwer bewaffnet, kurz vor dem Start nach Paris einen Airbus der „Air France" gekapert und 227 Passagiere sowie die 12köpfige Crew in ihre Gewalt gebracht. Sie erschießen an Bord drei Menschen. 63 Passagiere haben das Flugzeug verlassen, als am 2. Weihnachtsfeiertag der Abflug nach Marseille möglich wird. Hier stürmen am späten Nachmittag Elite-Polizisten den Airbus, dessen vordere Tür aufgesprengt wird (Nachtsichtgerät-Foto). Im nachfolgenden Schußwechsel werden die vier Geiselgangster getötet, mehrere Polizisten und Passagiere verletzt. Der glimpfliche Ausgang des Dramas (offenbar hatten die Terroristen geplant, die Maschine im Luftraum über Paris zu sprengen) darf nicht über die Gefahren der Auseinandersetzung mit fanatischen Muslimen hinwegtäuschen – auch in Algerien tobt inzwischen ein erbarmungsloser Bürgerkrieg

Das Dach der Welt bleibt unter chinesischer Herrschaft

Betende Mönche vor der Kulisse des Potala, des Winterpalastes der früheren Gottkönige in Lhasa, der Hauptstadt Tibets. Und eine ausgemusterte Mig der chinesischen Luftwaffe als Attraktion eines „Kulturparks“ demonstriert die Macht des Regimes: Seit 44 Jahren ist Tibet von China besetzt. Seitdem sind 1,2 Millionen Tibeter – jeder fünfte – ums Leben gekommen: hingerichtet, zu Tode gefoltert, verhungert. Klöster wurden geschlossen und Tempel in Museen verwandelt. Das Regime führte eine rigorose Sinisierung durch: Die Zahl der Mönche ist limitiert, tibetisch wird nur noch an Volksschulen gelehrt, und Lhasas historische Altstadt fällt modernen Hochhäusern und Geschäften zum Opfer. Der Dalai Lama, 14. Gottkönig und Friedensnobelpreisträger, hat von seinem indischen Exil aus vergebens versucht, mit den Chinesen Gespräche über mehr Autonomie für sein Land zu führen. Offenbar setzt Peking auf das Ableben des 60jährigen. Doch als Buddhist verweist der Dalai Lama auf seine Reinkarnation und Wiederkehr: „Ich werde nur in einem freien Land zu finden sein.“

Flucht als Blinder Passagier, um in Europa Arbeit zu finden

An Bord eines deutschen Frachters hatten sich diese beiden Afrikaner versteckt, um nach Europa zu kommen – doch dann nahmen ihnen die Aufenthaltsverordnungen allen Mut. Als sie im Hafen von Dünkirchen erfuhren, daß sie wieder zurückgeschickt werden sollten, versuchte sich einer der beiden zu erhängen. Sein Landsmann rettete ihn – und der deutsche Kapitän sorgte dafür, daß die beiden in die Obhut einer Menschenrechtsorganisation entlassen wurden. Seltener Glücksfall für Blinde Passagiere – fast immer werden die Flüchtlinge in ihr Herkunftsland abgeschoben.

Krieg um Tschetschenien

Der Kommunismus ist tot, es lebe – ja, wer und was eigentlich? Das ideologische Vakuum nach dem Zerfall des roten Riesenreiches tritt immer krasser zutage. Russische Truppen stehen in vier mittlerweile selbständigen Republiken der ehemaligen UdSSR, doch die schwierigste Lage gilt es in einer fünften zu befrieden, der Kaukasus-Provinz Tschetschenien, die sich von Rußland lossagte, aber von keinem Land der Welt anerkannt wird. Seit Monaten kämpfen Truppen der Regierung Dudajew, einem ehemaligen sowjetischen Luftwaffen-General, gegen eine von Moskau unterstützte Opposition. Als auch das letzte Ultimatum keinen Erfolg brachte, rückten Mitte Dezember reguläre russische Bodentruppen mit Panzern vom Typ T 74 (r.) auf die Hauptstadt Grosny vor, wo selbst kleine Kinder Waffen in die Hand nahmen (Foto oben). Es kam aber auch zu Verbrüderungsszenen: Ein russischer Offizier nahm eine Tschetschenin, die eine weiße Fahne trug, liebevoll in den Arm (Foto darunter). Hinter den Autonomiebestrebungen der 1,2 Millionen Tschetschenier steht nicht nur die Hoffnung auf Verbesserung der politischen, sozialen und ökonomischen Lage, sondern auch die Absicht Dudajews – Jelzin nennt ihn einen „paranoiden Kaukasus-Banditen“ –, die kleine Republik in einen islamischen Staat zu verwandeln. Unter Beschuß geriet auch Boris Jelzin in Moskau. Die Kreml-Opposition wirft ihm vor, ein „neues Afghanistan“ zu riskieren – mit allen Voraussetzungen für Gewalt und Blutvergießen auf lange Zeit

Deutschland

Allesamt hatten sie geschworen, ihn nicht länger zu unterschätzen. Und dann taten sie es doch wieder: Zu Beginn des Superwahljahres 1994 galt Helmut Kohls Karriere als besiegelt. 19 Wahlen in Ländern, Kommunen, für das Europaparlament und zum Bundestag – bei diesem Hürdenlauf würde der Kanzler, so die verbreitete Überzeugung, unweigerlich auf der Strecke bleiben. Das „Ende der Ära" schien nah. In der SPD teilten sich die Genossen bereits die Ministerämter zu. In Kohls Christenunion wurde über einen Kanzlersturz gleich nach Ostern spekuliert. „Viele gucken mich im Moment an wie einen etwas abartigen Vogel", bekannte der scheinbar dem Untergang Geweihte auf dem Parteitag der CDU im Februar.

Tatsächlich war 1994 das Jahr Helmut Kohls. Und zugleich das Jahr der falschen Prognosen. Wer schon erinnerte sich im Dezember noch an die Kassandrarufe über die allgemeine Politikverdrossenheit?! Am 16. Oktober war die Beteiligung an der Bundestagswahl mit 79,1 Prozent höher als vier Jahre zuvor. Die Volksparteien hielten ihren Laden leidlich zusammen, die Anfang des Jahres gefürchtete Statt Partei erhielt exakt 63 257 Stimmen – oder 0,1 Prozent.

Einziges Opfer unter den etablierten Parteien wurden die FDP und ihr Chef. Klaus Kinkel übernahm die Rolle eines Nachlaßverwalters des organisierten Liberalismus. Die Wähler warfen die Partei aus sieben Landtagen, dem Europaparlament und zahlreichen kommunalen Räten. Den Sprung in den Bundestag schaffte sie erneut – aber nur dank Leihstimmen der Union. Dieses „schreckliche Wahljahr", so Kinkel, endete für ihn auf einem Sonderparteitag im thüringischen Gera mit Hohngelächter, Buhrufen, Pfiffen.

Kein Wunder, daß die Christdemokraten sich nach einem solideren Koalitionspartner umsahen und dabei auf Joschka Fischers fesche Grüne stießen, die nach vier Jahren Abwesenheit erneut den Sprung ins Parlament schafften. Vorbei die wüsten Warnungen vor der Chaotenpartei. In 21 nordrhein-westfälischen Kommunen regieren schwarz-grüne Koalitionen. Selbst im Bundestag bandelten Konservative und Ökos miteinander an. Das Ergebnis heißt Antje Vollmer – die erste grüne Bundestagsvizepräsidentin.

Gute Kontakte zur Opposition wird die Union in Bonn brauchen. Den Bundesrat beherrscht die SPD nämlich klarer als zuvor. Und die Bundestagsmehrheit, mit der Helmut Kohl regiert, ist knapper denn je. Nur fünf Abgeordnete der Koalition müssen aus der Reihe scheren, um die Kanzlermehrheit zu kippen.

Dennoch war Kohl nach seinem vierten Wahlsieg „jenseits der Wasser", wie sein Minister Matthias Wissmann vermerkte. Auch Kanzlerkritiker, die – wie der ehemalige Geißler-Berater Warnfried Dettling – den Sturz Kohls vorausgesagt hatten, flüchteten sich in quasireligiöse Metaphern: „Er ist wiederauferstanden, so wie er es immer vorausgesagt hatte, pünktlich zur Bundestagswahl."

Die Gründe waren ganz profan. Die gerade rechtzeitig veröffentlichten Daten über eine positive Konjunkturentwicklung vermittelten den Arbeitsplatzbesitzern das wohlige Gefühl, nur mit der CDU gehe es „weiter aufwärts".

Kohls Stärke war aber auch wie so oft die Schwäche seiner Gegner. Die SPD, die Ende 1993 unter Rudolf Scharping scheinbar zu neuer Geschlossenheit gefunden hatte und mit der Troika Scharping, Oskar Lafontaine, Gerhard Schröder in den Bundestagswahlkampf zog, verstrickte sich frühzeitig in die alten Sünden – und in einige neue dazu: parteiinterne Zankereien um Nebenthemen wie das Tempolimit, dilettantische Kampagnen zur Europa- und Bundestagswahl, schwerwiegende Fehleinschätzungen in Serie.

Die Wahl zum Bundespräsidenten am 23. Mai wurde gar zum Debakel für die SPD. Kohl, der im Vorjahr mit dem erzkonservativen Kandidaten Steffen Heitmann einen peinlichen Mißgriff getan hatte, machte aus der Niederlage einen Sieg: Sein Zweitkandidat Roman Herzog wurde mit satter Mehrheit von

Gratulation nach der Bundestagswahl: SPD

erausforderer Rudolf Scharping gratuliert Kanzler Helmut Kohl zum knappen Sieg

Union und FDP gewählt. Die SPD reagierte auf das Scheitern von Johannes Rau überrascht und gekränkt. Das Image des schlechten Verlierers wurde Scharping nicht wieder los.

Dabei praktizierte der SPD-Vormann als heimlicher Befürworter einer großen Koalition die Zusammenarbeit mit der Union schon vorab. Man einigte sich auf einen Kompromiß, der den Bürgern ab 1995 die Pflegeversicherung bringt und den Buß- und Bettag als Feiertag nimmt. Als „Christdemokratisierung der SPD“ analysierte Heiner Geißler den auf die bürgerliche Mitte zielenden Kurs des Kanzlerkandidaten.

Für viele überraschend kam deshalb das rot-grüne Bündnis in Sachsen-Anhalt, toleriert von der bis dahin verfemten PDS. Die „rote Socke“ wurde fortan zum Maskottchen der CDU-Kampagne gegen die Sozialdemokraten. Nicht ohne Wirkung. Der SPD schadete es, die Anhänger der CDU wie der PDS wurden mobilisiert. Die Postkommunisten kehrten mit Hilfe von vier in Berlin errungenen Direktmandaten in den Bundestag zurück.

Die Rechtsradikalen hingegen eroberten zwar nicht wie befürchtet die Parlamente, wohl aber einige intellektuelle Salons und Gerichtsstuben. Während die rassistische Terrorserie gegen Ausländer nicht abriß, befand der Historiker Ernst Nolte, „rechtsradikale Geistesströmungen“ verdienten eher Unterstützung als linksradikale. Und in Mannheim billigte ein später vom Bundesgerichtshof zurückgepfiffener Richter dem NPD-Vorsitzenden und Auschwitz-Leugner Günter Deckert eine „charakterstarke, verantwortungsbewußte Persönlichkeit“ zu.

Das Angebot einer doppelten Staatsbürgerschaft an nichtdeutsche Mitbürger hätte dem Land angesichts der rechten Gewalt gut angestanden. Doch auch hier blieb das Wahljahr ein Jahr der verschleppten Probleme.

Unwahrscheinlich, daß der auch von jungen Christdemokraten beklagte „Reformstau“ rasch aufgelöst wird. Kohl muß nun nicht nur seine knappe Mehrheit verteidigen und den liberalen Flohzirkus hüten, sondern auch den Eindruck bekämpfen, er sei eine „lahme Ente“. „Ich will es noch einmal wissen“, hatte er zu Jahresbeginn verkündet. Nach der Wahl machte er klar, wann seine Ära wirklich zu Ende gehen soll: 1998. *Hans-Martin Tillack*

Der große Zapfenstreich

Fast ein halbes Jahrhundert lang hatten sie die Freiheit Berlins garantiert: die Truppen der USA, Großbritanniens und Frankreichs. Zunächst als Besatzungs-, später als „Schutzmacht" waren sie den Berlinern so vertraut geworden, daß viele Tausende sich am Brandenburger Tor drängten, als die Alliierten endgültig Abschied nahmen von der deutschen Hauptstadt. Je 50 amerikanische, britische, französische und 450 deutsche Soldaten paradierten auf dem Pariser Platz. Bei Fackelschein gab's zum ersten Mal in Berlin den Großen Zapfenstreich der Bundeswehr. Bundeskanzler Kohl dankte den Verbündeten und legte Kränze am Luftbrückendenkmal in Tempelhof nieder für die 68 Piloten, die bei der Versorgung Berlins während der Blockade 1948/49 ums Leben kamen. US-Außenminister Christopher nannte die Namen deutscher Opfer an der Mauer, Frankreichs Staatspräsident Mitterrand würdigte die Rolle Berlins als „Symbol wiedergefundener Freiheit", der britische Premier Major verwies auf „die Menschen, die die Mauer zu Fall brachten". Die russischen Truppen waren eine Woche vorher verabschiedet worden.

Der Abschied der Russen

In Wünsdorf bei Berlin, dem Sitz ihres Hauptquartiers, probten russische Soldaten das Zeremoniell für den Abschied aus Deutschland (Foto). Wochen später, am 31. August, marschierten sie dann zum letzten Mal offiziell über deutschen Boden – „ein Abschied auf Sparflamme", wie der STERN schrieb, nicht vergleichbar mit dem für die alliierten Truppen ein paar Tage später im Westteil Berlins. Der Unterschied war gewollt, Bundeskanzler Helmut Kohl hatte eine Feier mit allen vier Siegermächten des Zweiten Weltkrieges abgelehnt. Gleichwohl gedachte er in seiner Rede im Schauspielhaus am Gendarmenmarkt, an Rußlands Präsidenten Jelzin gewandt, der „vielen Millionen Toten, die der Krieg Ihr Land kostete" und vor denen man sich verneige. Mit Jelzin legte er am russischen Ehrenmal in Treptow Kränze nieder. Mit 12,55 Milliarden Mark, davon 8,35 Milliarden für den Bau neuer Wohnungen in Rußland, hilft Deutschland die durch den Abzug entstehenden Schwierigkeiten zu überbrücken. Insgesamt verließen zwischen 1991 und 1994 338 000 russische Armeeangehörige, 207 000 zivile Angestellte und 90 000 Kinder die Bundesrepublik.

СССР

Der alte und der neue Bundespräsident

Der siebte Präsident der Bundesrepublik Deutschland heißt Roman Herzog. Der 59jährige Niederbayer, ehemaliger Präsident des Bundesverfassungsgerichts, wurde am 23. Mai 1994 im Berliner Reichstag von der Bundesversammlung zum Nachfolger Richard von Weizsäckers (oben: mit Ehefrau Marianne) gewählt. Herzog (rechts: mit Ehefrau Christiane), der als konservativ gilt, war Kandidat der Union und setzte sich im dritten Wahlgang mit einfacher Mehrheit gegen Johannes Rau (SPD), den Ministerpräsidenten Nordrhein-Westfalens, durch. Hildegard Hamm-Brücher (FDP) und Jens Reich (Bündnis 90/Die Grünen) waren vorher unterlegen und hatten ihre Kandidatur zurückgezogen. Ursprünglich hatte die Union den Ostdeutschen Steffen Heitmann ins Rennen schicken wollen, doch erwies sich Kohls Kandidat als nicht vermittelbar. Herzog erklärte nach der siebenstündigen Wahlprozedur, der wochenlang heftige Diskussionen und – vor allem in der FDP – parteiinterne Kontroversen vorausgegangen waren, daß er sich bemühen werde, „der Bundespräsident aller Deutschen“ zu sein und sein Amt so zu führen, daß alle, die ihn nicht gewählt haben, „dies am Ende bereuen werden“.

FDP-Chef Kinkel: Nachdenken im Schlafanzug

Die niederschmetternden Niederlagen bei den Landtagswahlen – aus fast allen Parlamenten wurden die Liberalen herausgewählt – und das magere Bundestagswahlergebnis (6,9 Prozent der Stimmen nach 11,0 Prozent 1990) stürzten die FDP in eine schwere Krise. Anfang Dezember bekam der Vorsitzende Klaus Kinkel in Gera auf dem Parteitag der Liberalen den Zorn der Delegierten zu spüren: Viele machten ihn für das Desaster verantwortlich und warfen ihm politische Konturenlosigkeit vor. Doch da ein überzeugender Nachfolger nicht in Sicht war, bestätigten die Freidemokraten am Ende ihren glücklosen Chef im Amt. Bis zum Sommer 1995, wenn der gesamte Vorstand neu gewählt werden muß, hat Kinkel Zeit, die Partei mit einem neuen Programm wieder attraktiv zu machen und persönlich Statur zu beweisen. Das Nachdenken hat begonnen – nicht nur in der Küche des angeschlagenen Genscher-Erben.

Mit Marx auf dem Sofa

Anstandslos ließ sich Gregor Gysi, 47, mit einer Büste des kommunistischen Stammvaters fotografieren. Und auch gegen den wabernden Nebel (der Geschichte?) hatte er nichts einzuwenden, ist er doch felsenfest davon überzeugt, daß nichts seinen Blick für die Realitäten trüben kann. Zum Beispiel dafür, daß die wahre Problematik der Vereinigung nicht in einer Spaltung von Ost- und Westdeutschen besteht, sondern in der Kontroverse arm/reich. Als Star der PDS zog Gysi wieder in den Bundestag ein. Auf der parlamentarischen Bühne haben Freunde wie Feinde nun weiterhin das Vergnügen, festzustellen, was dieser Mann mehr ist: „Lustpolitiker" (STERN), „Edelsozialist" („Die Woche") oder „rotlackierter Faschist" (Helmut Kohl). Gegen den Vorwurf, in der früheren DDR als „IM Notar" (Gysis angeblicher Code-Name) auch Stasi-Spitzel gewesen zu sein, hat sich der Jurist vor Gericht erfolgreich gewehrt. Der Verdacht besteht weiterhin, verliert aber dadurch an Wirkung, daß er vor allem von jenen erhoben wird, die nichts dabei fanden, mit der SED zu kungeln und als „Blockflöten" die staatstragende Melodie zu spielen.

Die rote Renate zieht den Bayern die Lederhosen aus

Da steht sie nun an der Front, die vermeintliche Wunderwaffe der bayrischen SPD: Renate Schmidt, 51, Vorsitzende ihrer Partei im Freistaat, Oppositionsführerin im Landtag, verwitwet, drei Kinder. Scheinbar unschlagbar, unverrückbar wie belederte bayrische Hinterteile an den Biertischen, präsentiert sich der politische Gegner, die CSU. Weder Amigo-Affären noch Gauweiler-GAU und auch nicht Ämtermißbrauch konnten die bayrischen Machtverhältnisse verändern. Doch mit persönlichem Einsatz, der selbst Kanzler Kohl Respekt abnötigte („bravouröser Wahlkampf"), gelang es Renate Schmidt bei den Landtagswahlen, die SPD auf 30 Prozent zu hieven, bestes Ergebnis seit 12 Jahren. „Außen blond, innen rötlich, rundum weiblich", hat sie der Dramatiker Franz Xaver Kroetz beschrieben. Genau das muß es wohl gewesen sein, was ein noch besseres Resultat verhinderte, denn 55 Prozent der Wählerinnen gaben ihre Stimme dem blaßblonden Amtsinhaber Edmund Stoiber. 1998 will die rote Renate wieder antreten. „Dann packen wir's!" verspricht sie.

Auf Spurensuche bei der Gauck-Behörde

Schnipsel, Schnipsel, nichts als Schnipsel. Oder, auf ihre Herkunft bezogen: Zettels Alptraum. Auf einer Kegelbahn in Leipzig, wo einst Stasi-Offiziere die Kugel schoben, breitet sich ein chaotisches Stück deutscher Geschichte aus: zerrissene Akten und Unterlagen des ehemaligen Ministeriums für Staatssicherheit, Hauptverwaltung Aufklärung. Jeden Tag steigen Mitarbeiter der Gauck-Behörde wie Birgit Häring (Foto) in den Keller und fügen zusammen, was zusammengehört. „Eine Sisyphusarbeit", so die Dienststellenleiterin, „die noch viele Jahre dauern wird." Dies trifft erst recht auf das Berliner Zentralarchiv zu, wo nicht weniger als 17 200 Säcke zerrissener Papiere lagern, die von der Stasi nicht mehr vernichtet werden konnten. Gegen die vielfach geforderte Schließung der Akten und Auflösung der Gauck-Behörde sprachen sich noch Ende 1994 Bundespräsident Roman Herzog und Bundestagspräsidentin Rita Süssmuth aus – nicht zuletzt aus Respekt vor dem Mut der Bürger und Bürgerrechtler, die 1989 die Stasi-Zentralen gestürmt und die Unterlagen sichergestellt hatten.

Der Deutsche Dom in Flammen

Rauch und Feuer über dem Deutschen Dom am Berliner Gendarmenmarkt. Am Nachmittag des 26. Oktober war bei Schweißarbeiten in der Kuppel des aus dem frühen 18. Jahrhundert stammenden Gebäudes ein Brand ausgebrochen. Als die Feuerwehr nach acht Minuten eintraf – etliche Löschzüge waren zunächst irrtümlich zum Berliner Dom am Lustgarten gefahren –, stand die mit Zinkblech verkleidete Kuppel in hellen Flammen. Die Löscharbeiten gestalteten sich schwierig, da die Feuerwehr von innen nicht an den Brandherd herankam. Etwa 300 Feuerwehrmänner aus ganz Berlin waren im Einsatz. Hunderte Berliner beobachteten die Löscharbeiten. Die Älteren unter ihnen erinnerten sich an den Oktober 1943, als der Deutsche Dom von Bomben fast völlig zerstört wurde. Ende der 70er Jahre begann der Wiederaufbau, der noch nicht abgeschlossen ist. Der Brand, der erst am Morgen des folgenden Tages unter Kontrolle gebracht wurde und einen Schaden von etwa 10 Millionen Mark verursachte, wird das Ende der Restaurierung, für 1996 geplant, verzögern. Ein Trost: Die historische Bausubstanz des Doms und der benachbarten Gebäude wurde nicht zerstört.

Baulöwe Schneider verschwindet

Vermutlich strahlt er nicht mehr so wie auf diesem Foto, der Dr. Jürgen Schneider, 60. Vermutlich sieht er überhaupt nicht mehr so aus, und das aus gutem Grund. Schließlich müßte er ja nur auf sein Toupet verzichten, um nicht mehr haargenau dem Mann zu gleichen, der hier zufrieden lächelnd inmitten eines verfallenen Altbaus in Leipzig steht. Das war 1993, und ein Jahr später stand sein Name für eine der größten Pleiten und Finanzskandale der Nachkriegszeit. Der Bauspekulant Schneider hatte jahrelang nicht weniger als 30 Banken an der Nase herumgeführt, am raffiniertesten die ausgefuchsten Finanzexperten der großmächtigen Deutschen Bank. Sie gingen ihm mit 1,2 Milliarden Mark auf den Kredit-Leim, mit Geld auf Liegenschaften und Objekten, die bei weitem nicht dem Gegenwert entsprachen. Als Schneider über Nacht verschwand, hinterließ er einen Gesamtschaden von fünf Milliarden Mark – Kreditschulden und Hunderte kleiner Handwerksbetriebe, die nun um ihr Geld bangten. Niemand weiß offiziell, wo sich der Pleitier, den die Staatsanwaltschaft wegen Kreditbetrugs und Steuerhinterziehung sucht, versteckt hält. Iran, Dubai oder Südamerika?

Das Fest der hunderttausend Turner

Zum 29. Mal fand das Deutsche Turnfest statt, zum dritten Mal in Hamburg – 100 000 Turnerinnen und Turner machten die Veranstaltung vom 15. bis 22. Mai zum größten Breitensport-Ereignis der Welt. „Sieben Tage Sport und Spaß" nannte Ex-Weltmeister Eberhard Gienger die Turner-Tage, die eine breite Palette nicht nur sportlicher Betätigung präsentieren – vom Festumzug mit Tschingderassabum und Fahnen (rechts) bis hin zur Gruppen-Gymnastik mit 72 Turnerinnen (links). Vom traditionellen Faustball bis zum Trendsport-Programm mit HipHop und Street-Dance versammelt der Deutsche Turner Bund die Teilnehmer zu einem „Spiegelbild der Vereinsarbeit". Fast jeder zweite Teilnehmer ist jünger als 27. „Ganz Hamburg ist dabei", stellt Bürgermeister Henning Voscherau fest, leicht naserümpfend, denn wo sonst blauer Blazer und grauer Flanell regieren, bestimmt eine Woche lang bunter Freizeit-Look das Bild zwischen Elbe und Alster. Das Turnfest bedeutet 100 Millionen Mark Einnahmen für die Hamburger Wirtschaft. So überrascht es nicht, daß weniger über Sport und Spiel, dafür aber mehr über Umsatzzahlen berichtet wurde.

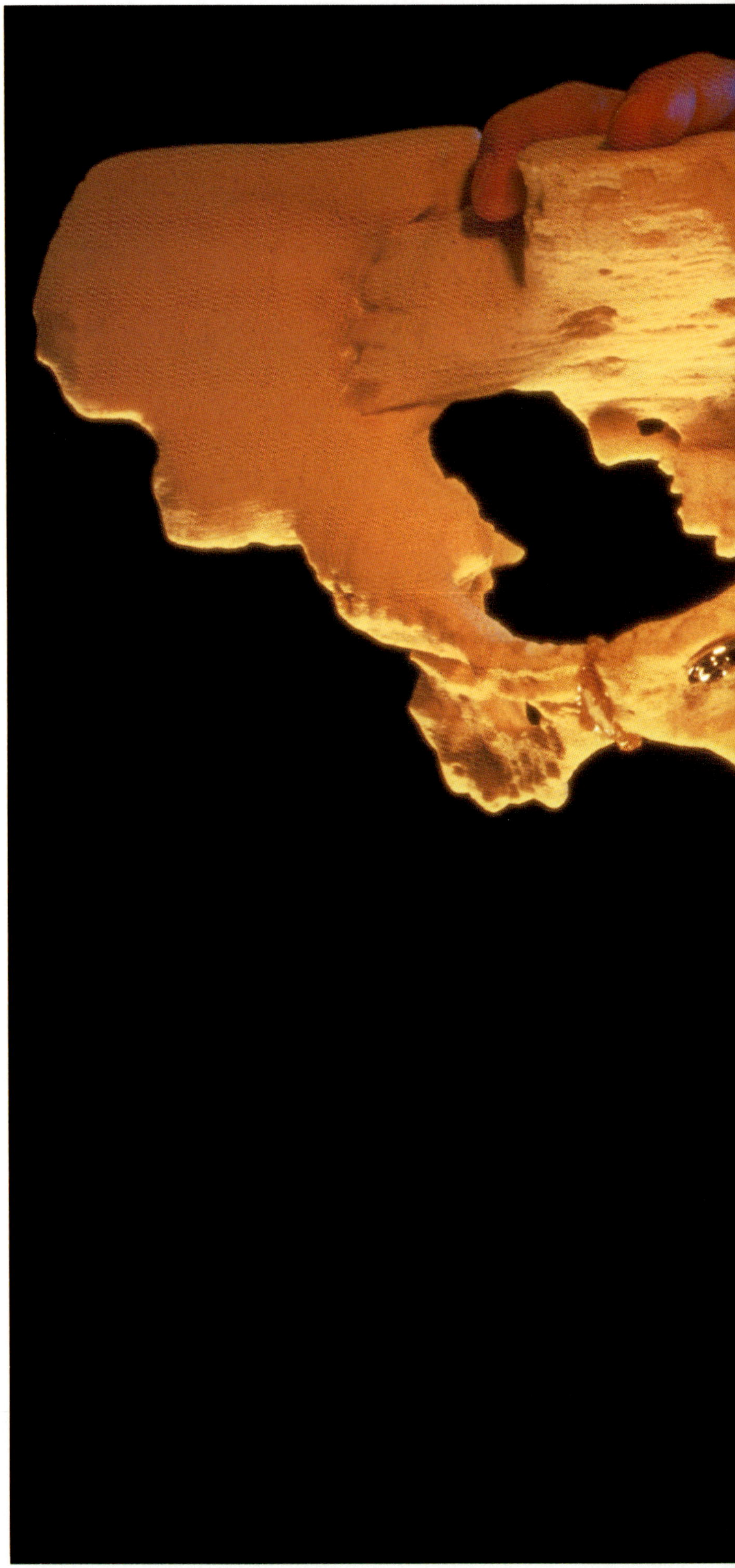

Dunkle Geschäfte mit Herzklappen und Hüften

Es scheint gängige Praxis zu sein: Chef- und Oberärzte deutscher Kliniken werden von Pharma- und Technikfirmen umworben wie Lottogewinner von Banken und Versicherungen. Freiflüge samt Gattin zu Kongressen oder Messen, Aufenthalt in Luxushotels, festliche Diners – im harten Konkurrenzkampf ist den Firmen nichts zu teuer, um ins Geschäft zu kommen. Dabei überschreitet die Bakschisch-Connection offenbar oft genug die Grenze zur Korruption. 3000 Aktenordner sollen die Unterlagen und Beweismittel umfassen, die inzwischen bei der Staatsanwaltschaft Wuppertal liegen. Es geht um künstliche Herzklappen (Foto oben) und Herzschrittmacher, die den Kassen weit überteuert in Rechnung gestellt wurden. Jährlich neun Milliarden Mark geben deutsche Krankenhäuser für Materialeinkäufe aus, da hält ein Entscheidungsträger schon mal die Hand auf. Insider sind überzeugt, daß weitere medizinische Bereiche betroffen sind. So läßt sich etwa auch an künstlichen Hüftgelenken (r.) mancher Extrabonus verdienen. Ab 1996 müssen die Krankenhäuser für Operationen einheitliche Beträge abrechnen. So lange, ist zu fürchten, werden die schrägen Geschäfte zwischen der Implantatindustrie und einem Teil der Mediziner noch laufen, wird es noch zu Preisabsprachen und illegalen Gewinnen kommen. Geschätzter jährlicher Verlust für das deutsche Gesundheitssystem: etwa 1,2 Milliarden Mark.

Der Aufschwung ist noch nicht für alle da

„Hier blüht Zukunft", vermeldet eine neue Industrieregion an der Grenze zwischen Sachsen und Sachsen-Anhalt. Doch die von Bundeskanzler Helmut Kohl versprochenen „blühenden Landschaften" haben sich in den neuen Bundesländern noch nicht eingestellt. Zwar wächst hier spürbar die Produktion, doch von einem Aufschwung, der den Menschen neue Arbeitsplätze bietet, ist man weit entfernt. Noch immer ist fast jeder dritte im arbeitsfähigen Alter ohne Job – eine katastro-

phale Situation, die besonders die Jugend in den Protest treibt. „Meine Armut kotzt mich an", hat dieser junge Mann auf seinen Trabi geschrieben. Ein Zeichen der Wut – und des Kahlschlags, mit dem die neue Zeit eingeläutet wurde. Der Aufschwung Ost läßt auf sich warten.

Bußtag in Hamburg: Kirchen-Protest in Lila

Die Prominenz saß nicht mehr in der ersten Reihe: In Hamburgs Kirche St. Michaelis, dem als „Michel“ bekannten Wahrzeichen der Stadt, verhüllte ein violettes Tuch die vordere Kirchenbank. Normalerweise ist sie für den Bürgermeister und die Senatoren reserviert. Die aber hatten den Zorn der Gläubigen erregt, weil die Hamburger Politiker dem bundesweiten Trend zur Abschaffung des Buß- und Bettages gefolgt waren. Damit soll der Arbeitgeber-Beitrag zur Pflegeversicherung gedeckt werden. Den Buß- und Bettag, traditionell der Mittwoch vor Totensonntag, gibt es seit 1852, bundesweit gesetzlicher Feiertag ist er seit 1950. Der Feiertag soll der Besinnung auf die Verantwortung des einzelnen vor Gott und der gesellschaftlichen Moral dienen. Vierzehn der sechzehn Bundesländer entschieden sich für seine Abschaffung und kamen damit einer Forderung von Arbeitgebern und FDP nach. Im protestantischen Norden war der Protest dagegen am stärksten. Die Nordelbische Landeskirche sprach von einem „kulturpolitischen Skandal“ und nannte die Entscheidung einen „staatlichen Eingriff in die Religionsfreiheit“.

BUS
MAN

Bus-Unglück in München

„Zentrale, Zentrale, ich bin eingestürzt. Dringend Feuerwehr!" Es ist 18.44 Uhr am 21. September 1994, als bei der Leitzentrale der Münchner Verkehrsbetriebe dieser Funkspruch eingeht. Herbert Götz, 35, Fahrer des Linienbusses 192, steckt an einer Haltestelle des Stadtteils Trudering mit seinem 10 Tonnen schweren Fahrzeug in einem riesigen Krater, der sich urplötzlich in der Asphaltdecke aufgetan hat. Fast senkrecht ragt der 11,67 m lange Bus aus dem Loch, das Heck tief im Grundwasser. In ihm ertrinkt eine 43jährige Frau. Zum Teil schwer verletzt werden 29 Menschen, darunter der Fahrer, geborgen. Nach zwei weiteren Toten, einem Fahrgast und einem Bauarbeiter, wird lange vergebens gesucht, ein Strudel aus Wasser und Kies hat sie vorläufig begraben. Schnell ermittelt ist die Unglücksursache. Beim Bau der U-Bahn-Linie zum neuen Münchner Messeplatz Riem hat eine starke, für viele Anwohner immer schon problematische Grundwasserströmung eine bislang für wasserundurchlässig gehaltene Tonschicht durchbrochen und in 17 Meter Tiefe den Tunnel geflutet. In Panik floh ein dort eingesetzter Bautrupp ungarischer Billig-Arbeiter, bevor die Erde genau unter dem Bus 192 zusammenbrach.

Revolution in der Berliner Volksbühne

Der Französischen Revolution und dem Schicksal des Revolutionshelden gilt das Stück, das unter dem Titel „Die Sache Danton" in der Berliner Volksbühne für Theater-Aufruhr sorgte. Regisseur Frank Castorf, zu DDR-Zeiten in die vorpommersche Theaterprovinz Anklam verbannt, hat dort die Ost-West-Tangenten neu vermessen – ein Intendant und Theatermacher, der jetzt mit einem grellen Bühnenspektakel ein Lied singt auf die sterbende Revolution. Ob der Text der polnischen Dramatikerin Stanislawa Przybyszewska (1901–1935) ein Jahrhundertwerk ist oder ein theatralisches Kitschomlett, blieb ungeklärt – Castorfs Regieeinfall, die Revolutionäre als Popstars auszustaffieren, sorgt dennoch für vielbeachteten Bühnenwirbel. Parallelen von der Französischen zur Deutschen Revolution von 1989 sind natürlich rein zufällig – zu überhören sind die Töne der Resignation damals wie heute nicht. Als sich Volksbühnen-Intendant Castorf im Keller seines Theaters der Kamera stellte, erhellten lodernde Flammen die resignierende Miene des gegenwärtig meistdiskutierten deutschen Theatermachers. Das immerhin war ein Lichtblick.

Kurden blockierten die Autobahn

Deutschland wird zum Schau- und Kampfplatz türkischer Innenpolitik. Mitglieder und Sympathisanten der verbotenen „Kurdischen Arbeiterpartei“ (PKK) blockieren Autobahnen, randalieren in Innenstädten, verüben Brandanschläge und liefern sich Straßenschlachten mit der Polizei. Es gibt Tote und Verletzte, zwei kurdische Frauen verbrennen sich selbst aus Protest gegen die Türkei-Politik der Bundesregierung. Die Kurden werfen den Deutschen vor, mit immensen Waffenlieferungen zur Unterdrückung der Bevölkerung im kurdischen Südosten des Landes beizutragen. 11 000 Opfer hat der Krieg gegen die Autonomiebestrebungen der Kurden bislang gefordert, fast tausend Dörfer und Ortschaften wurden von der türkischen Armee zerstört, Folter und Selbstjustiz sind an der Tagesordnung. Terror und Gegenterror haben längst auf Deutschland übergegriffen, werden aber erst offenkundig, als am 19. März 6000 Kurden die Autobahn München-Stuttgart und drei Tage später die A 8 bei Heimsheim blockieren, Feuer entzünden und den Verkehr für Stunden lahmlegen. Drei Tage später kommt es zu Krawallen vor dem Mannheimer Rathaus.

ARHILFE
TÜRK
STOPPT den
VÖLKERMORD
IN KÜRDISTA
TÜRKEI
und KUIT
IN KURDEN

Der größte Bonner Pfusch

Am Tag, als der Regen kam, ahnte in Bonn noch niemand Böses. Schließlich: „Im Dezember hatten wir noch nie so ein Hochwasser, wir mußten auch nicht damit rechnen", so ein Architekt. Doch einen Tag vor Heiligabend 1993 ist nicht mehr zu übersehen, was die unberechenbaren Fluten des Rheins angerichtet haben: Der Bürohaus-Neubau des Bundestages am Flußufer, nach seinem Architekten „Schürmann-Bau" genannt, steht schief. Offenbar ist schon tagelang Wasser durch eine 40 Meter breite Lücke im Hochwasserschutz unter das Fundament geströmt, das aus 80 Zentimeter dickem Beton besteht und bis in 25 Meter Tiefe reicht. 350 000 Kubikmeter Rheinwasser heben den 330 000 Tonnen schweren Betonklotz an einer Seite um 1,30 Meter an. Seither ist er Europas berühmteste Bauruine. Um Ursache, Schuld und Folgen entbrennt ein heftiger Streit. Im Mittelpunkt: die damalige Bundesbauministerin Irmgard Schwaetzer (FDP). Sie versucht, die Verantwortung für das Desaster abzuwälzen, zeigt sich juristisch inkompetent und kommt schließlich zu der Erkenntnis, die „Wasserleiche" müsse abgerissen, das Grundstück verkauft werden. Dagegen laufen Opposition und Architekt Schürmann Sturm, der eine Sanierung in vertretbarem Kostenrahmen für möglich hält. Außerdem: Bei einem Abriß wären die bereits ausgegebenen 375 Millionen Mark verloren, vom Grundstückswert, durch den geplanten Umzug der Regierung nach Berlin ohnehin stark gemindert, gar nicht zu reden. Die Ministerin mußte nach der Bundestagswahl gehen – die Gefahr, daß wieder einmal Steuergelder für ein Denkmal der Maßlosigkeit verpulvert werden, bleibt.

Szene

Er war schon zu Lebzeiten eine Kultfigur, doch erst mit seinem Tod am 8. April wurde Kurt Cobain, Sänger und Gitarrist der amerikanischen Grunge-Rock-Band „Nirvana", so unsterblich wie Elvis Presley, Jimi Hendrix oder Sid Vicious von den „Sex Pistols".

Mit einem einzigen Song – „Smells Like Teen Spirit", eine Art „Satisfaction" der 90er – hatte „Nirvana" 1991 all die Top-Produzenten in eine große Krise gestürzt, die in sterilen High-Tech-Studios am perfekten Popsong bastelten. Als die Underground-Band aus Seattle den „King of Rock, Pop & Soul", Michael Jackson, vom Thron der US-Hitparade stürzte und Mega-Seller wie U2, MC Hammer und den Country-Star Garth Brooks auf die Plätze verwies, war das ein Tiefschlag für eine Musikindustrie, die Stars am Reißbrett entwirft und anschließend am Fließband produziert.

Mit vor Zorn bebender Stimme hatte Cobain die weiße Mittelstandsjugend angeklagt, apathisch alles zu konsumieren, was Glück suggeriert. „Smells Like Teen Spirit" war zur Hymne jener Generation X avanciert, deren Zukunftsaussichten gen Null tendierten, und hatte die gesamte Branche vom Kopf auf die Füße gestellt. Grunge Rock war plötzlich das nächste große „Ding", und die Flieger nach Seattle waren besetzt mit Talent Scouts, die nun fast jeden unter Vertrag nahmen, der eine Gitarre halten konnte, ein Holzfällerhemd trug und nicht den Schönheitsidealen aus den Werbespots entsprach. So wie Kurt Cobain, der sich rein äußerlich kaum von anderen Mittzwanzigern unterschied. Seine T-Shirts und Pullover stammten aus Secondhandläden. Seine Jeans waren an den Knien aufgerissen. Und sein Fünftagebart und der ungepflegt wirkende Haarschnitt ließen ihn vollends „grungy", schmuddelig, erscheinen.

Auch seine Vita glich der von so vielen anderen Twens. Die Eltern ließen sich scheiden, als er acht war. Mit seiner Mutter hauste er in einem Campingwagen-Park, weil sie sich keine Wohnung im 100 Meilen entfernten Seattle leisten konnten. Und als die ihn vor die Tür setzte, weil er sich lieber mit Rock-Bands rumtrieb statt sich einen Job zu suchen, glich sein Leben dem von „Beavis & Butt-Head", den Cartoonfiguren des Musikkanals MTV. Wie sie saß auch Cobain Stunden mit den Kumpels vor dem Fernseher und rauchte Shit. Mal schlief er bei Freunden auf der Couch, mal nächtigte er unter einer Brücke, und wenn ihn das Leben so richtig ankotzte, zog er mit der Spraydose los und sprühte Parolen an Hauswände: „God is gay" oder „Abort Christ".

Die neue Rolle als Sprachrohr seiner Generation machte ihm schwer zu schaffen. „Manchmal wäre ich lieber wieder in der Gebärmutter", gestand Cobain, ein Wortführer wider Willen. Oder er verglich sich mit Patrick Süskinds tragischem Romanhelden Grenouille: „Ich fühle genau wie dieser Charakter in ‚Das Parfüm'. Manchmal wünsche ich mir, so weit weg von Menschen zu sein wie nur möglich."

Als bekannt wurde, daß sich Kurt Cobain mit einem Schrotgewehr den Kopf weggeschossen hatte, ahmten Fans ihn nach. Einer tötete sich mit einer Pistole, nachdem er eine ganze Nacht lang auf ein Foto der Leiche Cobains gestarrt hatte. In Vancouver vergifteten sich drei 18jährige „Nirvana"-Fans, zurück von einer Pilgerreise zu Cobains Haus in Seattle, mit Autoabgasen: „Als Kurt Cobain starb, sind auch wir gestorben." In Dublin erschoß sich ein 16jähriges Mädchen mit einem Gewehr – sie „tat es für Kurt". Und in England berief sich der Schüler Jamie Petrolini auf den toten Rock-Star, als er sich vor Gericht wegen „killing for kicks" verantworten mußte: „I don't want to end up like Kurdt" (Cobain selbst hatte eine Zeitlang Kurt mit dt geschrieben).

Mit Kurt Cobain wurde zugleich ein ganzes Genre beerdigt – der Grunge Rock. So schnell war noch keine Bewegung, die sich im Underground entwickelt und als Gegenpol zum Establishment verstanden hatte, vereinnahmt und vermarktet worden. Bereits vierzig Minuten nach dem ersten

Trauerfeier für den „Grunge"-Poeten Kurt

ain: Nach seinem Freitod versammelten sich seine Anhänger in Seattle

Gerücht, Cobain habe Selbstmord verübt, wurden die Produktionsabteilungen der David Geffen Company angewiesen, auf Hochtouren Nirvana-CDs herzustellen und auszuliefern. Andere versuchten brutal, Profit aus dem Freitod zu schlagen: Im Nordwesten der Vereinigten Staaten tauchten T-Shirts im Handel auf, bedruckt mit Cobains letzten Worten, und im Juli wurden englischen Musikzeitungen Fotos zum Kauf angeboten, auf denen angeblich Cobains Witwe Courtney Love im Bett mit dem Lemonheads-Sänger Evan Dando zu sehen ist. Die vielbeschworene Generation X schien – allen nachfolgenden Selbstmorden zum Trotz – auf einmal nur noch ein Medienphänomen zu sein, das sich ein paar clevere Werbestrategen ausgedacht hatten, um neue Märkte zu erschließen.

Daß man Trends nicht am grünen Tisch erfinden kann, zeigte jedoch die Neuauflage des legendären Woodstock-Festivals. Zwei Jahrzehnte nach der Love-Revolte lieferte sich die US-Punk-Band „Green Day" in Saugertys eine Schlammschlacht mit ihren Fans, aus der sie als Sieger hervorging, obwohl ihr Bassist im Eifer des Gefechts drei Zähne einbüßte – ihr Album „Dookie" landete auf Platz zwei der US-Charts. In England machten Punk-Bands wie „S*M*A*S*H" und „Elastica" mit harten Akkorden und aggressiven Texten auf sich aufmerksam: „I want to kill somebody." Alt-Punk John Lydon, einst Sänger der mittlerweile legendären „Sex Pistols", schrieb seine Memoiren. Die „Toten Hosen" wurden „reich und sexy" (Albumtitel). Und in London hatte das Theaterstück „Never Mind The Bollocks" Premiere. Punk-Rock war endlich gesellschaftsfähig geworden.

Die rüden Akkorde waren kaum verklungen, da dröhnte bereits der nächste Trend aus den Lautsprecherboxen – Jungle, der Sound aus den schwarzen Ghettos von London. Der ungestüme Mix aus Reggae, HipHop und Techno setzte sich in Null Komma nichts in den Discotheken durch. Nur in den Ohren älterer Semester hörte sich wieder mal alles ähnlich monoton an. Gott sei Dank, denn „eine relevante neue Popmusik", so der Pop-Philosoph Diedrich Diederichsen, „erkennt man immer daran, daß ihr nachgesagt wird, da höre sich doch jedes Stück gleich an".

Hollow Skai

Der freiwillige Tod des Sängers Cobain

Niemals, behaupten Freunde, habe er sich mehr als einen Meter von seiner Gitarre entfernt, auch nicht im Schlaf (Foto). Doch dann, am 8. April 1994, erfuhr die Welt, daß Kurt Cobain, 27, sich von allem getrennt hatte, was vermeintlich sein Leben gewesen war: seine Frau Courtney Love, Töchterchen Frances, seine Band und vor allem seine Millionen Fans. Cobain, Leadsinger der Gruppe „Nirvana", hatte sich mit einem Schrotgewehr erschossen. In seinem Abschiedsbrief stand: „Ich habe seit Jahren keine Freude mehr, es wäre nicht fair, Euch länger zum Narren zu halten." Das war nur die halbe Wahrheit. Der Tote war vollgepumpt mit Heroin. Cobains Eltern hatten sich getrennt, als er acht war. Mit 17 setzte ihn seine Mutter vor die Tür, weil er Rockmusiker werden wollte. Seither litt er unter ständigen Depressionen. Festgelegt auf das Image des ewigen Rebellen, hatte er Angst, diesem Bild nicht mehr gewachsen zu sein. Als der Waffennarr und Streiter für Farbige und Homos zum Gewehr griff, war er überzeugt: „Wir sind so gut wie am Ende." Ein Opfer nicht zuletzt auch des American way of life.

Auftritt der Golden Girls

Fünfzehn Schönheiten aus der Modewelt, fünfzehn Top-Models im Goldrausch: Emma S., Amber Valetta, Nadja Auermann, Naomi Campbell, Kate Moss, Eve, Tricia Helfer, Shalom, Carla Bruni, Olga Pantuschenkova, Christy Turlington, Helena Christensen, Linda Evangelista, Claudia Schiffer und Yasmeen Ghauri (v. l) Ihr Outfit demonstriert den Trend von Italiens Star-Designer Gianni Versace, dem Mailänder mit dem kompromißlosen Stil („Ich habe keine Lust, Vorlesungen in Sachen Mode zu halten, ich setze auf Gefühl: Trag es und genieße es!"). Fotografiert wurden die Golden Girls von einem weiteren Star: Doug Ordway. Mit dieser Darbietung wollte Versace auch zeigen, was er unter Mode versteht und was ihn von der Konkurrenz unterscheidet („Armani? Er ist so langweilig… Seine Jacken sind beige, sein Haus ist beige, er selber ist beige"). Die „Independent Review" kleidete es in die Worte: „Versace verkauft seiner Kundin kein neues Kleid, sondern ein neues Leben. Sie trägt nicht seine Mode, sondern seine Mode trägt sie." Das Metallic-Material der Show-Kollektion bezieht der Maestro übrigens von einer kleinen Spezialfirma im schwäbischen Mühlacker.

Vom Triumph der Prinzen

Sie tragen ihre Kronen zu Recht: Fast drei Millionen verkaufte Alben, ausverkaufte Hallen, 200 TV-Auftritte – die „Prinzen" sind Deutschlands erfolgreichste Band. Vor der Wende brave Sängerknaben im Leipziger Thomanerchor, vollzog sich an ihnen das moderne Märchen der Marktwirtschaft. Ihr Erfolgsgeheimnis: eingängige Refrains („Ich wär' so gern bei dir, denn du bist lieb zu mir"), nachvollziehbare Wünsche („Ich wär' so gerne Millionär, dann wär' mein Konto niemals leer"), Naivität und Harmlosigkeit – jedoch gepaart mit scheinbarer Glaubwürdigkeit. Kaum einer kennt ihre richtigen Namen, aber alle trällern ihre Songs: „Jeder Popel fährt 'nen Opel, jeder Affe fährt 'nen Ford. Jeder Blödmann fährt 'nen Porsche, jeder Arsch 'nen Audi Sport ..." Da ist noch etwas Ossi-Wessi-Denken im Spiel, doch auch ein ökologisches Anliegen, denn das Liedchen endet mit dem Bekenntnis: „Nur Genießer fahren Fahrrad und sind immer schneller da." Aber nichts liegt den fünfen, die sich seit ihrem elften Lebensjahr kennen, ferner als der erhobene Zeigefinger. Das sichert ihnen die enthusiastische Zuneigung der Kids. Und die der Eltern.

Wenn die Ballons in die Luft gehen

Alljährlich im Herbst treffen sich in New Mexico/ USA Heißluft-Ballonfahrer aus aller Welt zu einem knallbunten Spektakel. Auf der Hochebene bei Albuquerque steigen Ballons in allen Formen und Farben in den blauen Himmel, die meisten bunt und rund, aber auch eine überdimensionale Kuh, eine fliegende Harley Davidson, ebensolche Zigarettenschachteln, Whiskyflaschen und sogar der Otto-Katalog. Die „Balloon-Fiesta", die 1972 zum ersten Mal stattfand und ganze 13 Ballons am Start sah, lockt inzwischen 1,5 Millionen Zuschauer an. Sie sahen in diesem Jahr über 600 mehr oder minder phantasievolle Luftfahrzeuge, alle betrieben durch die Propangasflaschen im Korb darunter. Ihre Flamme erhitzt die Luft in der 20 bis 24 Meter hohen Hülle und bewirkt – einfaches physikalisches Gesetz – deren Aufstieg. In Deutschland ist Ballonfahren wegen besonders strenger Sicherheitsbestimmungen sehr teuer. Grund dafür, daß hier fast nur Reklameballons zu sehen sind.

Winston
& COLT
BALLOONS

Die Absatz-Stiefel kommen wieder

Ein märchenhafter Kater trug sie durch alle Kinderzimmer. Don Quichote saß in ihnen auf seiner Rosinante. Schicker, doch nicht weniger literaturhistorisch, sind die der vier Musketiere. Deren Nachfolger im Zeitgeist, die Cowboys, brachten sie – mit und ohne Zigarette – auf Leinwand und Bildschirm. Sie wurden salon- und discofähig, wenn auch nicht gerade in ihrer militärischen Version, dem Knobelbecher. Gemeint sind Stiefel, Bein- und Fußfutteral im Spannungsfeld von Mode und Zweckmäßigkeit. Für 1995 haben uns die Couturiers wieder lange Schäfte zu kurzen Röcken versprochen. Doch auch wenn nicht jede potentielle Kundin der Intention von Gianni Versace folgen will oder kann – seine Kurven in rotem Lackleder und auf goldenem Grund (seine modischen Langschäfter kosten 2500 Mark) sind sexy und symbolhaft zugleich.

Keusch in die Ehe?

Ein Vierteljahrhundert nach der sexuellen Revolution – „Make love, not war“ – und nach der Überwindung kirchlicher Bevormundung schwingt das Pendel wieder zurück. Angestoßen von Leuten, für die Sittenlosigkeit und moralischer Verfall immer schon unterhalb der Gürtellinie begannen, und in Schwung gehalten von Begriffen wie „Aids“, „ungewollte Schwangerschaft“ und „ledige Mütter“. Denn immer mehr Teenager werden Mütter, müssen von der Sozialhilfe leben. „No sex“ soll da vor dem sozialen Abstieg retten. Die Anhänger der „Southern Baptist Convention“ in den USA hatten eine landesweite Kampagne gestartet. Am 29. Juli erlebte die Keuschheitswelle ihren Höhepunkt: 20 000 Jugendliche pflanzten vor dem Capitol in Washington 211 000 schriftliche Gelübde in den Rasen, auf denen Teenager aus dem ganzen Land gelobten, ihre Jungfräulichkeit zu hüten. Tiffany Koller und Leslie Fisher (r.) waren aus Louisiana angereist. Und weil auch die Politik „sauber“ sein muß, feuerte Präsident Clinton Ende des Jahres die Leiterin seiner Gesundheitsbehörde: Sie hatte sich positiv zu Masturbation geäußert

Woodstock, das Festival im Schlamm

Nichts war so wie vor 25 Jahren, nur das Wetter. Acht Stunden Regen verwandelten die Szene in einen „nicht enden wollenden Heerwurm von bepackten, schmutzigen, übernächtigten Jugendlichen", die nach zwei Tagen „die Schnauze voll hatten von Frieden und Musik", wie eine Tageszeitung schrieb. Das offizielle Motto des Festivals zum 25. Jahrestag von Woodstock hatte etwa 350 000 Menschen nach Saugerties im Staate New York gelockt. Doch der Regen machte aus Woodstock II ein „Mudstock" (Mud = Schlamm). Und nicht genug damit: Es fehlten auch die Botschaft und die Ideologie von 1969, als noch Alternativkultur angesagt war. Selbst Alt-Hippies konnten ihr alternatives Weltbild nicht glaubhaft verkörpern, auch wenn sie sich im Schlamm suhlten und auf Händen tragen ließen (Foto). Die Welt hat sich eben weitergedreht und die Gesellschaft mit ihr. Kommerz bestimmt das Klima. Und so waren 135 Dollar Eintritt zu berappen – obwohl Coca-Cola, Apple und Philips kräftig sponserten. Hochpreisig auch die Kondome – fünf Dollar. Aber dafür trugen sie den Aufdruck: „Ich komme in Frieden."

Das Riesen-Krad als Werbegag

Die Fachpresse meldete einen Trend zu „unverkleideten Maschinen“. Von ebensolchen Fahrern bzw. Fahrerinnen war nicht die Rede.

Doch Harley-Davidson dekorierte damit das größte Motorrad, das je gebaut wurde: zwölf Meter lang, sechs Meter hoch, vier Tonnen schwer, 650 PS stark und 120 km/h schnell. Natürlich war der PR-Gag, präsentiert in Frankreich, nicht zu kaufen. Aber man konnte ihn mieten. Für 20 000 Franc (etwa 6000 Mark). Pro Tag. Die deutsche Motorradindustrie hielt sich an realistischere Zahlen. BMW registrierte trotz Rezession das beste Jahr in der 71jährigen Zweiradgeschichte, die Branche freute sich über „Stabilisierung auf Rekordhöhe". Auch ohne unverkleidetes Zubehör.

Die Felsen von gestern

Was sind sie denn nun (noch), die Herren Charlie Watts, Mick Jagger, Ron Wood und Keith Richards (von links), zusammen 207 Jahre alt und als Rolling Stones zur Legende mutiert? „Alte Herren im sentimentalen Leidenskampf", „immer noch die größte Rockband der Welt" oder ganz einfach „eine Band alter Säcke" (Mick Jagger)? Die Kritik war durchaus geteilt, als die vier zum ersten Mal nach längerer Pause wieder zusammen auftraten und die Fans im Robert-F.-Kennedy-Stadion in Washington ausflippten. 55 000 waren zum spektakulären Auftakt der Tournee gekommen, die die Stones 1995 auch nach Europa führen wird, wo sie fünf Konzerte geben. Rund acht Millionen Dollar Garantie kostet die Show. Die weltweite Rock-Reise macht das Quartett um 300 Millionen Dollar reicher. Für die Veranstalter bleibt da nicht mehr viel übrig, sie müssen ihr Stones-Engagement als Prestige-Investition sehen. Den meisten zahlenden Kunden wird's egal sein. Sie wissen, was sie bekommen: geile Musik und eine tolle Show. Und die Möglichkeit, „sich selbst zu feiern und die Kunst, alt und reich zu werden und sich weiterhin jung zu fühlen", wie eine Wochenzeitung schrieb.

Socks und die Micky Maus

Any questions, Ladys and Gentlemen? Aus wachen Katzenaugen schaut „Socks“ auf die versammelte Presse im Weißen Haus. Noch Fragen? Der vierjährige Kater der Clintons war respektlos aufs Rednerpult gesprungen, vorläufiger Höhepunkt seiner ausgedehnten Streifzüge durch den Amtssitz des Präsidenten. Will die First Cat der USA nach draußen, muß sie an die Leine. Zu oft ist sie, an das freie Katzenleben in Little Rock gewöhnt, schon ausgebüxt. Bestimmte Räume sind für sie tabu. Socks hatte die antiken Möbel etwas zu heftig mit den Krallen beehrt. Und weil Fotografen immer wieder versuchten, den Kater mit Leckerbissen vor ihre Objektive zu locken, mußte gar der Präsident einschreiten. Bill Clinton, der selbst an einer Katzenallergie leidet, erließ ein striktes Fütterungsverbot.

Kultur

Es gäbe einen Kniff, meinen Profis. Man hebe seine Zeigefinger eine Armlänge entfernt vors Gesicht und fixiere einen Punkt hinter den Fingerspitzen, bis der Blick derart erschlafft, daß man seine Finger doppelt sieht oder vierfach oder gar nicht mehr – es ist nicht leicht, in die „Dritte Dimension" zu tauchen, und die vielen Menschen, die dieses Jahr mit entleertem Blick in Buchhandlungen standen und in Werke namens „Das magische Auge" glotzten, haben sie womöglich nie gesehen, die Welt hinter diesen bunten zweidimensionalen Gebilden. Dennoch hat der Amerikaner Tom Baccei, natürlich ein Ex-Hippie, mit seinen „Magic Eye"-Büchern ein Vermögen verdient und einen völlig gegen den Bilderrausch unserer Zeit gerichteten Trend begründet: Das Gehirn versucht sich eigene Bilder zu schaffen, statt sich dem Geprassel der Medien zu ergeben.

Denn von den Leinwänden wurden ungeheure Reizkanonaden gefeuert: In Oliver Stones strudeligem Gewaltfilm „Natural Born Killers" gibt es 3000 Schnitte in 120 Minuten – das geht auf keine Netzhaut. Das als „Skandal" postulierte Roadmovie um ein marodierendes Liebespärchen – gedreht in Farbe, Schwarzweiß, Video-Technik, voller Überblendungen, Doppelbelichtungen und optischer Brüche – war wohl gedacht als Bonnie & Clyde-Version für die MTV-Generation. Doch was hängenblieb, waren nicht die Story oder Zeit- und Kulturkritik, sondern Stones schwelgerische Hingabe an die Faszination der Gewalt. „Blut trieft von den Leinwänden", hieß es in einer Kritik, und in der Tat avancierten Serien- und Berufskiller dieses Jahr zu neuen „Helden". Die ungebärdige Komödie „Pulp Fiction" des jungen amerikanischen Regisseurs Quentin Tarantino, in der sympathische Gangster vor ihren Mordtaten über Fußmassagen und McDonald's quasseln, wurde in Cannes mit der Goldenen Palme ausgezeichnet – frisches Blut fürs Filmfestival und das in Konventionen und immer gleichen Genre-Fabrikationen erstarrte Hollywood. In Deutschland setzte wie erwartet eine Gewaltdebatte ein: Darf man zeigen, wie Hirn aus dem Schädel eines Erschossenen spritzt? Und darf man, wie Tarantino, darüber Witze machen?

Richtig aufregen aber wollte sich gottlob keiner. Denn zu oft schon hatten sich Pädagogen, besorgte Zuschauer und Hobby-Psychologen verstrickt in Moraldiskussionen über die angeblich schlimmen Wirkungen von Filmen, als daß etwa „Pulp Fiction" oder Stones „Killer" tatsächlich neue Erschütterung auslösen konnten. Die Aufregung verpuffte; Geschmacks- und Moralfragen werden im Kino eben pragmatisch gelöst: Probieren darf man alles, schauen muß keiner.

Ein spürbarer Ruck ging jedoch durch die Republik, als im Februar in den deutschen Kinos Steven Spielbergs „Oscar"-prämierter Spielfilm über die Massenvernichtung der Juden anlief. Ganze Schulklassen sahen als Teil ihres Unterrichts „Schindlers Liste", das Porträt eines deutschen Industriellen und Juden-Retters. In Fernsehrunden wurde diskutiert und analysiert. Warum habt ihr nicht, wie Schindler, den Juden geholfen? fragten Kinder ihre Eltern und Großeltern.

Zu so politischen und emotional aufwühlenden Stoffen ist der deutsche Film derzeit offensichtlich kaum in der Lage. Ein großer Erfolg – mit rund drei Millionen Zuschauern – gelang, doch war es eher was zum Lachen: Sönke Wortmanns spritzige Comic-Verfilmung „Der bewegte Mann" handelt von den Irrungen und Wirrungen an der Geschlechterfront. Im teuersten deutschen Zeichentrickfilm versuchten graugetigerte „Felidae" aus Hamburg den Wildkatzen aus Hollywood Konkurrenz zu machen – doch „Der König der Löwen" vertrieb majestätisch die Artgenossen (und fast alle anderen Filme) aus den Kino-Hitparaden. Das gefällige Disney-Musical erwies seine Vorherrschaft vor allem im Reich des Merchandising; rund eine Milliarde Dollar Einnahmen weltweit werden erwartet. Es spielt

Der Film des Jahres: Regisseur Steven Spiel

g bei den Dreharbeiten zu seinem Holocaust-Werk „Schindlers Liste"

keine Rolle, ob man etwas zu erzählen hat. Hauptsache, man bedruckt rechtzeitig T-Shirts.

Hunderttausendfach gedruckt und verschlungen wurden dieses Jahr die Abenteuer des dänischen „Fräulein Smilla", das hervorragende Gespür für Schnee und Massengeschmack bewies. Der Thriller-Bestseller führte in Grönlands Eis, und Autor Peter Høeg blieb nicht das einzige literarisch erfolgreiche Nordlicht: Margriet de Moor mit ihrem Kastraten-Porträt „Der Virtuose" und Jostein Gaarder mit seinem Philosophie-Roman „Sofies Welt" feierten unerwartete Erfolge. Und Taslima Nasreen, Schriftstellerin aus Bangladesch, wurde berühmt mit einem Buch, das möglichst niemand lesen sollte – islamische Fundamentalisten sahen darin eine Gotteslästerung und verhängten die Fatwa, das Todesurteil. Auf denkbar zynische Weise hat so das Werk „Die Schande" seine Verfasserin zum Superstar gemacht – die Autorin selbst sieht sich als Sprachrohr der unterdrückten Frauen ihrer Heimat.

Ihre Stimmen erhoben, da capo, zum zweiten Mal drei hochbezahlte Goldkehlen und hievten ihre Klangkörper auf eine gemeinsame Bühne: Die Tenöre José Carreras, Placido Domingo und Luciano Pavarotti – Reihenfolge nach zunehmendem Gewicht – schmetterten anläßlich der Fußball-WM in Los Angeles die Greatest Hits von Opernarien bis zum Gassenhauer. Das hatte weniger mit hehrem Kunstanspruch zu tun als mit freundlich-sportlichem Spieltrieb, aber wem der Sinn nach ersterem stand, der begab sich ohnehin wie stets ins Bayreuther Festspielhaus. Über vier Abende verteilte Regisseur Alfred Kirchner den 15stündigen „Ring des Nibelungen". Aufregend waren vor allem die 198 Kostüme der Stuttgarter Künstlerin Rosalie – eigenwillige Kompositionen mit Alustangen, Isomatten, Dichtungsringen und Markisen. Der Wald bestand aus Sonnenschirmen, und der Himmel hing voller Container. Phantasie war gefragt – die Wahrnehmung der Welt hinter dem Augenfälligen.

Daß dies kein Problem ist, haben wir in diesem Jahr gelernt: den Blick konzentrieren und mehr zu sehen, als oberflächlich da ist. Manchmal ist das nur ein Bluff. Manchmal aber ist es ein Glück.

Christine Kruttschnitt

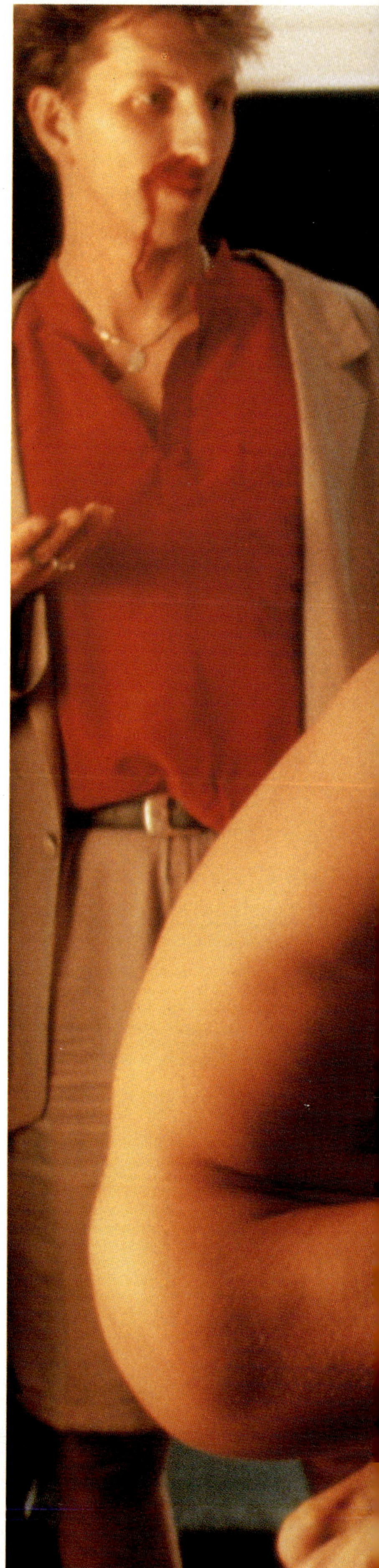

Was ist mit den Männern los?

Es ging ziemlich durcheinander in diesem Kino-Jahr: Die Falschen gaben sich das Ja-Wort, eine dicke Nanny war in Wahrheit ein Kerl, und manchem Mann war nicht mehr klar, ob er nun Frauen oder Männer liebte. Mike Newell erzählt in seinem spritzig-eleganten Reigen „Vier Hochzeiten und ein Todesfall“ die Liebesabenteuer einer Clique aus der britischen Oberschicht, die ihre Wochenenden bei Hochzeiten zu verbringen scheint. Den meisten Charme versprühte dabei Hauptdarsteller Hugh Grant (Foto links oben), nun als begehrtester Junggeselle Englands gefeiert. Mehr auf bizarre Komik aus war „Mrs. Doubtfire“: Geschiedener Ehemann (Robin Williams, Foto links unten), von Beruf Schauspieler und Stimmenimitator, läßt sich von seiner Ex-Gattin unerkannt als Kindermädchen anheuern. In Frauenkleider warfen sich auch deutsche Schauspieler: Sönke Wortmanns erfolgreiche Komödie „Der bewegte Mann“ (mehr als 3,3 Millionen Zuschauer bis Ende 1994) spielt in bunt-gemixtem Homo-Hetero-Milieu, in dem die Beziehungsturbulenzen zwischen Axel und Doro (Til Schweiger, Katja Riemann, großes Foto) geschürt werden durch ein paar fröhliche Schwule, die Axel sexy finden. Selten wurde auf deutschen Leinwänden so frech querbeet geliebt

Der Löwe, von dem man spricht

Man konnte dem Vieh kaum entgehen: Zeitweise brüllte es von jeder vierten deutschen Kinoleinwand, und an den Kassen wurden die üblichen Devotionalien verkauft: Mützen und T-Shirts. Dieser Film strebe derart raubtierhaft nach Profit, daß Onkel Dagobert aus Entenhausen „nur lahm die Flügel hängen lassen kann“, befand eine Wochenzeitung. Mit geschätzten zwei Milliarden Dollar Einnahmen weltweit ist „The Lion King“ (Der König der Löwen) auf dem besten Weg, einer der größten Kassenschlager der Filmgeschichte zu werden. Vier Jahre lang haben 600 Zeichner an dem Steppen-Abenteuer gearbeitet. Der technisch einzigartige Film erzählt die simple Geschichte des Löwenprinzen Simba, dessen Vater dem mißgünstigen Bruder zum Opfer fällt. Simba flieht ins Exil, kehrt zurück und verwandelt das heruntergekommene Königreich in eine blühende Idylle. Trotz Verzichts auf bambihafte Heile-Welt-Kosmetik fehlt es nicht an den hausüblichen weltanschaulichen Zutaten aus dem Disney-Studio: Vaterlandsliebe, Arbeitsmoral und Optimismus. Doch die wenigsten Kids werden wohl in diesem bunten Musical das Outing des American Way of Life erkennen.

Steven Spielberg und andere Oscar-Helden

Hollywood-Regisseur Steven Spielberg hatte mit Filmen wie „E.T.“, „Indiana Jones“ und „Jurassic Park“ zwar große finanzielle Erfolge gefeiert, doch erst „Schindlers Liste“ ließ ihn, so die „Times“, „erwachsen werden“. Spielbergs Porträt des Juden-Retters Oskar Schindler und seine filmische Inszenierung des Holocaust waren Hollywood sieben Oscars wert. Stolz und bewegt nahm der Jude Spielberg – viele seiner Angehörigen waren in den Vernichtungslagern der Nazis ermordet worden – die Trophäen entgegen, eingerahmt von seiner Mutter Leah Adler und seiner Ehefrau Kate Capshaw (r.). Vor etwa einer Milliarde TV-Zuschauern als „vielseitigster Filmemacher der Welt“ gefeiert, sprach er einen Satz, der selbst hartgesottenen Hollywood-Größen Tränen in die Augen trieb: „Ich widme diese Auszeichnung jenen sechs Millionen Menschen, die die Zeremonie heute abend nicht sehen können.“ Oscarverdächtig für das kommende Jahr ist ein Streifen, der schon nach kurzer Zeit 200 Millionen Dollar eingespielt hat, obwohl er weder dramatisches Zeitdokument noch Action-Thriller, sondern eine stille, melancholische Komödie ist: „Forrest Gump“. Allerdings spielen hier prominente Zeitzeugen wichtige Nebenrollen. So schüttelt John F. Kennedy dem Hauptdarsteller Tom Hanks die Hand (links) – per Trick –, in Wahrheit sind die beiden einander nie begegnet.

Grenzenlos: Gewalt im Kino

Der Königin steht das Entsetzen ins Gesicht geschrieben: In der französisch-italienischen Mammutproduktion „Die Bartholomäusnacht" spielte Isabelle Adjani (Foto links) die junge Thronfolgerin Margot, die Zeugin des Pariser Massakers von 1572 an mindestens 5000 Hugenotten wird. Gemessen an den Blutbädern aus dem zeitgenössischen Amerika, die in diesem Jahr ins Kino schwappten, war das Historiengemälde des französischen Opern- und Theaterregisseurs Patrice Chéreau eine recht elegante Inszenierung des Schlachtens: Die modernen Gangster tragen Anzug und nehmen die schnelle Pistole statt Lanzen, Dolchen, Säbeln. Ihre Absicht bleibt die gleiche. In „Kalifornia" (oben rechts) macht ein Serienmörder die Lande unsicher, in „Pulp Fiction" sind es Berufskiller, in „True Romance" gnadenlose Geldeintreiber. Ultrabrutal war „in", und die beliebtesten Kino-Helden des Jahres, so schien es, waren die, denen man im wirklichen Leben möglichst nie begegnen will

Die blauen Nächte in Berlin

Die Welt im Jahr 3003 – wird sie so aussehen? Geist-Wesen aus dem Kosmos sehnen sich nach der Erde, wo sich die Menschheit längst zugrunde gerichtet hat. Den Traum vom Neubeginn und einem besseren Leben läßt das „Pyro Space Ballet" in seinem Tanzstück „Futura" Wirklichkeit werden. Die Choreographie war Teil des Programms der „X '94", einer Mammutschau der Akademie der Künste in Berlin, die das Lebensgefühl der Metropole im Chaos der Nachwendezeit einfing. Mehr als 500 junge Künstler, überwiegend zwischen 15 und 35 Jahre alt, fanden für zwei Monate ein hochoffizielles Forum, auf dem sie ihre Alternativkultur vorstellen konnten. Die Tanzgruppe „Pyro Space Ballet" wollte in ihrer Performance Wärme, Liebe und Zärtlichkeit vermitteln. Den im All lebenden Geist-Wesen gelingt es, sich zu „rematerialisieren". Highlight der visionären Show: Während eine Sopranistin die leidvolle Geschichte der Erde besingt, schälen sich aus einem amorphen Klumpen bei Schwarzlicht erste Gestalten heraus, und die Geister tanzen zu sanfter Techno-Trance-Musik in ihre neuen Körper hinein (Foto)

Das Endspiel der Tenöre

„Wir werden eine Menge Spaß miteinander haben“, hatte José Carreras gehofft, als er nach dem tieferen Grund für sein gemeinsames Konzert mit Placido Domingo und Luciano Pavarotti gefragt wurde. Die drei weltbesten Tenöre, Kollegen ebenso wie harte Konkurrenten, hatten schon vier Jahre zuvor in Italien zusammen auf der Bühne gestanden, am Vorabend des Endspiels um die Fußballweltmeisterschaft. Diesmal, im Dogers-Stadion von Los Angeles, war es wieder der Fußball, der sie zusammenbrachte. Etwa eine Milliarde Menschen, so schätzt man, verfolgten den Auftritt vor dem Bildschirm, 15 Millionen Dollar kosteten die Verwertungsrechte. Doch Geld, so Carreras, „ist das letzte, wofür wir dieses Konzert machen... Es ist die Nacht vor dem WM-Finale, und Luciano, Placido und ich sind total verrückt nach Fußball...“ Pavarotti, der Italiener, sang die Turandot-Arie „Nessuno dorma“ (Daß keiner schlafe) freilich, wenn schon nicht umsonst, so doch vergebens. Seine italienische Mannschaft „verschlief“ das Finale im Elfmeterschießen gegen Brasilien.

TEAM AMERICA
FIFA

Neue Zitadelle der Kunst in Groningen

Am Anfang war nur Kritik. „Desert-Architektur" sei das, „waffelgekrönte Eiskugeln in Himbeersoße" und nicht zuletzt „ein Anschlag auf die Altstadt von Groningen". Noch im fertigen Zustand entzweite der Bau seine Betrachter und Besucher. Während die einen „den Zeitgeist leicht ironisch über den Wassern schweben" sahen, befanden die anderen ihn als „einfältig und schwer". Es ging und geht um Groningens neues Kunstmuseum, am 29. Oktober von Königin Beatrix eingeweiht und seither unbestrittene Attraktion

der 170 000-Einwohner-Stadt im hohen Norden Hollands. Weniger als der heterogene Inhalt (archäologische Funde, historisches Kunstgewerbe, klassische Malerei, modernes Design) hat die Form Aufsehen erregt: ein rechteckig aufragender gelber Turm im Kühlhaus-Format, umgeben von pastellfarbenen quadratischen Pavillons, die eine Wirtschaftszeitung an „Bonbonieren" erinnerten. Zweifellos ist hier entstanden, was der einfallsreiche Direktor Frans Haks wollte: „Ein Museum der Kontraste, wie es noch nie dagewesen ist." Haks beauftragte damit keinen Architekten, sondern den bekannten Mailänder Designer Allessandro Mendini, 64, verpflichtete ihn aber, Gastarchitekten zu beteiligen. Gemeinsam errichteten sie – für 52 Millionen Mark Baukosten – auf einer künstlichen Kanalinsel eine Art Gralsburg der Postmoderne, die nur über eine Zugbrücke zu erreichen ist, deren Interieur mehr inszeniert als gestaltet wirkt und deren Blickfang, der Turm, völlig fensterlos blieb. „Der Blick nach draußen", glaubt Mendini, „verhindert, die Kunst zu sehen."

Barbie kommt in die Jahre

Ist 35 nicht das ideale Alter für jede Frau? Warum dann nicht auch für die 700millionenmal geklonte Traumfrau mit den Endlos-Beinen, den knackigen Kurven, dem schicken Outfit, den sündhaft knappen Dessous? Seit 35 Jahren sind die kleinen Mädchen (und Jungs) wild auf die perfekte große Schwester, die jedem Trend geneigt ist, jede Mode mitmacht. Und wenn sie auch noch so über sie lästern, die Spät-68erinnen und ihre emanzipierten Kinder: die Barbie ist und bleibt das begehrteste Spielzeug der Kunststoff-Welt, ein blonder (nur in Lateinamerika kaffeebrauner) amerikanischer Traum, sexy und doch kühl und keusch. Als ihre amerikanischen Erfinder die Barbie-Puppe 1967 einer radikalen Modernisierung unterzogen und eine große Umtauschaktion starteten, trennten sich 1,2 Millionen Mädchen herzlos von ihrer alten Puppe, um für 1,50 Dollar eine neue zu bekommen. Was uns das lehrt? Der STERN, in dessen Verlagshaus eine Ausstellung zu Barbies 35. Geburtstag stattfand, hat es schmerzlich klargemacht: daß nämlich „Kindern noch nie perfider die Austauschbarkeit von Frauen beigebracht wurde“.

Bayreuth: Reines Gold beim „Rheingold"

Bayreuth – jeden Sommer lockt das Festspielhaus 50 000 Besucher aus aller Welt in die fränkische Provinz, und ob die nun vorwiegend hören, sehen oder gesehen werden wollen – die Droge Wagner-

Festspiele verfehlt nie ihre Wirkung. Sieben Premieren standen 1994 auf dem Programm, darunter eine Neuinszenierung des „Ring“ unter der Regie von Alfred Kirchner und der Stabführung von James Levine, vier Musikdramen von insgesamt 15 Stunden Dauer. Das gigantische optische und akustische Projekt beschäftigte 800 Saisonarbeiter aus 30 Ländern, darunter mehr als 100 Sänger und Musiker. Die Kritik bemängelte bei dem „Designer-Spektakel“ „bunte Beliebigkeit“. Der „Rheingold“-Aufführung (oben: Der Hort wird vorgezeigt) bescheinigte die strenge »FAZ« immerhin „musikalische Herzlichkeit und stimmliche Opulenz“.

Mit anderen Augen gesehen

Die Deutschen treiben es bunt. Die Erfindung des amerikanischen Computerspezialisten Tom Baccei hat bei ihnen die „Formen eines Rauschs angenommen" („Frankfurter Allgemeine") und „halb Deutschland närrisch gemacht" („Spiegel"). Eine Berliner Zeitung sieht das Land gar „im 3-D-Fieber". Auslöser waren ein paar schmale Bildbände („Das magische Auge", Bd. I, II und III), die beim Betrachten wirrbunter, abstrakter Darstellungen nach einiger Zeit eine dreidimensionale Welt konkreter Gegenstände und Bildkompositionen erkennen ließen. Und zwar ohne 3-D-Brillen oder andere technische Hilfsmittel. In einem Jahr werden fast zwei Millionen der „Kultbücher" verkauft. Der Münchner Verlag Ars Edition, bis dahin auf Kinderbücher, religiöse Werke und Heiligenbildchen beschränkt, verdreifachte seinen Umsatz. Verleger Marcel Nauer war mit der Idee auf der Buchmesse 1993 konfrontiert worden. Nachdem er sich eine Nacht lang mit dem optischen Spielzeug beschäftigt hatte, machte er das Geschäft seines Lebens. Längst gibt es auch Videocassetten, CD-Roms, Postkarten und Kalender. Die „Sucht nach der Tiefe des Raums" hält an.

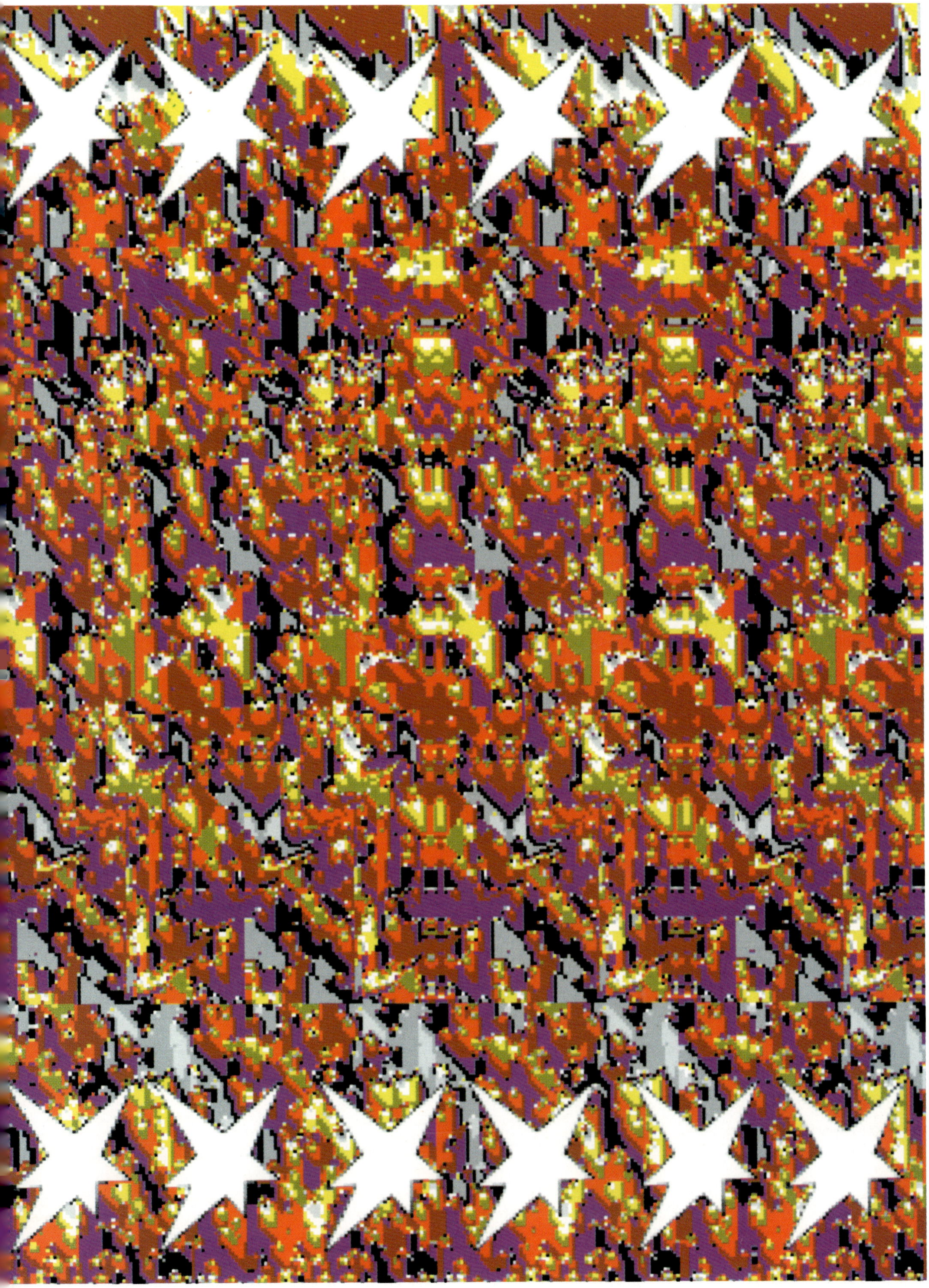

Sport

Die verzweifelte Frau stand weinend auf dem Polizeirevier. Seit zwei Tagen war ihr Ehemann spurlos verschwunden. „Was ist er denn von Beruf?“ wollte der Beamte wissen. „Boxer.“ „Oh, das ist schlecht. They never come back.“

Zugegeben: Die Anekdote ist alt und auch längst nicht mehr zutreffend. Die alte Ring-Regel des „They never come back“, jahrzehntelang gültig für entthronte Boxweltmeister im Schwergewicht (selbst Max Schmeling und Joe Louis fielen ihr zum Opfer), verlor ihre Geltung nicht erst, als ein gewisser George Foreman Anfang November 1994 den Titel zurückeroberte, den er zwanzig Jahre zuvor verloren hatte.

In Las Vegas hatte ihn Titelverteidiger Michael Moorer zwar zehn Runden lang regelrecht verprügelt, war dabei aber dem Irrtum erlegen, der beleibte Herr verfüge allenfalls noch über Sandsack-Qualitäten. Nach zwei Minuten der 10. Runde schlug der Sandsack urplötzlich zurück, was dem Profiboxsport den ältesten Heavyweight-Champion aller Zeiten bescherte. Foreman ist 45 und war von der Box-Kommission des Staates Nevada erst nach Protest für ringtauglich erklärt worden.

„Fünfundvierzig“, so der leicht lädierte neue alte Weltmeister und Laienprediger am nächsten Morgen von der Kanzel seiner Kirche in Houston (Texas), „ist noch längst kein Todesurteil. All ihr Leute über 40, schneidet euch die grauen Haare, hängt euch einen Ring ins Ohr und faßt mich am Mantel! Dann fliege ich mit euch ins 21. Zahlen sind nur für Buchhalter. Wenn man Träume hat, kann man alles schaffen.“ Scheint so. Zwar ist die Sportgeschichte reich auch an Beispielen jämmerlich gescheiterter Comeback-Versuche à la Björn Borg, Franz Klammer, Mark Spitz, Muhammad Ali, doch zeichnet sich als Folge der zunehmenden Kommerzialisierung des Sports, aber wohl auch aus Angst vor der Lebensleere nach Ende der aktiven Laufbahn, ein Phänomen ab, das die vielzitierte Schnellebigkeit unserer Zeit und den Kult der Jugendlichkeit auf den Kopf stellt: Vermeintlich ausgemusterte und oft schon abgetretene Stars mischen sich unter die Franzis und Tanjas und Ankes und Larse. Die haben zwar weit bessere Laktatwerte und Grundschnelligkeit, hinken aber in anderen Bereichen hinterher. „Hilfreich“ sind gelegentlich auch Sportfunktionäre für die jungen Superstars. Bei den Schwimmweltmeisterschaften in Rom gaben die erfolgreichen Chinesinnen den Dopinggerüchten neue Nahrung.

„Persönlichkeit“ heißt das Reiz- und Zauberwort der 90er. „Persönlichkeit“ ließ Markus Wasmeier, 31, in Lillehammer zwei Goldmedaillen gewinnen und „Sportler des Jahres“ 1994 werden. „Wasi“, Weltmeister im Riesenslalom 1985, fuhr seit Jahren eigentlich nur noch hinterher, wurde von seiner Skifirma abgeschoben und galt als „über den Berg“. Doch eben diesen Berg raste er in Lillehammer so schnell hinunter, daß die Konkurrenz aus der Nutella-Generation mit offenem Mund staunte: „Ja, dös gibt's doch net!“ Ihr war entgangen, daß das Jodel-Genie vom Schliersee inzwischen vom Gaudi-Bursch zum Mann mutiert war, zum Familienvater, dem der Ernst des Rennläufer-Lebens zwar nicht das Lachen, wohl aber den Leichtsinn ausgetrieben hatte.

Auf zwei Brettern erlebte auch ein anderer, der mit zwei Goldmedaillen von Olympia heimkehrte, seinen zweiten

Das Kreuz mit dem Kreuz: Bei den Weltmeisterschaften in Rom gewannen Chinas Schwimmerinnen Goldmedaillen reihenweise. Die Quittung wenig später: Zwei der muskulösen Damen wurden wegen Dopings aus dem Verkehr gezogen

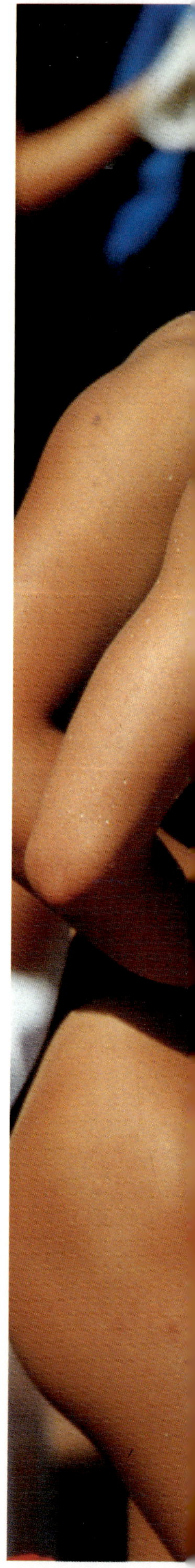

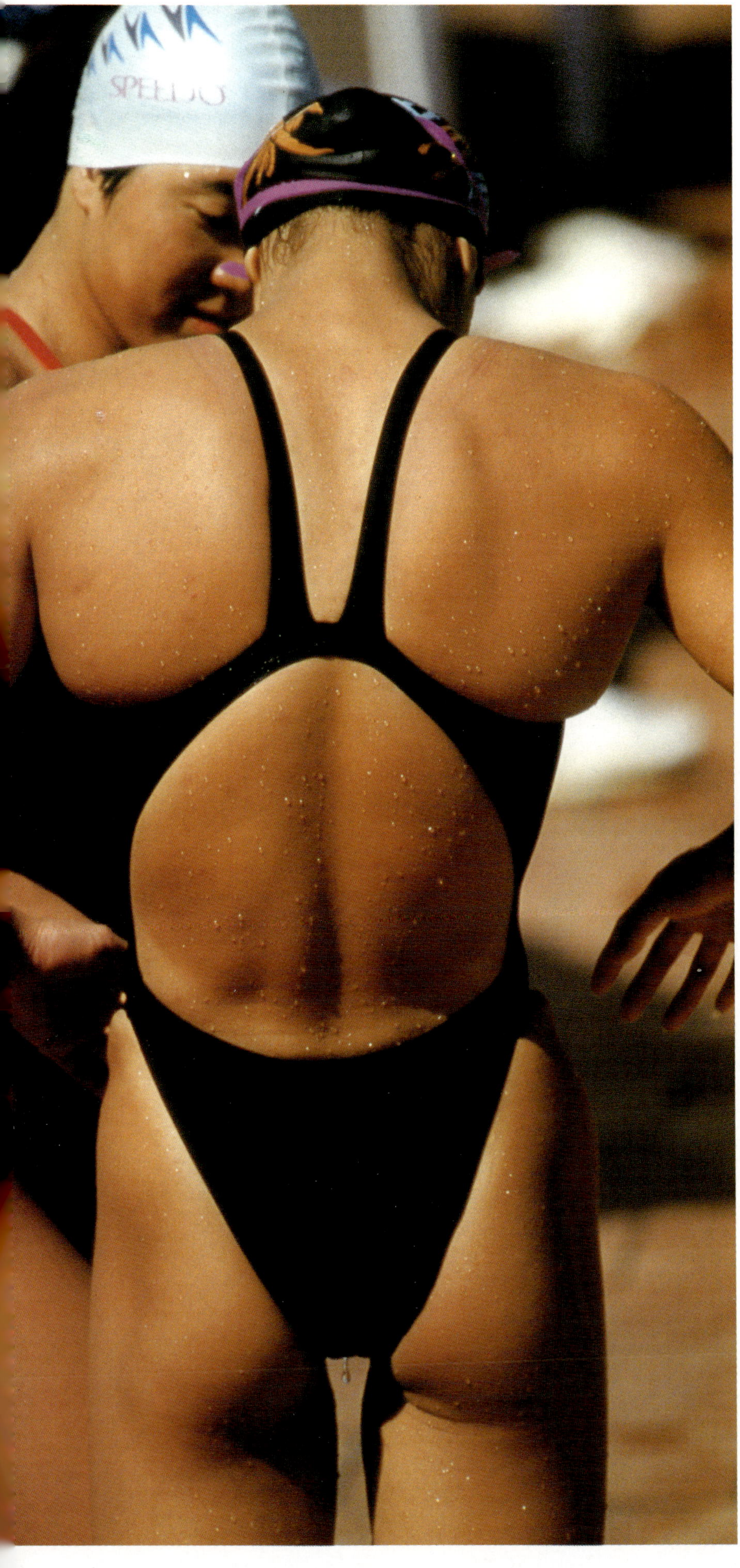

sportlichen Frühling. Schon 1984 in Sarajevo hatte Jens Weißflog, der kleine Skispringer aus Oberwiesenthal in der ehemaligen DDR, olympisches Gold gewonnen. 1988 und 1992 reichte es, auch verletzungsbedingt, nicht mehr zu Edelmetall.

Längst hätte er seine Sprungski an den Nagel gehängt, wenn es „in der DDR immer Nägel gegeben hätte“. Der Kalauer hatte tieferen Sinn: Da Prämien im Staatssport der DDR auf Sperrkonten überwiesen und später nur ausbezahlt wurden, wenn die aktive Laufbahn „im beiderseitigen Einvernehmen“ beendet wurde, mußte der „Verdiente Meister des Sports“ jeden Winter wieder ran. Nach der Wende lockte erst recht das Geld, obwohl man als Ossi keineswegs den Rahm von der Milch des Kapitalismus schöpfen konnte. Zeitweise warb Weißflog für Vogelfutter.

Andere haben andere Motive. Als Boris Becker 1994 die Turniere von Mailand, Los Angeles, New Haven und Stockholm gewann, in Wimbledon bis ins Halbfinale kam und ATP-Vizeweltmeister wurde, ließ sich kaum eine Zeitung das Wortspiel vom „Come-Becker“ entgehen. Von Platz 11 stieß Boris wieder auf Platz 3 der Weltrangliste vor, gewiß nicht aus finanziellem Antrieb, wohl aber, „um zu beweisen, daß ich mit 26 Jahren noch nicht zum alten Eisen gehöre“. Und nicht nur Vater und Ehemann sein will. Was auch einen Fußballer wie Bernd Schuster, 35, nicht auszufüllen scheint. „Unglaublich, was der noch drauf hat“, bewunderte Kölns Youngster Patrick Weiser den 12 Jahre älteren Star, der seit 16 Jahren international im Geschäft ist.

Gleich mehrere Motive ließen Brasiliens Ballkünstler erstmals nach 24 Jahren den Titel des Fußballweltmeisters wieder an den Zuckerhut holen. „Wir waren das unserem Land einfach schuldig“, so Superstar Romario. Die Beweggründe: wirtschaftliche Misere, politische Probleme, Korruption, Kriminalität, nicht zuletzt aber auch der Tod Ayrton Sennas als nationale Identifikationsfigur.

Was zum Ausgangspunkt und zur eingangs geschilderten Sportart zurückführt. Denn den Comebacks sind trotz allem natürliche Grenzen gesetzt. „Ihr braucht nicht mehr zu zählen, ich stehe nicht wieder auf“, ließ der amerikanische Profiboxer Jim Watt auf seinen Grabstein schreiben. *Jo Viellvoye*

Der Goldadler von Lillehammer

Ein Mann fliegt durch die Luft. Zwei schmale Bretter tragen ihn von einer schneebedeckten Sprungschanze weit hinunter, dorthin, wo Tausende in gespannter Erwartung verharren. Ihre Sympathie galt 1994 Jens Weißflog, 30, aus Oberwiesenthal im Erzgebirge. Der schmächtige Springer, nur 1,68 m groß und kaum 60 Kilo schwer, gewann bei den Olympischen Winterspielen im norwegischen Lillehammer zwei Goldmedaillen. Weißflog hat beizeiten lernen müssen, auch mit Niederlagen fertig zu werden. 1984 erster Olympiasieg in Sarajevo mit allen üblichen Ehrungen („Vaterländischer Verdienstorden in Gold") der DDR, Versager 1988 in Calgary mit den üblichen Konsequenzen des DDR-Sports und seiner Politruks. Dennoch neidete ihm die Provinz-Heimat die Privilegien, was zu verlegenen Gesten führte, als der ehemalige Volkskammer-Abgeordnete und Doppel-Olympiasieger von 1994 Oberwiesenthaler Ehrenbürger wurde. Seinen Rücktritt vom aktiven Sport hat er rückgängig gemacht, um sich noch mindestens ein Jahr lang „gut zu vermarkten". Auch wenn's wieder ein paar Leute stören sollte.

44

„Wasi" im Goldrausch

Niemand hatte dem deutschen Abfahrtsläufer Markus Wasmeier bei den Olympischen Winterspielen im norwegischen Lillehammer Medaillen zugetraut. War er nicht schon 30, ein geradezu biblisches Alter für einen Ski-Rennläufer? Hatte er seine große Karriere (Riesenslalom-Weltmeister 1985 und Sieger bei Weltcup-Rennen im Super-G) nicht eigentlich schon hinter sich? Und war da nicht der fürchterliche Sturz bei einem Rennen in Japan 1987, der eine Querschnittslähmung befürchten ließ? Als danach die Erfolge ausblieben und Sponsoren und sein Skifabrikant die Werbeverträge kündigten – auch da verlor der bayrische Naturbursche den Glauben an sich nicht. Auch nicht, als der Abfahrtslauf in Lillehammer mal wieder zur Pleite geriet: Platz 36. Im Super-G jedoch steht ein anderer „Wasi" auf den Brettern, einer, der alle Enttäuschungen der letzten Jahre aus seinem Kopf verbannt und mit acht hundertstel Sekunden Vorsprung gewinnt. Das Glück scheint vollkommen, doch dann holt „der Bub" (Vater Günter Wasmeier) auch im Riesenslalom noch einmal Gold. Zu Hause am Schliersee feierten die Nachbarn „ihren" Helden und neuen Ehrenbürger.

Bravo Markus-
Vorsprung durch Technik

Tod auf der Piste

„Zu glatt, zu gefährlich. Ich hoffe, daß sie das Eis noch aufrauhen", sagte die österreichische Skirennläuferin Ulrike Maier, 26, nachdem sie am 29. Januar 1994 die Abfahrtstrecke in Garmisch-Partenkirchen inspiziert hatte. Zwei Stunden später war sie tot. Wieder einmal beklagte der Skisport ein Opfer seiner perversen Jagd nach Werbewert und Einschaltquoten, in der die Aktiven nur noch Objekte zu sein scheinen, gut honoriert, aber willenlos. Ulrike Maier, zweifache Weltmeisterin im Super-G und fünffache Siegerin in Weltcuprennen, war mit mehr als 100 km/h durch die „FIS-Schneise" gerast, eine extrem gefährliche Passage in der Garmischer Weltcup-Abfahrt. Hier verlor sie die Balance, stürzte und brach sich das Genick. Ihr Tod löste wieder mal heftige Diskussionen über sportlichen Sinn und tödlichen Unsinn solcher Rennen aus. Hubert Schweighofer, Lebensgefährte von Ulrike Maier und Vater ihrer fünfjährigen Tochter, gab den Veranstaltern die Schuld und erstattete Anzeige. Die Münchner Staatsanwaltschaft leitete wegen des Verdachts der fahrlässigen Tötung ein Ermittlungsverfahren gegen zwei Funktionäre ein, das niedergeschlagen wurde.

Snowboard: Spaß auf dem Bügelbrett

Wenn ein Schweizer Bankier aus dem Fenster springt, so lautet eine eidgenössische Lebensweisheit, sei empfohlen, ihm unverzüglich zu folgen. Denn: „Er weiß immer, was richtig ist.“ Wenn Schweizer Skifahrer sich und damit die Welt ihres Sports auf den Kopf stellen, hat das eine ähnliche Wirkung. Denn nicht nur am Corvatsch, wo der 24jährige Reto Lamm überschlägig seine Künste zeigt, und auch längst nicht nur in den Schweizer Alpen boomt das Board. Snowboardfahren ist „in“. Vom konventionellen Skifahren unterscheidet sich das Gleitvergnügen auf einem Brett wie Surfen von Segeln. Die Freaks halten das etwa 1,50 m lange und 30 Zentimeter breite Snowboard für „die beste Erfindung seit dem Reißverschluß“. Weltweit sind es bereits 3 Millionen, vorwiegend junge Menschen, die „snowboarden“, in Deutschland sind es über 200 000. Die einschlägige Industrie und ihre Outfit-Ausrüster freuen sich über Zuwachsraten von 70 Prozent. Fehlt eigentlich nur noch der olympische Segen. Aber den wollen die Lifestyle-Akrobaten gar nicht unbedingt – aus Angst vor den Grufties auf der Funktionärspiste.

Wer redet hier vom schwachen Geschlecht?

Ist das nun zum Schaudern oder zum Bewundern? Hat es etwas mit Ästhetik zu tun oder nur mit Egozentrik? Sind diese Damen in Form gekommen oder aus ihren Formen geraten? Wie immer auch – bei der Wahl zur „Miss Olympia“ in Atlanta/USA stellten sich solche Fragen nicht. Da starrten Fans und Freunde fasziniert auf die Bühne des Civic Center, wo 19 Kandidatinnen um den begehrten Titel und die damit verbundenen 35 000

Dollar posierten. Sie hatten sich, außer mit zentnerschweren Hanteln, mit einer monotonen Diät aus Reis, Fisch und Gemüse herumgequält, um jeden Muskel und jede Sehne ihrer hochtrainierten Körper sichtbar zu machen. Auf der Strecke blieben dabei hinderliches Fett und weibliche Formen. Siegerin wurde die 32jährige farbige Amerikanerin Lenda Murray (l), die seit 22 Jahren Krafttraining betreibt und von ihren Werbeverträgen mit Sportgeräte- und Kraftnahrung-Herstellern nicht schlecht lebt. Sie gewann den Titel schon zum 5. Mal, diesmal vor dem furchterregenden kanadischen Schwellkörper Laura Creavalle (r). Der Vorsprung war sehr knapp und betrug das, was man normalerweise eine Brustbreite genannt hätte.

Großer Preis von Bayern

Sea Cove, der erfolgreichste Traber der Welt

Da steht es, Deutschlands gewinnreichstes Sportpferd. Über vier Millionen Mark gewann Sea Cove in seinem neunjährigen Leben. Längst nicht alle Siegerkränze und Pokale hatten Platz auf dem Foto, wohl aber Besitzer Harald „Charles" Grendel, 51, der Trainer des trabenden Tresors. Sea Cove, zu deutsch Meeresbucht, hat fast alle großen Rennen der Welt gewonnen, wie den „Prix d'Amerique" in Paris und den „Elite Loppet" in Stockholm. Für 600 000 Mark hatte Grendel ihn einst einer schwedischen Bank abgekauft, an die er von seinen kanadischen Besitzern verpfändet worden war. 200 000 Mark des Kaufpreises übernahm ein Geschäftspartner von Grendel, dem damit ein Drittel des Pferdes gehört. 1995 soll der Hengst in die Zucht gehen und in Jesteburg in der Nordheide jährlich bis zu 150 Stuten beglücken. Eine Tätigkeit, die sicher angenehm wäre, wenn dafür nicht ein Holzgestell herhalten müßte. Grendel, der in Hamburg mit Immobilien zu Geld kam, hat die Liebesdienste seines Pferdes auf jährlich 4,5 Millionen Mark hochgerechnet.

Die goldene Faust des Henry Maske

Deutschland hat wieder einen Boxer von Weltrang. Und, was noch wichtiger ist, einen Ringkünstler ohne Schmuddel-Image und Ambitionen im Rotlicht-Milieu: Henry Maske, 31, Ex-Oberleutnant der NVA aus Frankfurt/Oder, setzte seine Karriere als Amateur (Europameister, Weltmeister, Olympiasieger) im Profi-Ring fort, obwohl es ihm an zwei Eigenschaften gebricht, die in diesem Geschäft angeblich unverzichtbar sind: Show-Talent und Punch, vernichtende Schlagkraft. Außerdem ist er Rechtsausleger, steht also „verkehrt herum" im Ring, was für internationale Karrieren eher hinderlich ist.
Seit März 1993 ist der Halbschwergewichtler (79 Kilo, 1,92 m) Weltmeister der Internationalen Boxing-Federation (IBF) und hat den Titel bislang fünfmal verteidigt, zuletzt am 8. Oktober 1994 in Halle/Westfalen gegen den 34jährigen Amerikaner Iran Barkley (Foto). Der hatte keine Chance gegen „Sir Henry" und durfte froh sein, daß der Ringarzt ihm die letzten drei Runden ersparte. Maskes Boxstil inspirierte die Presse zu Schlagzeilen wie „Der stille Champ" oder „Ein Gentleman boxt sich durch".

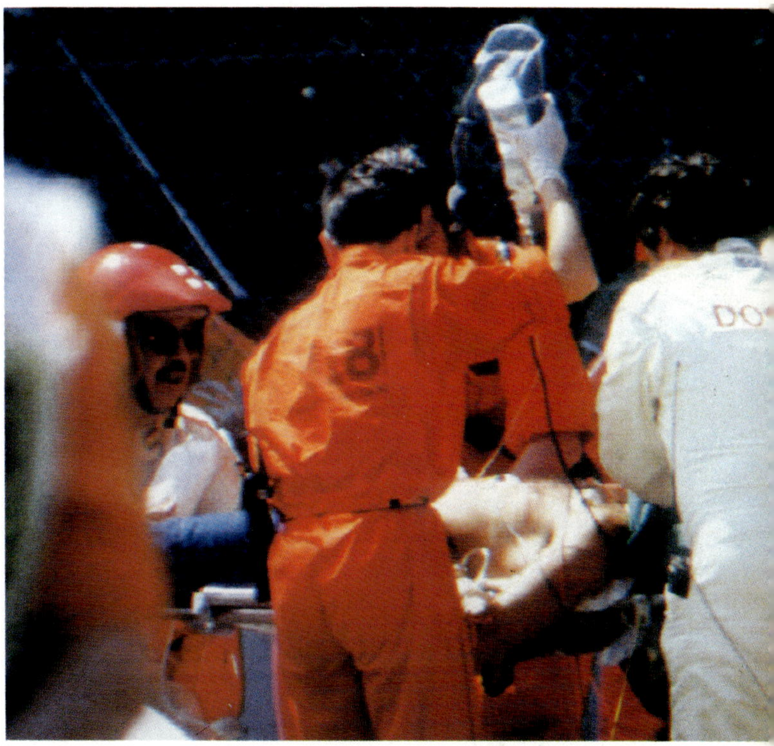

Das Rennen ging weiter

Den Ärzten im Maggiore-Krankenhaus von Bologna genügte ein Blick auf den Kopf des Patienten, der im Eilschritt aus dem Helikopter in den OP geschoben wurde, nachdem die Atmung ausgesetzt hatte und der Kreislauf zusammengebrochen war. Dennoch hielten sie den leblosen Körper, unter anderem durch einen Luftröhrenschnitt, in jenem Zustand, der zwar „Leben" nicht mehr genannt werden konnte, es aber doch erlaubte, die Nachricht vom Tod des dreimaligen Automobilweltmeisters erst vier Stunden später bekanntzugeben. Da war das Rennen gerade zu Ende. Den „Grand Prix von San Marino" hatte Michael Schumacher aus Deutschland gewonnen. Verloren hatte das Rennen Ayrton Senna, 34, aus Brasilien, der an diesem 1. Mai 1994 im Autodrom von Imola sein Leben verspielte. In der siebten Runde war sein Williams-Renault, in Führung liegend, von der Piste abgekommen und in einer langgezogenen Linkskurve mit etwa 300 km/h gegen eine Betonmauer geprallt. Weder sein Sturzhelm noch sofortige Infusionen vermochten „den Besten aller Zeiten" (Ferrari-Fahrer Gerhard Berger) zu retten. Am Tag zuvor hatte sich der Österreicher Roland Ratzenberger im Training das Genick gebrochen, nur 500 Meter von Sennas Unfallstelle entfernt. Wieder einmal stand der Motorsport, stand die Formel 1 im Mittelpunkt von Diskussionen. Während Brasilien, wo nicht nur Fußballgötter dem erbärmlichen Dasein von Millionen Menschen einen scheinbaren Inhalt geben, in lähmende Trauer verfiel, stellte kein anderer als Niki Lauda die Frage, „ob das alles noch eine Berechtigung hat". Die Antwort lieferte der Ex-Weltmeister gleich mit: „Nein."

Der schnelle Deutsche gab Gas

Noch nie hatte das Land, in dem das Automobil erfunden wurde, in dessen „Königsklasse“, der Formel 1, einen Weltmeister hervorgebracht. Und auch morgens am 13. November 1994 sah es nicht danach aus. Zwar hatte der junge Deutsche Michael Schumacher, 25, aus Kerpen bei Köln acht Grand Prix der Saison gewonnen, doch wegen Reglementsverstößen war ihm ein Sieg aberkannt und für weitere zwei Rennen war er gesperrt worden. Vorm letzten Lauf im australischen Adelaide betrug sein Vorsprung in der WM-Wertung nur noch einen Punkt, und der schien dahin, als er in der 36. Runde mit seinem schärfsten Rivalen, dem Briten Damon Hill, kollidierte. Schumachers Benetton-Ford stand stark lädiert neben der Rennstrecke. Aber auch Hill, der zunächst weiterfahren konnte, mußte das Rennen aufgeben. Der parkende Schumacher war Weltmeister. In Deutschland brach der „Schumi“-Taumel aus, Kritik kam vor allem aus England, wo dem neuen Champion eine absichtlich rüde Fahrweise unterstellt wurde. Hill gratulierte sportlich fair, doch für die neue Saison, die Schumacher etwa 30 Millionen Mark einbringen wird, stehen die Zeichen auf Sturm.

Romario, der neue Fußball-Gott

„Ein Künstler, von Gott gesandt", hat sein Trainer Carlos Pareira ihn genannt. Romario de Souza Faria, 28, gewinnt mit Brasilien nicht nur die Fußball-Weltmeisterschaft in den USA, er profiliert sich auch als der absolute Star seines Teams und des Turniers. Drei Monate nach dem Tod von Automobilweltmeister Ayrton Senna bekommt Brasilien einen neuen Volkshelden, folgerichtig widmet die Mannschaft ihren Titel, den vierten in der ruhmreichen Fußballgeschichte des Landes, dem toten Senna. Zweifellos gewinnt die „richtige" Mannschaft dieses 15. WM-Turnier, auch wenn im Finale gegen Italiens Defensiv-Strategen ein Elfmeterschießen nötig ist, um den neuen Weltmeister zu bestimmen. Brasilien hat spielerisch während des gesamten Turniers überzeugt. Und Brasilien hat diesen Romario, in dem sich Technik, Spielintelligenz und Torinstinkt auf verblüffende Art und Weise verbinden. „Ihm müssen wir im Spiel nur viermal den Ball geben", so Mitspieler Santos, „dann macht er zwei Tore." Der nur 1,68 m große Stürmer-Star gilt als schwierig, seine Eskapaden sind gefürchtet. Wichtig ist ihm, respektiert zu werden, „als Spieler und als Mensch".

UMBRO

Wirtschaft

Besser als am Beispiel der Chemie-Riesen Hoechst, Bayer und BASF läßt sich – ökonomisch gesehen – auf das Jahr 1994 nicht zurückblicken. Die Gewinne der großen drei explodierten insgesamt auf rund sieben Milliarden Mark. Hoechst legte allein im dritten Quartal gegenüber dem Vorjahr um 323 Prozent zu. Gleichzeitig bauten sie 1994 rund 20 000 Arbeitsplätze ab und kündigten für 1995 weitere Job-Streichungen an.

So sah es auch in anderen Branchen aus. Die deutschen Unternehmen fuhren die Ernte einer bisher beispiellosen Umstrukturierung und Rationalisierung ein. Um fast 150 Prozent, so das Münchner Ifo-Institut, seien die Gewinne der westdeutschen Industrie gegenüber 1993 gestiegen. Hoffnung für den Arbeitsmarkt mochten die Wirtschaftsforscher daraus nicht schöpfen. Mit über fünf Millionen Menschen ohne Beschäftigung blieb die Arbeitslosigkeit in Deutschland das Problem Nummer eins.

Schon empörten sich Gewerkschaften, und besonnene Unternehmer mahnten: Nach den Opfern der Arbeitnehmer mit Arbeitslosigkeit und Lohnverzicht müsse nun wieder eingestellt werden. In der Tat fehlten in einigen Branchen – etwa im Maschinenbau – bereits Fachkräfte. Doch statt sich mit neuen Personalkosten zu belasten, wurde lieber auf Überstunden, Sonderschichten und weitere Rationalisierung gesetzt.

Ähnliches gilt auch für andere Staaten der Europäischen Union. Zwar haben etwa die Deutschen 1994 bei der Produktivität kräftig aufgeholt und sind damit international wieder wettbewerbsfähiger geworden. Sie haben sich aber lediglich an die Spitze aller europäischen Industriestaaten gesetzt. So gilt unter Europas Top-Managern Deutschland wieder als bester Investitionsstandort – mit deutlichem Abstand vor Spanien, Großbritannien und Frankreich. Italien rangiert noch hinter Polen. Was den Europäern weiter bevorsteht: Sie schafften es auch 1994 nicht, die Wettbewerbslücke zu den Japanern und Amerikanern zu schließen. Vom Vorsprung der boomenden Staaten Südostasiens gar nicht zu reden.

Und genau da offenbarte sich eine weitere Gefahr für Europas Arbeitsplätze. Die Wirtschaft exportiert Millionen Jobs. Sie lagert Produktionen und Dienstleistungen dorthin aus, wo die Wachstumsraten groß und die Arbeitskosten niedrig sind – BMW und Mercedes in die USA, Elektronik- und Chemieindustrie nach Südostasien. Selbst High-Tech-Produkte sind im Zeitalter der Kommunikationsrevolution nicht mehr an herkömmliche Standorte gebunden. Der Arbeitsmarkt ist global geworden. So werkeln etwa im Schwellenland Indien 300 000 hochqualifizierte Daten- und Softwaretechniker für Unternehmen in aller Welt.

Auch die Luftfahrtindustrie in Frankreich und Deutschland setzt aus Wettbewerbsgründen zunehmend auf ausländische Teilelieferungen, während in der Heimat Jobs abgebaut werden – geschehen etwa beim europäischen Airbus-Programm.

Doch diese Grenzenlosigkeit brachte auch ihre Chancen. 1994 war das Jahr, in dem der Weg für neue Technologien freigeräumt wurde. Die Europäische Union beschloß, endlich die nationalen Fernmeldemonopole zu knacken. Weltweite Allianzen für einen künftigen Milliardenmarkt wurden geschlossen, die drei großen Bereiche der Deutschen Bundespost in die Privatwirtschaft entlassen.

Gleichzeitig wurde nach quälenden langjährigen Verhandlungen ein neues Welthandels-Abkommen vereinbart. In riesigen Regionen der Welt sollen zudem wirtschaftlich die Grenzen total fallen – ob in Nord- und Mittelamerika, im asiatisch-pazifischen Raum oder in Europa. Zu den zwölf Mitgliedern der Europäischen Union kamen Finnland, Österreich und Schweden hinzu. Nur die Norweger verweigerten sich per Volksabstimmung. Die EU bringt es nun ab 1. Januar 1995 auf 84 Prozent der Bevölkerung und auf 93 Prozent der Wirtschaftsleistung Westeuropas.

Europa auf einem rotierenden Riesenrad: I

lin wirbt die EU mit ihren Nationalfahnen auf einem Jahrmarkt

Auch für eine Erweiterung in Richtung Osteuropa wurden die Weichen gestellt. Dennoch, so wurde Ende 1994 auf dem EU-Gipfel in Essen deutlich, wird es Jahre dauern, bis Länder wie Polen, Ungarn oder Tschechien Mitglied der Gemeinschaft werden dürfen – von Rußland ganz zu schweigen. Der immer noch desolate Zustand in diesen Ländern würde, so die Angst der EU-Staaten, die europäischen Kassen überfordern. Vor allem eine Süd-Allianz aus Spanien, Portugal, Griechenland und Italien ist um eigene Subventions-Pfründen besorgt. Gleichwohl kamen die Geschäfte der EU mit Osteuropa 1994 so in Schwung, daß beispielsweise Polen schon ein gigantisches Handelsdefizit mit der Gemeinschaft beklagt und auf die Aufnahme in die Europäische Union nicht mehr lange warten will. Immerhin können die Länder Osteuropas mit Ausnahme Rußlands und der ehemaligen Sowjetrepubliken, wo die Wirtschaft weiter abstürzte, erstmals seit dem Umsturz mit Wachstumsraten rechnen.

Doch das dürfte ihnen nichts nützen. Zu sehr ist die auf 15 Mitglieder erweiterte EU erst mal mit sich selbst beschäftigt. Vom hehren Ziel einer Währungs- oder gar einer politischen Union ist man noch weit entfernt. Zwar hat der Konjunkturaufschwung in Europa, bedingt vor allem durch Exportgeschäfte mit Amerika und Asien, die wirtschaftliche Lage 1994 erheblich verbessert. Doch daß es deshalb – wie geplant – ab 1997 schrittweise zur europäischen Währungsunion kommt, ist eher unwahrscheinlich. Die Volkswirtschaften der EU sind längst noch nicht auf einem auch nur annähernd vergleichbaren Stand. Und so kam erneut die Diskussion über das Europa der zwei Geschwindigkeiten auf. Der Bonner CDU/CSU-Fraktionschef Wolfgang Schäuble etwa dachte laut über ein Kern-Europa nach, das bei einem engeren Zusammenschluß erst einmal vorangehen solle. Die Kandidaten für ein solches Europa erster Klasse: Frankreich, Deutschland, Belgien, Holland und Luxemburg.

Auch Alexandre Lamfalussy, Präsident des Europäischen Währungsinstituts, prophezeite Ende 1994 über die mögliche Zahl der Teilnehmer an einer Währungsunion: „Ich glaube nicht, daß sie sehr groß sein wird.“

Dieter Hünerkoch

Japans Gruß an Amerika

Happy Birthday, Donald Duck! Die berühmteste Ente der Welt hat Geburtstag, wird 60 Jahre alt. 1934 war sie der Phantasie des kalifornischen Comic-Zeichners Carl Barks entsprungen, der im Traum nicht an den Welterfolg seiner Figur dachte.
Auf ganz besondere Art beging Japan den Geburtstag der Kultfigur. Auf dem Parkplatz von Disneyland Ursayasu bei Tokio kam zusammen, was zusammen gehört: die beiden wichtigsten Kulturprodukte beider Länder. 1100 japanische Autos formten das Porträt der Ente im Matrosenanzug. Deren Erfolgsgeheimnis definierte sein Erfinder mit dem Satz: „Donald ist keine Ente, er sieht nur wie eine aus.“ Tatsächlich ist er längst vermenschlicht, ein negativer Held mit allen Schwächen und den Mißhelligkeiten, die die Welt, lies: Entenhausen, zu bieten hat – vom geizigen Onkel Dagobert bis zu den lausbübischen Neffen Tick, Trick und Track. Ihnen legte einst eine Übersetzerin den modifizierten Rütli-Schwur in den Schnabel: Wir wollen sein ein einig Volk von Brüdern, in keiner Not uns waschen und Gefahr. So was gefällt wohl nur kleinen Donaldisten.

Freie Fahrt zum Kontinent

Der Ausspruch ist verbürgt und wird in die Geschichtsbücher eingehen: „Madam, wir haben jetzt eine Landgrenze", so Frankreichs Staatspräsident François Mitterrand, als er am 6. Mai im Rolls-Royce der Queen erstmals den Tunnel unter dem Ärmelkanal durchquerte und das Jahrhundertbauwerk offiziell eröffnete. Die Landverbindung zwischen dem französischen Sangatte und dem englischen Folkstone beendet zumindest geographisch jene splendid isolation, die Englands Geschichte bis dahin bestimmte. Der „Eurotunnel" ist mehr als 50 Kilometer lang. Etwa 100 Meter unter dem Meeresspiegel unterqueren drei miteinander verbundene Röhren die meistbefahrene Schifffahrtsstraße der Welt: zwei für Spezialzüge, mit denen Passagiere, Autos, Lkws und Busse befördert werden, eine für Service- und Rettungsfahrzeuge. Sechs Jahre wühlten sich elf computergesteuerte Riesenbohrer durch den Kreideboden, mehr als 30 Milliarden Mark verschlang das Projekt, das ausschließlich privat finanziert wurde. 636 000 Aktionäre hoffen nun auf baldige Dividende. Doch angesichts enormer Anlaufschwierigkeiten rechnen Experten frühestens im Jahr 2000 mit Gewinn.

Frische Fische aus der Biskaya

In jedem Frühsommer kommen die Thunfische. In Herden zu mehreren hundert pflügen sie durch den Nordatlantik Richtung Mittelmeer, wo sie sich paaren. Um ihren natürlichen Feinden, vor allem den Haien, zu entgehen, halten sie sich dicht vor der Küste auf. Und schwimmen in ihr Verderben. Andalusische Fischer warten in ihren Booten auf die großen, rötlichen Tiere, deren Fleisch vor allem in Japan als Delikatesse gilt. Doch gutes Geld gibt's dort nur für Fische ohne sichtbare äußere Verletzungen. Dies hat zu einer Methode des Fangs und der Tötung geführt, gegen die selbst der Stierkampf als human gelten muß: die Almadraba. Wenn die zentnerschweren Meeresbewohner im Netz an Deck gehievt sind, tritt eine besondere Spezies südländischer Gemütsmenschen in Aktion, die Copejeadores. Sie stechen ihre Harpunen in die Augen der Opfer, die wahnsinnig vor Schmerzen und Angst noch minutenlang zappeln, während andere Fischer rhythmisch in die Hände klatschen und das blutige Handwerk mit Flamencogesang begleiten. Brutal? Widerlich? Die Frage müßte wohl auch an die Abnehmer und Verbraucher dieser Ware gehen.

Das Grab der dicken Brummer

Sie gilt seit dem 2. Weltkrieg als der ideale Parkplatz für ausrangierte Flugzeuge – die Wüste von Arizona (USA). Auf dem hartgebackenen Boden, der kaum einmal mit Regen in Berührung kommt, sind mehr als 45 000 Militärmaschinen abgestellt, Opfer der veränderten politischen Lage, der Abrüstung, wohl auch des Alters. Da stehen sie nun und warten auf bessere Tage. Die kommen immer dann, wenn wieder ein südamerikanischer oder afrikanischer Staat mit amerikanischer Militärhilfe seine Luftwaffe aufrüsten will oder auch nur etwas Passendes für den Kampf gegen den Drogenschmuggel sucht. So wurde 1993 noch antikes Gerät für 750 Millionen Dollar verkauft. Zweimal wöchentlich karrt ein Bus Besucher auf den Flugzeug-Friedhof, meist Veteranen der US-Airforce, die ihre Ehefrauen mit Heldensagen aus dem Korea- oder Vietnamkrieg unterhalten. Das Kontingent ausrangierter und eingemotteter Linien- und Militärmaschinen wächst stetig an. Doch nur die wenigsten werden wirklich verschrottet. Alle sind zur Konservierung mit einem Latex-Überzug versehen. Man kann ja nie wissen ...

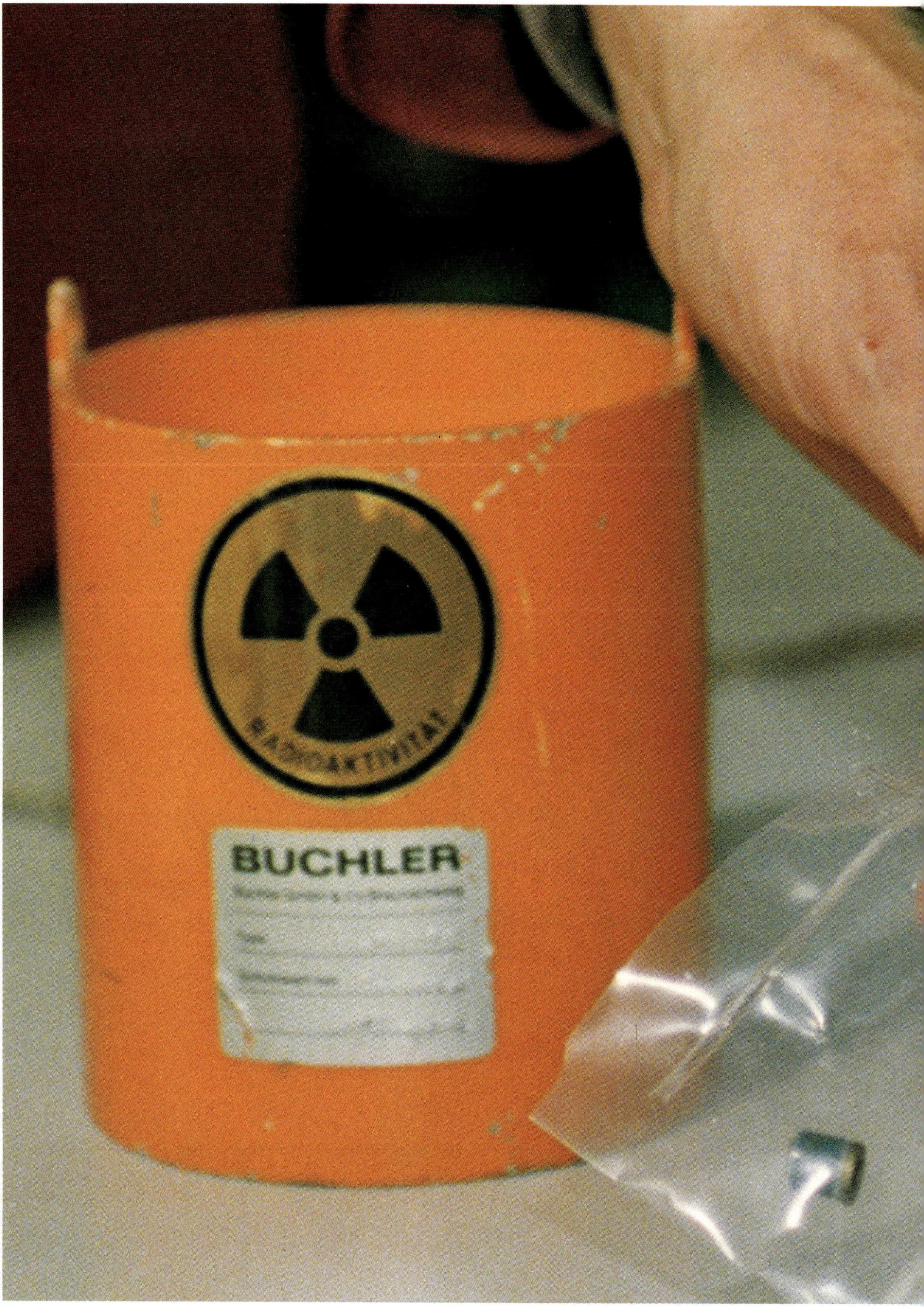
RADIOAKTIVITÄT
BUCHLER

Atom-schmuggel – Todes-grüße aus Moskau

Nuklearbasar Deutschland: Am 10. August beschlagnahmen Fahnder der bayerischen Polizei am Münchner Flughafen einen Koffer, der mit einer Lufthansa-Maschine aus Moskau gekommen ist. Inhalt: die größte jemals in der Bundesrepublik gefundene Menge atomwaffenfähigen Materials – mehr als 300 Gramm reinstes Plutonium, von dem ein Kripobeamter hier 0,05 Milligramm präsentiert. Mit Millionengeboten haben deutsche Ermittler Atomschmuggler aus Rußland in die Falle gelockt.
Ein Gramm Plutonium wird auf dem internationalen Schwarzmarkt mit 50 000 Dollar gehandelt. Der für den Bau von Atombomben unverzichtbare Stoff wurde und wird in zehn hermetisch abgeriegelten Zentren in Rußland produziert. Da Kernphysiker dort weniger verdienen als Taxifahrer, ist die Versuchung groß, strahlendes Material beiseite zu schaffen und auf dem internationalen Markt zu verhökern. Was passiert, wenn die Atomschieber den hochgiftigen Stoff an Diktatoren oder Terroristen verkaufen? Schon die kleinsten Mengen können, wenn sie ins Trinkwasser gelangen, ganze Nationen auslöschen.

Der VW-Admiral vor dem großen Sturm

„Wenn er lächelt, wird's gefährlich", wissen seine Mitarbeiter. Ferdinand Piëch lächelt oft – wie hier, während er entspannt auf der Terrasse seiner Villa in der Nähe von Braunschweig liegt. Der Porsche-Enkel (einer von acht) und Vorstandsvorsitzende der Volkswagen AG zeige „beim Umgang mit Nockenwellen mehr Feingefühl als bei der Führung von Mitarbeitern", befanden Journalisten und unterstellten dem gebürtigen Wiener einen „verheerenden Ruf der Unverträglichkeit, des quälenden Mißtrauens und der menschlichen Unzugänglichkeit". Der 57jährige, dessen Privatvermögen auf etliche Milliarden geschätzt wird, gelangte 1993 an die Spitze des mit dramatischen Verlusten kämpfenden VW-Konzerns, wo er energisch auf die Kostenbremse trat, 11 000 Stellen abbaute, die 4-Tage-Woche bei Lohnkürzung durchsetzte und das Defizit erheblich verringerte. Dies allerdings will er als Erfolg seines spanischen „Kriegers" Ignacio Lopéz gewertet wissen, den er bei General Motors/Opel abwarb – inklusive geheimer Konstruktions- und Betriebsunterlagen, wie man in Detroit behauptet und in Wolfsburg bestreitet.

Streit um die Banane

Bananen sind wohlschmeckend, nahrhaft und in aller Welt beliebt, besonders auch bei denen, die diese Früchte in Ländern der Dritten Welt anbauen. Kein anderer Europäer konsumiert mehr davon als die Deutschen: etwa 15 Kilo im Jahr. Folglich können sie es nicht einfach hinnehmen, wenn ihnen durch Brüsseler Beschlüsse der Appetit verdorben wird. Die Eurokraten verfügten nämlich eine Quotierung für die große und billigere Banane aus Übersee zugunsten der kleinen und auch noch teureren aus den EU-Staaten Spanien, Portugal und Griechenland sowie aus Afrika. Auf dem Bananenmarkt brach daraufhin das Chaos aus, in Deutschland stiegen die Preise um 60 Prozent. In Südamerika stehen viele Bananen-Plantagen vor dem Ruin. Eine Klage der Bundesregierung beim Europäischen Gerichtshof wurde abgewiesen. Es ist ein Urteil gegen die vielgepriesene freie Marktwirtschaft und für „die komplizierteste Einfuhrregelung, die es überhaupt gibt", so ein Mitarbeiter des Bundeswirtschaftsministeriums. Das Urteil wirft wieder einmal ein bezeichnendes Licht auf die paradoxe Brüsseler Subventionspolitik und zeigt die Schattenseiten der immer mächtiger werdenden Euro-Bürokratie.

Solarzellen im Licht-Test

Die Sonne schickt eine unvorstellbare Menge an Energie zur Erde: 1,5 Trillionen Kilowattstunden pro Jahr. Doch diese Energie kann noch wenig effektiv in Strom umgewandelt werden. Die größte Solaranlage Europas etwa, in der zentralspanischen Region La Mancha, deckt gerade den Energiebedarf von 2000 Menschen. Im Kraftwerk der Zukunft zapfen 8000 Solarzellmodule auf 30 000 Quadratmeter die spanische Sonne an, bringen eine Spitzenleistung von einem Megawatt. Verglichen mit Atom- oder Kohle-Kraftwerken ist das wenig: So liefert das Atomkraftwerk Biblis in Hessen 2500mal mehr Strom. Um soviel aus der Sonne zu gewinnen, müßte man auf einer Fläche von 3500 Fußballfeldern Solarzellen installieren. Für eine bessere Nutzung der Sonnenkraft arbeiten weltweit Wissenschaftler in der Solarenergie. Forscher von der Universität Madrid (Foto) testen, wie verschieden helles Licht auf Solarzellen wirkt. Gelänge es, Licht wirkungsvoll in Strom umzusetzen, wären die Energieprobleme der Menschheit fürs erste gelöst. Denn die Sonne hat noch Brennstoff für fünf Milliarden Jahre.

Tanker-Katastrophe im Bosporus

Experten hatten gewarnt: Der Bosporus, die 31 Kilometer lange, an manchen Stellen nicht einmal 800 Meter breite Verbindung von Mittelmeer und Schwarzem Meer, sei dem ständig zunehmenden Schiffsverkehr nicht mehr gewachsen, Katastrophen seien programmiert. Täglich zwängen sich bis zu 150 Schiffsriesen, darunter Tanker von 250 Meter Länge, durch die Meerenge zwischen Europa und Asien. Hinzu kommen Ausflugsboote und Fähren, die beide Teile Istanbuls verbinden. 162 Unfälle wurden im letzten Jahrzehnt registriert, der größte im November 1979, als ein griechischer Frachter gegen einen vor Istanbul ankernden rumänischen Tanker lief. 43 Seeleute kamen ums Leben, das Wrack brannte zwei Monate. Das Unglück vom 13. März 1994 war ähnlich: Der zypriotische Frachter „Shipbroker" rammte den unter gleicher Flagge fahrenden Tanker „Nassia". Funkenflug setzte das Öl in Brand (Foto). Die Besatzung, überwiegend Filipinos, sprang über Bord – 19 Seeleute starben im brennenden Meer. Seitdem müssen Schiffe von über 150 m Länge vor der Einfahrt in das gefährliche Nadelöhr einen Lotsen an Bord nehmen.

LEGO

Müll-Möbel werden modern

Bitte Platz zu nehmen. Und keine Angst, auch wenn der Hintergrund vielleicht weniger einladend wirkt. Der Plastikmüll dient nur als Kulisse, funktional jedoch sind die Sitzmöbel und der Tisch davor, die aussehen, als habe jemand schnell ein paar Stoffdecken darüber geworfen. Das täuscht, denn die vermeintliche Decke ist der Stuhl selbst: hartes Plastikmaterial aus recyceltem Abfall, bei 180 Grad Hitze funktionsgerecht geformt. Aus Verpackungen für Tiefkühl-Pommes, Babywindeln und Legosteinen werden so Stühle, Tische, Schränke und Regale. „Jedes Stück fängt den Zeitgeist unserer Konsumgesellschaft ein", erklärt Designer Gerhard Bär (l.), der zusammen mit Beata Bär und Hartmut Knell quasi auf Bestellung liefert und dabei auch Farbwünsche berücksichtigt. Unterstützt wird das Projekt von den Chemieriesen BASF, Bayer und Hoechst, produziert werden die Objekte in Sachsen. Die Plastik-Möbel sind wiederum recycelbar, ungiftig und langlebig. Und umweltfreundlich, denn nach Ansicht des Bundesumweltamtes ist es ökologisch sinnvoller, aus Plastikmüll neue Kunststoffprodukte herzustellen, als daraus Öle und Gase zurückzugewinnen.

Umwelt

Als in Rußlands Norden im Sommer eine Pipeline an mehreren Stellen barst und Abertausende Liter Öl Tundra und Taiga verseuchten, kümmerte dies dort kaum jemanden. Anstatt dem maroden Rohrsystem das Öl abzudrehen oder wenigstens die Lecks zu flicken, begnügte man sich damit, mit Bulldozern Erdwälle um die Löcher herumzuschieben. Im September brachen dann die Dämme, das Elend wurde zur Katastrophe. Schätzungsweise 200 000 Tonnen Öl ergossen sich in die Flüsse, Wälder und Sümpfe des einzigartigen Ökosystems. Experten schätzen gar, daß in Rußland, der drittgrößten Fördernation der Welt, 1994 rund zehn Prozent der Jahresproduktion von 320 Millionen Tonnen Erdöl verlorengingen – ungefähr die Menge, die die Niederlande in einem Jahr verbrauchen.

Im Westen sorgte diese vorsätzliche Umweltverschmutzung schnell für Empörung. Dabei haben die Industriestaaten genug eigene Probleme zu lösen: Ungebremst verpesten Abgase aus Autos und Fabriken die Luft, heizen die Atmosphäre auf. Über die Folgen dieser Klimaveränderung wird heftig gestritten. Als im November sintflutartige Regenfälle in Südfrankreich und Norditalien weite Landstriche unter Wasser setzten, starben mehr als 50 Menschen. Die Unwetter könnten Vorboten einer Klimakatastrophe sein, mahnen besorgte Stimmen.

Durch die schlechte Luft war in Deutschland beispielsweise 1994 jeder vierte Baum „deutlich geschädigt", wie aus dem Waldzustandsbericht der Bundesregierung hervorging. Am stärksten setzte die schadstoffhaltige Luft den Eichen zu: 45 Prozent der Bestände waren krank. Besserung scheint nicht in Sicht, da Europas Waldböden auf Jahre überdüngt und übersäuert sind. Wo wir radioaktiven Müll aus Atomkraftwerken lagern sollen, bleibt weiter ungeklärt. Im niedersächsischen Gorleben ging der Streit um das geplante Endlager für abgebrannte Brennstäbe weiter, die dortige Bevölkerung wehrt sich seit beinahe zwei Jahrzehnten gegen das Projekt.

In der niedersächsischen Gegend hatte man im Sommer auch mit anderen „Kalamitäten", so drückten es die Förster aus, zu tun. Gefräßige Nonnenfalter waren dort über einige Wälder hergefallen, in Polen schädigten diese Schmetterlinge noch weit größere Waldgebiete, über 90 000 Hektar waren dort befallen. Mit dem Häutungshemmer Dimilin suchte man die schädlichen Schmetterlinge abzuwehren. Doch die chemische Keule kann kein geeignetes Mittel im Kampf gegen Schädlinge sein: Chemikalien schädigen auch Nützlinge und gelangen in den Kreislauf der Natur.

Das zeigte sich im April, als Pestizide im Babybrei für Schlagzeilen sorgten. Ein Billiganbieter mußte eine halbe Million Gläser Babynahrung, die aus Spanien stammten, aus den Regalen räumen, weil der Brei belastet war. Die bedrückendste Nachricht ging im Geschrei um den Babybrei beinahe unter: Experten rieten besorgten Eltern, ihren Babys keinesfalls selber die Mahlzeiten aus Obst und Gemüse von Super- und Wochenmärkten zu kochen. Was dort zu kaufen sei, könnte bis zu hundertmal mehr Nitrate, Schwermetalle und Pestizide enthalten als Obst und Gemüse aus der in Verruf geratenen Billig-Kost.

Obwohl heute Chemikalien viele unserer Lebensmittel belasten, geht das Geschäft mit den Pestiziden – deren Hersteller sprechen lieber von „Pflanzenschutzmitteln" – weltweit ungehemmt weiter. Ein Großteil der Produkte wird von den wenigen Herstellerländern in alle Welt verschifft. Dabei gibt es immer wieder Zwischenfälle. So fanden im Januar Touristen an den Stränden der Nordsee kleine Plastiksäcke, die Pestizide enthielten. Einige Beutel platzten, und der giftige Inhalt des Beutels verseuchte Würmer, Muscheln und andere Kleinstlebewesen des Wattenmeeres. Das gefährliche Strandgut stammte vom französischen Frachter „Sherbro". Der hatte Tausende der Säcke im Ärmelkanal bei einem Orkan verloren. Im November sorgten abermals Pestizide für Schlagzeilen. In einer „humanitären Hilfsaktion" ließ die Bundesregierung mit Millionenaufwand 460 Tonnen Pe-

Ölpest vor der südafrikanischen Küste: Ein

rschützer rettet einen Kormoran aus dem verseuchten Wasser

stizide aus deutscher Produktion aus Albanien zurückholen. Das Gefahrengut war vor Jahren in das ärmste Land Europas geschafft worden, obwohl dort niemand dafür Verwendung hatte. Noch immer lagern dort in rostigen Fässern Tausende Tonnen leicht entflammbarer Pflanzenschutzmittel und bedrohen Mensch und Natur.

Welches Unheil Schädlingsgifte anrichten können, zeigte sich in einer Dezembernacht vor zehn Jahren, als es im indischen Bhopal zur Katastrophe kam: In einem Pestizidwerk des US-Konzerns Union Carbide entwich bei einem Unfall eine Chemie-Wolke und vergiftete die Menschen in den Slums rund um die Fabrik. Bis heute starben mehr als 16 000 Menschen an den Folgen des Unfalls; Hunderttausende wurden verletzt. Die meisten der überlebenden Opfer warten auch im zehnten Jahr nach der Horrornacht auf eine Entschädigung.

Im Kampf gegen schädliche Bakterien, Pilze und Insekten ließ sich der Mensch auf einen Chemie-Krieg ein, den er nicht gewinnen kann. Denn immer mehr Schädlinge werden resistent gegen Pestizide; 1994 verzeichnete das World Watch Institute mehr als fünfhundert resistente Arten. Also ersinnen Wissenschaftler in ihren Laboratorien immer neue Moleküle. 1994 kamen weltweit rund 100 000 Verbindungen und Werkstoffe hinzu und wurden in die Umwelt entlassen. Doch der Mensch ist die neuen Stoffe nicht gewöhnt: Die Zahl der Allergiker wird in den Industrieländern immer größer. Und das Hautleiden Neurodermitis, das durch Umweltgifte ausgelöst werden kann, dürfte zur Volkskrankheit geworden sein. Rund drei Millionen Deutsche litten 1994 an dem quälenden Hautausschlag.

Die Politiker redeten wieder viel über Umweltschutz – Taten blieben Mangelware. Am spektakulärsten war da noch das Fahrverbot im Gebiet von Heilbronn/Neckarsulm, als im Juni die Ozonwerte anstiegen: Tagelang durften dort bei heißem Sommerwetter nur Autos mit geregeltem Katalysator durch die Innenstädte fahren. Eine Reduzierung der Autos auf den Straßen ist aber nicht in Sicht, im Gegenteil, es werden immer mehr. 1994 bliesen in Deutschland 40 Millionen Autos und zwei Millionen Laster ihre Abgase in die Luft.

Jörg Blech

Ölpest in der Taiga

Einst lebten hier Elche, Füchse, Marder. Durch die Tundra im Norden zogen Rentierherden, und Fichtenwälder bedeckten das weite Land der Taiga im Süden. Dann kamen die Ölbohrer und mit ihnen der Dreck. Heute schwappt eine dicke, schmierige Erdölschicht in Seen und Sümpfen; die empfindliche ökologische Balance der Region ist nachhaltig gestört. In der russischen Republik Komi, an der Grenze zwischen Tundra und Taiga, hat sich – fast unbemerkt von der Welt – eine der größten Ölkatastrophen ereignet. Schon im Sommer lief immer mehr Öl aus den schlecht abgedichteten Bohrlöchern und den Pipelines. Die stinkende Brühe wälzte sich durch Bäche und Flüsse und erstickte alles Leben. Mit oft primitiven Geräten versuchte man, der Ölpest Herr zu werden (Foto). Der Einbruch des Winters legte die Bemühungen lahm. Experten schätzen, daß bis zu 300 000 Tonnen Öl ausgelaufen sind, achtmal soviel wie 1989 bei der Havarie des Tankers „Exxon Valdez“ vor der Küste Alaskas. Umweltschützer fordern einen Bohrstopp auf zehn Jahre, doch die Einnahmen aus der Ölförderung decken einen großen Teil des russischen Staatshaushalts.

In Los Angeles bricht die Erde

Das Chaos kam über Nacht. Am 17. Januar, um 4.31 Uhr, wurden die nördlichen Vororte von Los Angeles vom schwersten Erdbeben der letzten 20 Jahre heimgesucht: 6,6 zeigt die Richterskala. 30 Sekunden danach das Beben, 46 Menschen starben, mehr als 5000 werden verletzt, 20 000 sind obdachlos. Mindestens 1000 Häuser werden beschädigt oder zerstört. Der Großraum von L.A. gehört zu den gefährdetsten Erdbebengebieten. Grund: der Andreas-Graben, eine tiefe Verwerfung der Erdkruste, die sich über 1000 Kilometer entlang der kalifornischen Pazifikküste zieht. Gleich nach den Erdstößen brachen Brände aus, Folge geplatzter Gasleitungen. In einer Region, wo 7,5 Millionen Kraftfahrzeuge offiziell registriert sind, wurden „Stadtautobahnen in Trampoline verwandelt" („Spiegel"), standen Autofahrer unversehens vor niedergebrochenen Überquerungen oder Abgründen in den geborstenen Betonbändern. Insgesamt, so Experten, beträgt der Versicherungsschaden 6,4 Milliarden Dollar. Doch die meisten Straßen, Brücken und öffentlichen Gebäude waren nicht versichert. Für sie müssen Los Angeles, Kalifornien und die US-Regierung aufkommen.

Die Sintflut kam über den Süden

Starke Regenfälle im Spätherbst sind nördlich und südlich der Alpen nichts Ungewöhnliches. Auch die 48stündigen Niederschläge zwischen dem 5. und 7. November 1994 waren es nicht. Was aus ihnen – vor allem in Südfrankreich und Norditalien – eine Jahrhundertflut werden ließ, ging nicht auf das Konto des Himmels, sondern der Menschen, die systematisch Raubbau betrieben haben. Vor allem auf italienischer Seite sind viele Wälder rigoros abgeholzt, im Interesse der Landwirtschaft Hecken und Gräben beseitigt worden. So verkarstete der Boden in manchen Gebieten und war immer weniger in der Lage, das Regenwasser aufzusaugen. In Südfrankreich schwoll das Flüßchen Verdon zu einem Strom an, der bei Castellana mit Urgewalt über eine Brücke brandete (Foto). Als Bilanz gezogen wurde, waren mehr als 100 Tote zu beklagen, Zehntausende Stück Vieh ertrunken. Allein in Italien bezifferte sich der Schaden auf fast 15 Milliarden Mark

Asahi
アサヒビール

Wohnhäuser im Stadion

Nirgendwo auf dieser Erde ist Wohnen teurer als in Japan, sind die Grundstückspreise astronomischer und die Mieten höher. Unkontrollierter Wirtschafts-Darwinismus, zügellose Spekulation und Korruption haben in den großen Städten immer mehr Bewohner auf die Straße getrieben. Zehntausende sind obdachlos. Zwar gingen die Preise – vor allem für gewerblichen Raum – im vergangenen Jahr leicht zurück. Für eine 70 Quadratmeter große Wohnung im keineswegs besten Viertel der 2,6-Millionen-Metropole Osaka muß der Mieter aber immer noch umgerechnet 3000 bis 4000 Mark im Monat bezahlen. In Japan wurden 1991 auf jedem Quadratkilometer 328 Einwohner (in Deutschland: 227) gezählt. Zu Bauland wird alles gemacht, was nicht gerade unter Wasser steht, und sei es die Spielfläche eines ausgedienten Baseballstadions, das nicht mehr benötigt wird, weil sein Besitzer die Mannschaft mal eben verkauft hat. Das tat er schließlich auch mit der verwaisten Arena. Wo einst die Bälle flogen, stehen jetzt Häuser. Von Baseball ist, wenn auch in anderer Bedeutung, nur ein Begriff übriggeblieben: Home run.

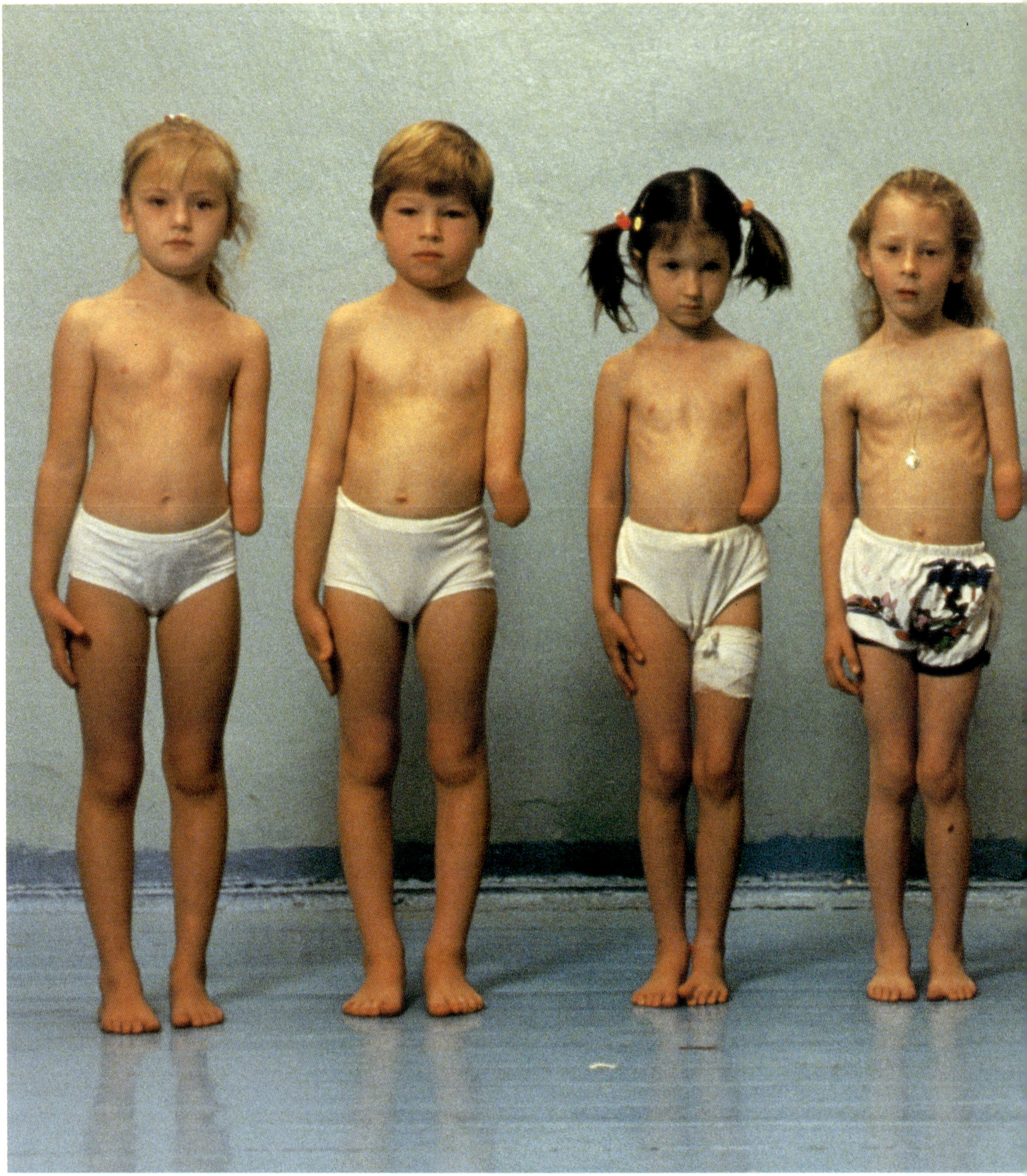

Kinder in Moskau – Opfer der Umweltverseuchung

Diese acht Mädchen und Jungen weisen alle den gleichen Geburtsfehler auf: Ihnen fehlt der linke Unterarm. Kein Strahlenunglück nach einer Reaktor-Explosion wie in Tschernobyl ist die Ursache für die Mißbildungen, sondern wahrscheinlich die schleichende Verseuchung der Umwelt durch giftige Emissionen aus den Fabriken. Angesichts der desolaten Wirt-

schaftslage in der ehemaligen Sowjetunion war jedes Mittel recht, damit die Schornsteine rauchten. Die Folgen dieser Katastrophe: Nirgendwo auf der Erde sind Luft und Boden derart kontaminiert wie im roten Riesenreich von einst, die Hauptstadt nicht ausgenommen. Tamara Kapanadze, Mutter von einem der Kinder ohne Unterarm, forschte in Klinikarchiven und bei einem Prothesenhersteller nach Unterlagen über weitere Behinderte. So fand sie heraus, daß in Moskau seit 1973 mindestens 90 Kinder mit solchen Mißbildungen geboren wurden. Die meisten stammen aus Vierteln, die durch Umweltgifte extrem hoch belastet sind. Doch nicht nur in Rußland scheint die Zahl der Kinder zu steigen, die als Krüppel zur Welt kommen. An Englands Küsten werden vermehrt Kinder mit verstümmelten Händen und Armen geboren. Und an der deutschen Nordseeküste häufen sich Speiseröhrenmißbildungen.

Die Monster des Sommers

Im Licht des Elektronenmikroskops 25fach vergrößert, erscheint Melusina ornata, die Kriebelmücke, wie ein Monster aus einem Alptraum. Der wurde im vergangenen Sommer Wirklichkeit: Ganze Geschwader der drei bis vier Millimeter kleinen Insekten hatten nächtens Kühe auf Weiden in den Elbauen und in der sachsen-anhaltinischen Altmark überfallen. Mit einer Art Raspel unterm Mund fügten sie den Wiederkäuern winzige Schürfwunden zu, leckten das darin sich sammelnde Blut auf und injizierten zur besseren Ausbeute einen Stoff, der die Blutgerinnung herabsetzt. Darauf reagierte das Immunsystem einiger Kühe dermaßen hektisch, daß sie ihre Abwehrkräfte wie bei einem allergischen Schock gegen den eigenen Körper richteten und notgeschlachtet werden mußten.

Die Heuschrecken von Manila

Eine der sieben Plagen im Alten Testament waren die Heuschrecken. In vielen Gegenden der Erde, so auf den Philippinen (Foto), sind sie es immer noch. Nach Regenfällen schwärmen sie aus, fressen alles kahl, verursachen Hungersnöte und Millionenschäden. Als besonders mobil und gefräßig gilt die Wüstenheuschrecke, deren Verbreitungsgebiet von Westafrika bis Indien reicht. Der Einsatz chemischer Mittel hat bislang die Plage nicht besiegt, hat aber dazu geführt, daß mancherorts der Boden nachhaltig vergiftet ist. US-Wissenschaftler setzen jetzt statt auf die chemische Keule auf die natürlichen Feinde der gefräßigen Tiere: Pilze, deren Sporen den Chitin-Panzer der Insekten durchdringen und sie töten. Nur müssen die Pilze feucht gehalten und vor der Sonne geschützt werden, um lebensfähig zu sein – was mehr Wasser erfordert, als in Afrika normalerweise zur Verfügung steht. Die Forscher hoffen, das Problem mit einer Mixtur aus Öl und Kerosin lösen zu können, deren Unschädlichkeit für Mensch und Tier aber noch erprobt werden muß. Schließlich werden Heuschrecken in einigen Regionen Afrikas von der Bevölkerung gegessen.

Ein T-Shirt für die Schafe

Wie schützt man frisch geschorene Schafe vor den Unbilden der Klimaveränderung? In der Steppenlandschaft nahe dem australischen Blackall (Bundesstaat Queensland) hat ein Farmer ein neues Rezept ent-

deckt. Seine Schafe bekommen nach der Schur eine Schutzfolie über den Körper gezogen – in der Hoffnung, daß die erhöhte Hautkrebsgefahr, die aus dem schwindenden Ozon-Schild und der verstärkten UV-Einstrahlung resultiert, auf diese Weise zu bannen ist. Seit Jahren ermahnen die australischen Medien die Bürger des Landes zu größerer Vorsicht im Freien: Hüte sind für viele Menschen inzwischen selbstverständlich, und ohne schützendes T-Shirt geht kaum noch jemand an die frische Luft. Das Sonnenbad am Strand findet nur noch statt, wenn dick aufgetragene Sonnencreme die Haut schützt. Die Vorsicht hat gute Gründe: Über 60 Prozent der Australier erkranken an Hautkrebs. Daß sich auch die im Freien lebenden Tiere weit häufiger Hautkrebs zuziehen als früher, zeigt die Statistik. Und das macht die kuriose Vorsichtsmaßnahme des Farmers durchaus verständlich.

Sydney im Schein der Feuersbrunst

Daß in Australien der Busch brennt, ist nicht ungewöhnlich im „Outback“, der Landschaft im Innern des am dünnsten besiedelten Erdteils. In den Städten fühlt man sich sicher, auch in Sydney. Im Januar 1994 ist das anders. Angeheizt durch orkanartige Winde und 40 Grad heiße Luft, werden aus den Buschfeuern gigantische Feuerwalzen, bis zu hundert Meter hoch und zwölf Kilometer breit. Bäume explodieren in der Hitze, Tiere verbrennen, die Flammen überspringen Flüsse und Schneisen. Asche und Qualm verfinstern den Himmel über der 3,6-Millionen-Metropole Sydney. Die Olympiastadt 2000 sitzt in der Feuerfalle: Villen in den Vororten werden ein Raub der Flammen, 12 000 Flüchtlinge geraten auf den Ausfallstraßen in Panik, Tausende retten sich nur durch einen Sprung ins Meer, bevor Schiffe sie evakuieren. Die befürchtete Riesenkatastrophe tritt nicht ein: Der Wind dreht und treibt das Feuer aufs verbrannte Land zurück. Australiens ältestes Naturschutzgebiet, der „Royal National Park“, wird zu 97 Prozent vernichtet, insgesamt sind 800 000 Hektar Busch über Nacht verkarstet. In dem Inferno starben vier Menschen.

Als Tierschützer in Paris Pelze verbrannten

Sechzig ist sie, „B.B.", ehemaliges Sex-Symbol des französischen Films, inzwischen zum vierten Mal verheiratet und immer noch ihrem größten Anliegen verbunden, dem Tierschutz. Sie trägt keine Pelze. Doch sie empört sich nicht nur, sie handelt auch: Kurz vor Beginn des Weihnachtsgeschäfts zog Brigitte Bardot mit 400 Demonstrantinnen vor die Luxusboutiquen am Pariser Opernplatz. Sie schwenkte eine Tierfalle (oben), während fast alle anderen Teilnehmerinnen ihre teuren Pelze mit blutroter Farbe übergossen und zu einem symbolischen Scheiterhaufen auftürmten. Star-Model Laetitia Scherer, 25, Tochter des Modeschöpfers Jean-Louis Scherer, 59, setzte die Pelze in Brand. Zur gleichen Zeit fand nur wenige Straßen weiter eine Gegendemo der Kürschner statt. Allerdings nicht zum Schutz der Tiere, sondern der 4000 Mitarbeiter.

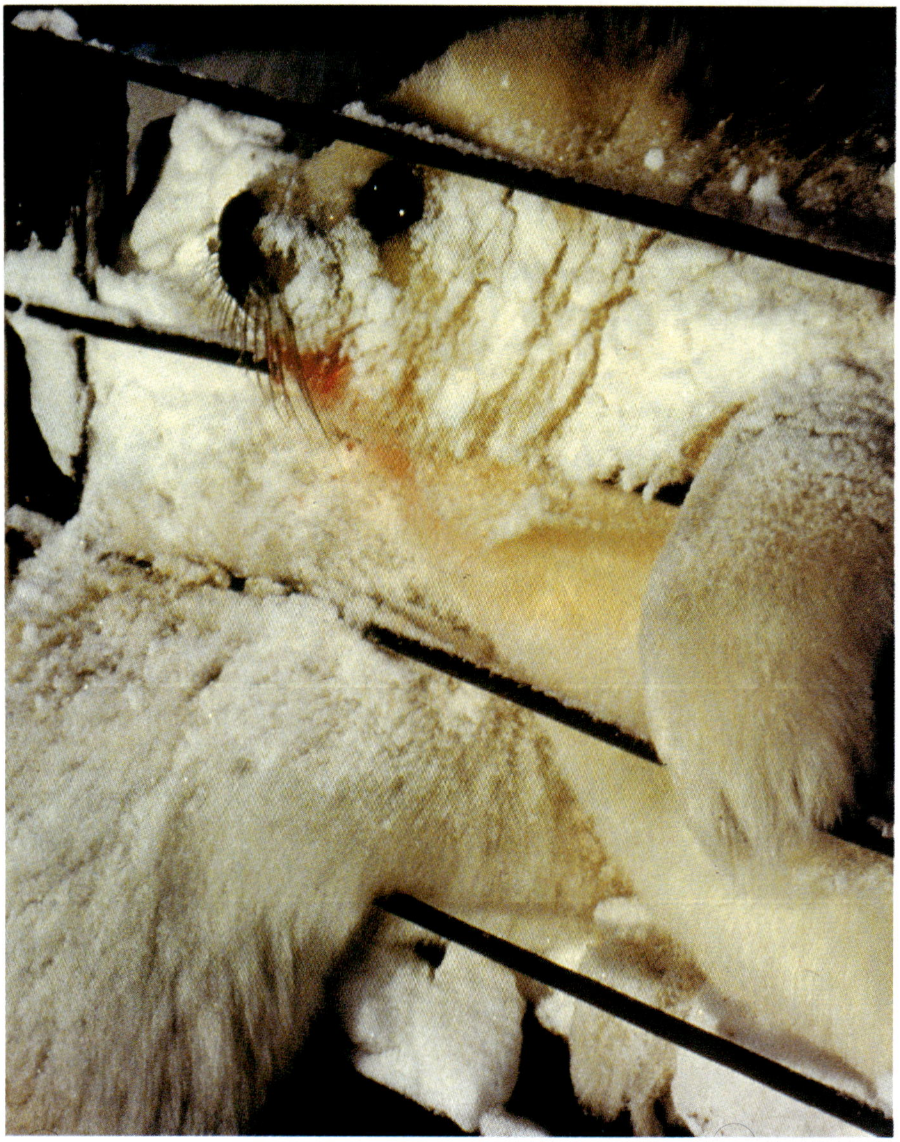

Jagd auf „Weißröckchen"

Aus großen Knopfaugen starrt ein wenige Tage altes Sattelrobbenbaby in die grausame Welt. Russische Robbenjäger haben es in der zerklüfteten Eiswüste des Weißen Meeres eingefangen und mit Dutzenden anderer Jungtiere, im Branchenjargon „Weißröckchen" genannt, in einen Stahlkäfig gepfercht, den ein Armeehubschrauber abtransportiert. Zurück bleiben die Robbenmütter, oft genug getötet oder verletzt beim verzweifelten Versuch, ihre Jungen zu retten. Am Zielort werden die Jungtiere in Gatter gesperrt und bekommen tagelang nichts zu fressen. Der Hunger beschleunigt den Haarwechsel, der Babyflaum weicht dem begehrten silbergrauen Pelz – das endgültige Todesurteil für die Tiere. Die besten Felle werden nach Skandinavien verkauft, aus den anderen Stiefel, Handschuhe und Mützen gemacht. 9000 Babyrobben wurden im vergangenen Frühjahr Opfer der generalstabsmäßig organisierten Beutezüge, die – noch grausamer als etwa in Kanada – den Tieren durch ihre Gefangenschaft zusätzliche Qualen zufügen. Nur umgerechnet 100 Mark bekommen die Robbenfänger für ihre 14tägige blutige Arbeit. Das Geschäft machen auch hier Zwischenhändler und Endverkäufer einer Industrie, die sich nicht scheut, unablässig Sinn und moralische Berechtigung von Pelzmode zu propagieren.

Ein warmer Platz für Krokos

Alex wiegt eine halbe Tonne, ist etwa vier Meter lang, hat Zähne wie Zeltpflöcke und könnte mit seinem Schwanz kurzerhand ein Auto von der Straße fegen. Das tat er aber dann doch nicht, sondern trollte sich friedlich davon, nachdem er den Verkehr auf der Straße 133 zwischen Southport und Belville in North-Carolina (USA) lahmgelegt hatte. Verlockend warm war der Asphalt gewesen, Alex hielt ein Schläfchen darauf und ließ sich weder durch einen Streifenwagen stören, der ihm mit Blaulicht und Sirene zu Leibe rückte, noch durch einen Officer, der ihn vorsichtig mit einer langen Stange stupste. Erst nach einer guten Stunde tapste Alex zurück in den Sumpf. See you later, Alligator.

Wissenschaft

Ohne Verbindung zum Raumschiff: Als erst

Das Wissenschafts-Jahr '94 erlebte ein Jahrtausend-Ereignis. Mit der Gewalt von Millionen Atombomben krachten Trümmer aus Eis und Staub des Kometen „Shoemaker-Levy 9" auf den Jupiter. Der erste von insgesamt 21 kilometerdicken Brocken traf den Königsplaneten in der Nacht des 16. Juli. Der letzte schlug sechs Tage später ein. Das Forscher-Trio Eugene und Carolyn Shoemaker sowie David Levy hatten den zu Bruch gegangenen Kometen schon 15 Monate vorher entdeckt und das Datum des Zusammenpralls exakt vorausberechnet.

Als es dann soweit war, verfolgten weltweit Wissenschaftler mit den größten Fernrohren das Bombardement am 1,4 Milliarden Kilometer von der Erde entfernten Tatort. Doch die besten Aufnahmen der Einschlaglöcher gelangen dem Weltraum-Teleskop „Hubble", das einige Monate zuvor in einer spektakulären Operation im All repariert worden war. Astronauten hatten es nach tagelanger Schwerarbeit in der Schwerelosigkeit geschafft, dem halbblinden Sternengucker eine Brille aufzusetzen.

Das andere Top-Ereignis war die Entdeckung des „top-Quarks". 17 Jahre hat die Suche gedauert. Jetzt hat es eine Gruppe von 440 Forschern am Teilchenbeschleuniger Fermilab bei Chicago geschafft, diesen elementaren Baustein der Materie zu finden. In den Kollisionstrümmern von Protonen und Antiprotonen, die mit ungeheurer Wucht aufeinandergeschossen wurden, konnten sie das „top-Quark" messen. Damit ist die subatomare Sechsergruppe der Quarks endlich komplett.

Einen kleinen Schritt sind Wissenschaftler der Princeton-Universität dem großen Ziel nähergekommen, irgendwann im nächsten Jahrtausend aus kontrollierter Kernfusion Energie im Überfluß erzeugen zu können. In einer Brennkammer wurden bei 200 Millionen Grad Kerne der Wasserstoff-Isotope Deuterium und Tritium zu Helium verschmolzen – ein Prozeß, der seit Jahrmilliarden die Sonne heizt. Gerade sieben Sekunden währte der Versuch. Ausbeute: drei Megawatt Leistung.

Auch erste Anzeichen für eine Revolution in der Medizin lieferte das Jahr 1994. Der Freiburger Professor Roland Metelmann verkündete am 22. April, er habe Krebspatienten mit genetisch veränderten Zellen behandelt. Kaum hatte die Meldung Schlagzeilen gemacht, meldete sich Burghardt Wittig. Er habe, so der Professor der Freien Universität Berlin, diese Pioniertat schon am 28. März gewagt. Außer Metelmann und Wittig arbeiten Dutzende von Teams mit Hochdruck daran, eines Tages nicht mehr die Symptome von Krankheiten behandeln zu müssen, sondern Defekte im Erbgut reparieren oder neue Gene in die Körperzellen einschleusen zu können. Damit ließen sich die Leiden an der Wurzel packen.

Doch das Jahr war nicht nur gespickt mit Sensationen. Mit den Nobelpreisen in Medizin, Physik und Chemie wurden Wissenschaftler geehrt, deren Forschungen schon lange zurückliegen. An der Aids-Front gab es keine Fortschritte, ein Impfstoff gegen die tödliche Immunschwäche ist nicht in Sicht.

Unvermindert blieb die Angst, daß der Rinderwahnsinn auch Menschen befallen könne, die infiziertes Fleisch essen. Der Krankheitserreger ist für die Forscher noch immer ein mysteriöser Unbekannter.

Erwartet groß riß wieder das herbstliche Ozonloch über der Antarktis auf, unverändert hoch blieb der weltweite Ausstoß an Kohlendioxid-Gas, das vor allem den Treibhauseffekt verursacht. Neu war hingegen die Erkenntnis vom unheilvollen Wechselspiel zwischen Ozonloch und Treibhauseffekt: Wo Ozon fehlt, dringen harte UV-Strahlen ungehindert zur Erde und vernichten in Massen das Plankton der Ozeane. Diese Kleinstlebewesen im Meer binden Kohlendioxid. Wenn sie fehlen, bleibt das Gas in der Atmosphäre, und der lebensgefährliche Treibhauseffekt verstärkt

Mensch schwebt Astronaut Mark Lee frei im Weltall. Eine Rucksack-Rakete hält ihn auf Kurs

sich. Die Eurokraten in Brüssel ließ das kalt. Länder, in denen es kein Produktionsverbot für Fluorchlorkohlenwasserstoffe gibt, dürfen, so der Beschluß, diese Ozonkiller an jedermann in der Europäischen Union liefern.

Allerorten an Universitäten und Großforschungszentren wurde die Klage lauter, daß als Folge wirtschaftlicher Rezession und leerer Haushaltskassen in kaum einem Fach ausreichend Geld zur Verfügung steht, um weiter erfolgreich forschen zu können. Eine der wenigen Ausnahmen bilden die amerikanischen Geowissenschaftler. Sie profitieren vom Ende des Kalten Krieges und haben – gleichsam über Nacht – ganz neue Möglichkeiten, den Meeresboden zu inspizieren.

Die Vereinigten Staaten hatten zu Zeiten der Hochrüstung für 15 Milliarden Mark ein globales Unterwasser-Horchsystem eingerichtet, um feindliche Schiffe und U-Boote jederzeit orten zu können. Jetzt läßt das Militär auch Zivilisten an die Hydrophone. Mehr als 7500 Seebeben wurden so registriert. Als 500 Kilometer vor der Küste des US-Bundesstaates Oregon ein Vulkan am Meeresgrund ausbrach, wurden die Forscher sofort alarmiert und waren rechtzeitig mit einem Tauch-Roboter zu Stelle.

Lediglich die Gemüter erhitzt noch immer ein Großprojekt der Wissenschaft. In Garching bei München soll ein neuer Forschungsreaktor gebaut werden, der nur mit hochangereichertem – und damit waffenfähigem – Uran funktioniert. Sicher ist bislang nur: Der atomare Koloß wird eine dreiviertel Milliarde Mark teuer sein.

Ein vorzeitiges Ende fand am 12. Oktober das ehrgeizige und etwa eine halbe Milliarde Mark teure Projekt, bei Windischeschenbach in der Oberpfalz ein zwölf Kilometer tiefes Loch in die Erde zu bohren. Bei Kilometer 9,1 ging nichts mehr. Es war zu heiß geworden. Zudem quetschte enormer Druck den Bohrkanal immer wieder zusammen und verklemmte das Gestänge.

Und da gab es noch den Magnetschwebezug Transrapid. Seit 25 Jahren wird mit ihm experimentiert. Schon 1988 stellte er mit 412 Stundenkilometern einen Weltrekord auf. Jetzt wurde das Projekt im politischen Hickhack der Parteien ausgebremst. Huckepack auf einem Lkw rollte der Prototyp Ende des Jahres ins Museum. *Peter Mayer*

Als der Komet auf den Königsplaneten krachte

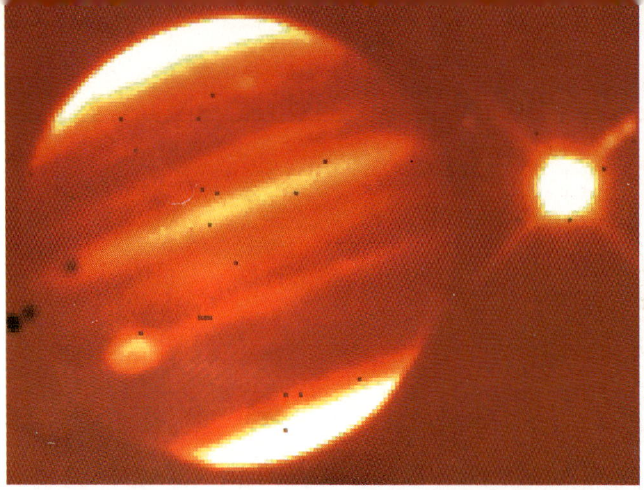

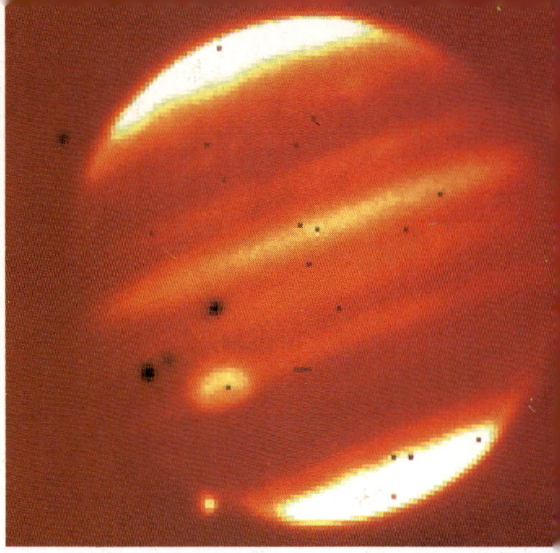

Vor rund 65 Millionen Jahren trafen Teile eines durchs All irrenden Himmelskörpers die Erde. Der gigantischen Explosion fielen damals vermutlich die Dinosaurier zum Opfer. Diesmal fand der Knall auf dem Jupiter statt, Millionen Kilometer von der Erde entfernt. Trotzdem warnten Boulevardblätter sensationslüstern vor dem Tag, „vor dem wir alle zittern müssen“. Die Katastrophe blieb aus – auf der Erde jedenfalls. Auf dem größten Planeten des Sonnensystems hingegen rumste es gewaltig, als am 16. Juli 1994 kurz vor 22 Uhr das erste von 21 kilometerdicken Bruchstükken des Kometen Shoemaker-Levy mit der Wucht von Millionen Atombomben einschlug: Die obere Bildreihe zeigt jeweils am linken Rand Jupiters (rechts oben einer seiner 16 Monde) knapp oberhalb der Südpolregion die Entwicklung einer gleißenden Explosionswolke von Erd-Größe. Die Kometenentdecker Eugene und Carolyn Shoemaker feierten mit NASA-Expertin Heidi Hammel das „Jahrtausendereignis“. Durch die vom Kometen gerissenen Löcher in der Atmosphäre des Königsplaneten gelang es, einen Blick in die sonst undurchdringlichen Gasmassen des Jupiter zu werfen.

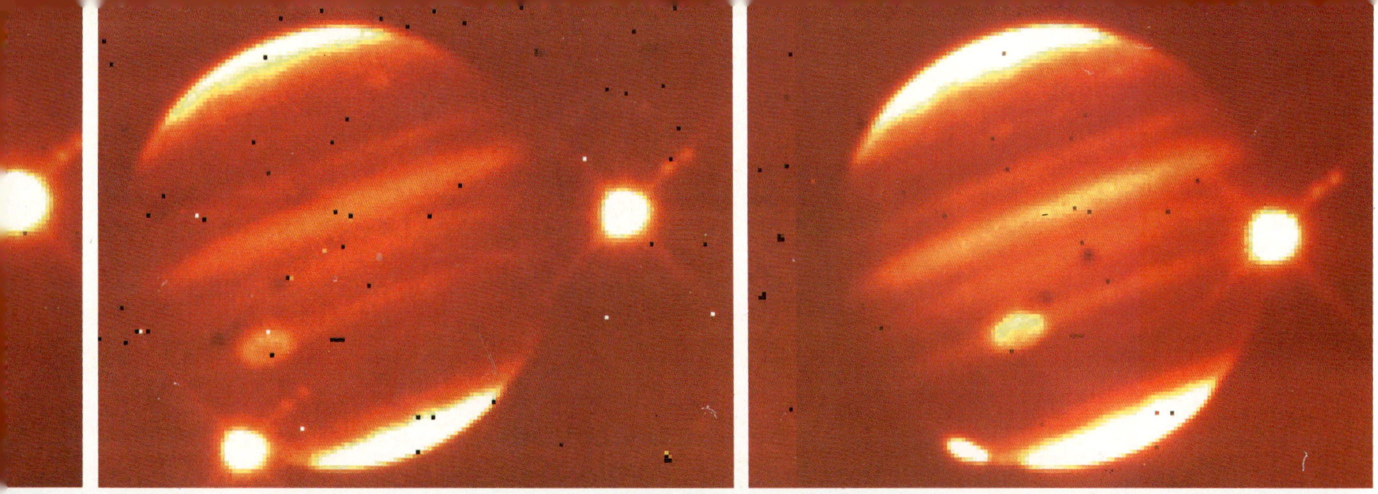

Das Totenhemd der chinesischen Prinzessin

Einem Aberglauben der alten Chinesen verdankt die Nachwelt aufschlußreiche Grabfunde. Weil sie glaubten, daß nur ein unversehrter Körper das Weiterleben der Seele garantiere, und weil sie, zumindest eine Zeitlang, meinten, daß Jade das Verwesen verhindere, statteten sie ihre prominenten Toten entsprechend aus: Alle Körperöffnungen wurden mit den wertvollen grünen Steinen verstopft, auch Totengewänder aus Jade hergestellt. Erst 1968 stießen Soldaten bei Bauarbeiten südwestlich von Peking auf künstliche Höhlen. Vor 2000 Jahren waren hier König Liu Sheng und seine Gemahlin, Prinzessin Dou Wan, bestattet worden. In ihren Grabkammern fanden sich Kunstgegenstände aus Bronze, gold- und silberverzierter Schmuck, Akupunkturnadeln, seidene Stoffe und eine Art Totenhemd der Prinzessin aus 2160 dünnen Jadeplättchen und anderthalb Pfund Golddraht. Es war Prunkstück einer Ausstellung in Hildesheim, die 1994 etwa 60 von den insgesamt 3000 Grabfunden zeigte. Große Sorgfalt erforderte es, das Gewand der Prinzessin wieder zusammenzusetzen (Foto).

Die Vettern mit der roten Brust

Die Einheimischen nennen sie die „Affen mit den blutenden Herzen". Verhaltensforscher erklären das Phänomen weniger poetisch: Als Zeichen sexueller Erregung schwillt den Blutbrustpavianen im Hochland von Äthiopien ein feuerrotes Mal auf der Brust. Da die Tiere als Grasfresser im Sitzen Nahrung sammeln, ist der rote Fleck Zeichen dafür, wie es hormonell um sie bestellt ist. Dscheladas, wie diese Affenart auch heißt, werden bis zu einem Meter groß und leben in Regionen auf 3000 Meter Höhe. Sie ziehen in Horden bis zu mehreren hundert über die Gebirgswiesen, die meistens in dichtem Nebel und Nieselregen liegen. Einem französischen Kamerateam gelang es, zu ihnen vorzustoßen. Es dauerte einen Monat, bis die dickfelligen Tiere sich an die Menschen gewöhnt hatten und nicht mehr Reißaus nahmen. Die Fotografen erfuhren auch die besonderen Gesetze, nach denen Dscheladas sich fortpflanzen: Hat ein junges Männchen einen der Paschas entthront, erleiden sämtliche Weibchen im Harem, die noch vom Vorgänger geschwängert wurden, eine Fehlgeburt.

I.AK
V.AK

Zehntausend Glühlampen für die Schlachtordnung von gestern

Generäle der Nationalen Volksarmee haben in der damaligen DDR eine Reliefkarte anfertigen lassen, auf der die Aufmarschplätze für die Rote Armee und die landeseigenen Truppen mit roten Schnüren markiert sind. Die grünen Linien sind die angenommenen Verteidigungsschwerpunkte der NATO. Das 13 x 21 Meter große Kartenwerk zeigt den Norden Deutschlands mit der Ostsee auf der einen und der Nordseeküste auf der anderen Seite. Die begehbare Landkarte simuliert noch einmal die strategischen Überlegungen des kommunistischen Generalstabs – ein Relikt aus den Zeiten des Kalten Krieges. Erst jetzt wurde dieses illuminierte Schlachtfeld für die Fotografen freigegeben. Ein militärgeschichtliches Dokument.

Goldene Zeiten für weiße Mäuse

Wird die beliebteste, wenn auch unfreiwillige Helferin des medizinischen Fortschritts bald arbeitslos? In seinem Labor an der Uni Bochum hat der Immunologe Professor Frank Falkenberg ein Verfahren entwickelt, das zumindest für seine Forschungen die Maus als Versuchstier überflüssig macht. Die Herstellung spezieller Eiweißstoffe für hochempfindliche Tests und Therapien in der Krebs- und Transplantationsmedizin kann jetzt in einem neuartigen Bioreaktor, der aus zwei Kammern (Foto) besteht, erfolgen. Bislang mußten dazu Mäuse herhalten, denen Tumore eingepflanzt worden waren. Aus der Bauchflüssigkeit dieser kranken Tiere wurden dann monoklonale Antikörper gewonnen. Jetzt habe „die elende Quälerei“ ein Ende, sagt Professor Falkenberg und freut sich über die geringen Kosten seiner „Glasmaus“. Die große Kammer kostet rund 200 Mark, die kleine etwa 90 Mark. Die ist allerdings ein Einwegprodukt. Aber das waren die Mäuse ja auch.

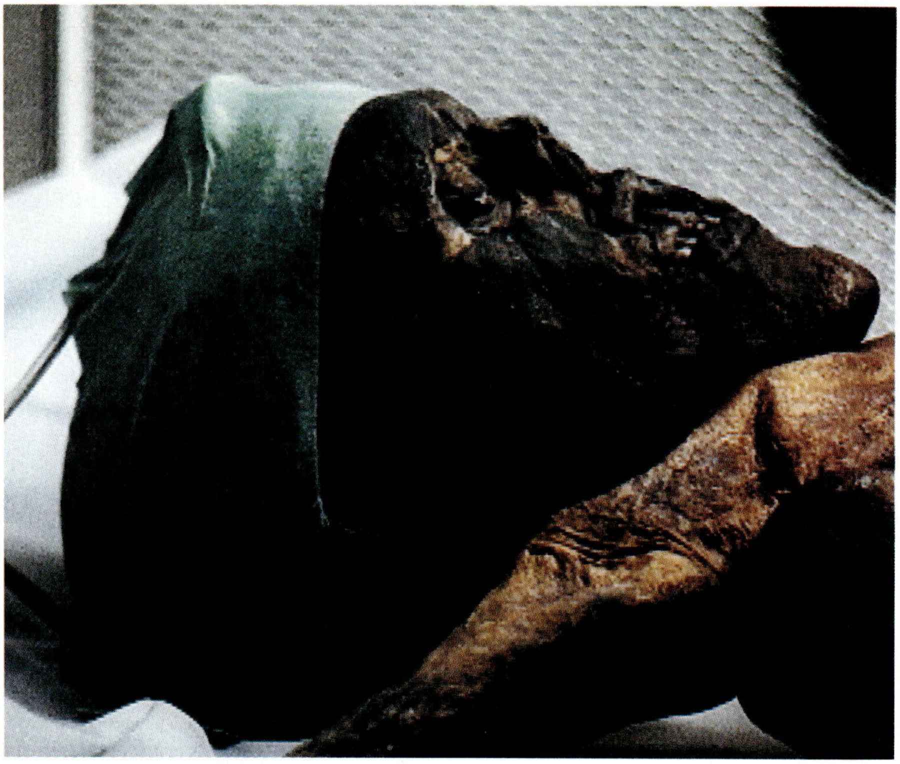

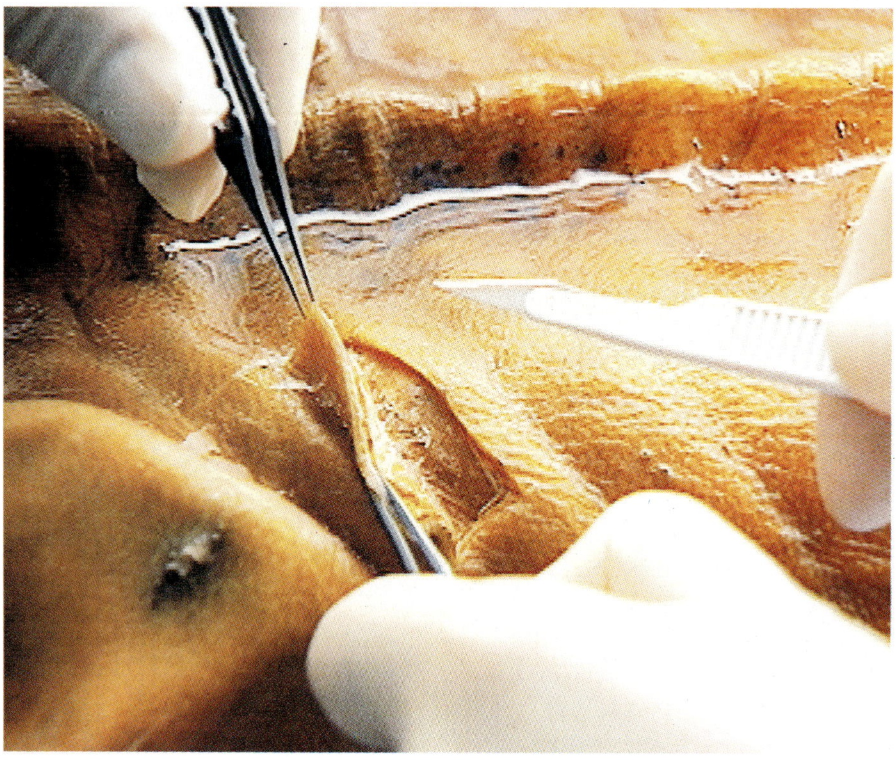

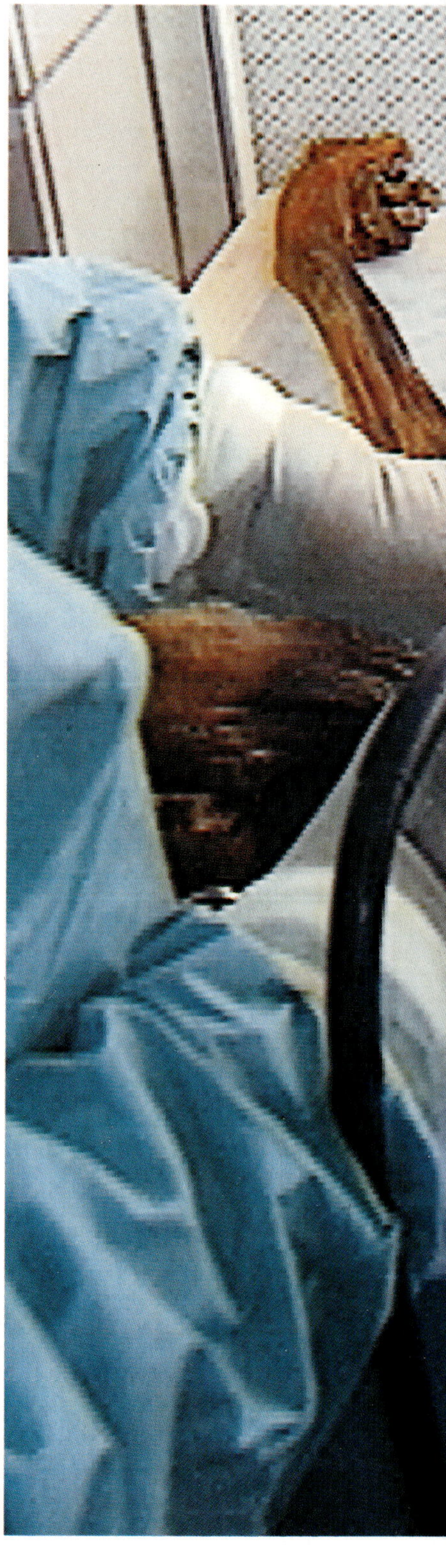

Ötzi auf dem Operationstisch

Länger als 5000 Jahre lag sie im ewigen Eis des Similaun-Gletschers in Südtirol. Seit drei Jahren ist eine spezielle Kühlzelle des Anatomischen Instituts der Universität Innsbruck

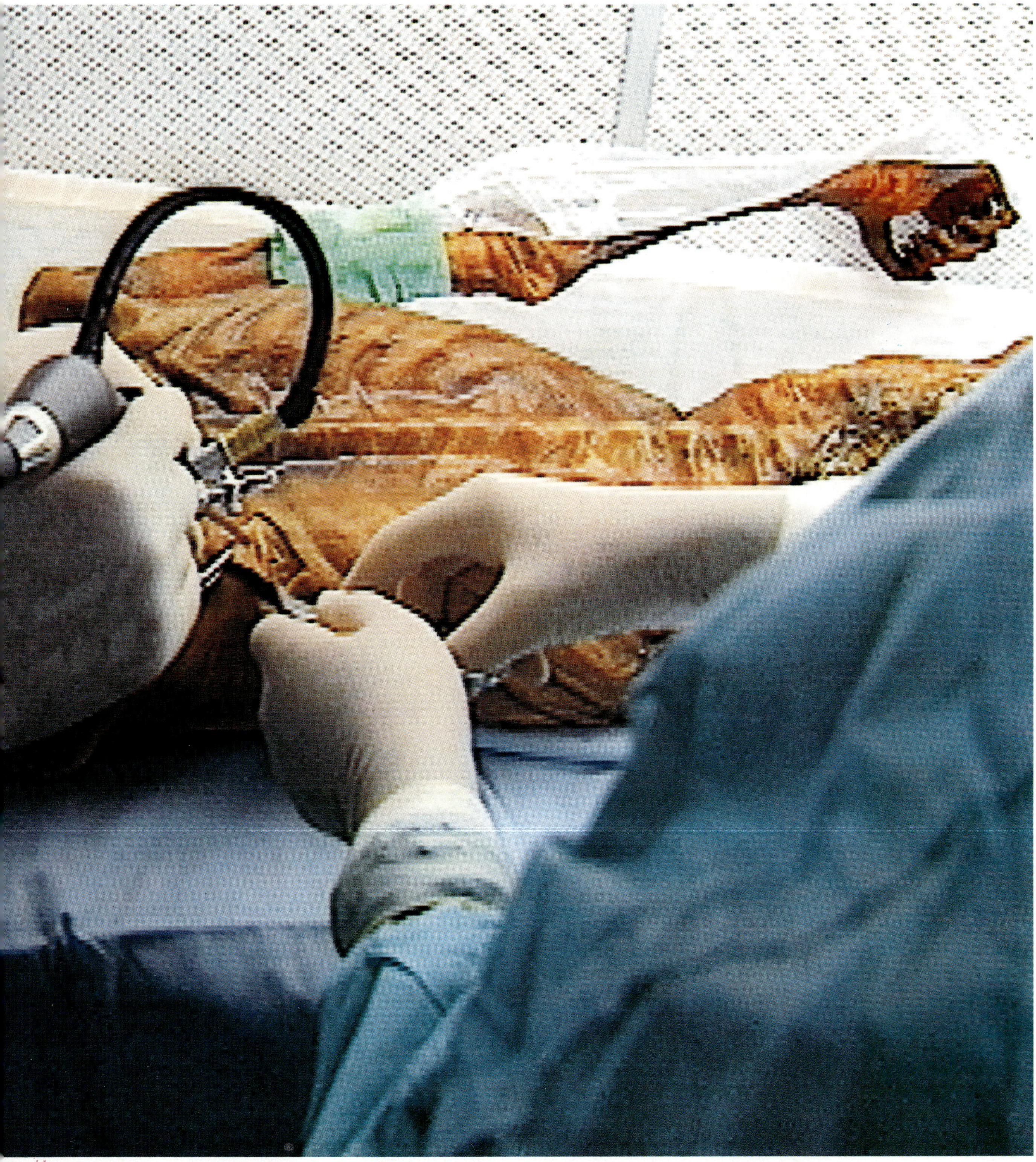

ihr Grab. Doch Ruhe findet die Hochgebirgsmumie auch dort nicht. Im Abstand von mindestens vier Wochen muß „Ötzi", wie Zeitungen das sensationelle Fundstück tauften, der Wissenschaft dienen. Eine halbe Stunde haben die Forscher dann Zeit für die Untersuchungen und Gewebeentnahmen (l. u.), ehe der gefrorene Leichnam zu tauen anfängt. Röntgenaufnahmen brachten erhebliche Defekte zutage. Obwohl „Ötzi" höchstens 30 Jahre alt wurde, weisen Rippen und Nasenbein Brüche, Wirbelsäule und Sprunggelenke Abnutzungserscheinungen auf. Da die Mumie durch Sezieren zerstört worden wäre, wurde in den USA eine winzige Spezialkamera entwickelt, die durch millimeterfeine Kanäle in den Eismann eingeführt werden kann (oben). Von Gewebeproben erhofft man sich Aufschlüsse über Bakterien, aber auch über „Ötzis" Erbsubstanz. Festzustehen scheint, daß er aus Regionen nördlich der Alpen stammt. Die bisher untersuchten Erbinformationen gleichen am stärksten jenen von Menschen, die heute dort leben.

Das strahlende Ende eines Reaktors

In Deutschland vergammeln 15 Atomruinen, Kernkraftwerke oder Teile davon, die einst in ungetrübter Fortschrittsgläubigkeit errichtet wurden. Wie im bayerischen Gundremmingen. 1966 ging „Block A" der gigantischen nuklearen Stromfabrik ans Netz, 1977 mußte er abgeschaltet werden. Grund: eine Panne bei der Reaktion der Turbinen-Regulierungsanlage auf einen Kurzschluß. Der Abbau des strahlenden Ungetüms gilt als Pioniertat, denn noch nie wurde ein Koloß dieser Leistungsstärke demontiert. Über 15 Jahre wird die risikoreiche Prozedur dauern, Kosten: 230 Millionen Mark. Männer in gelben Schutzanzügen müssen dabei auch einen zehn Meter hohen stählernen Dampferzeuger zersägen. Damit dabei kein radioaktiver Staub aufwirbelt und die Strahlung des Metalls abgeschirmt wird, haben sie eine raffinierte Methode entwickelt: Der Zylinder samt Einbauten wird mit Wasser gefüllt auf minus 20 Grad tiefgefroren. Wenn möglich, wird das Material dekontaminiert, der radioaktive Abfall kommt ins Endlager. Rund 3000 Fässer zu je 200 Liter landen nach dem Abriß von Gundremmingens „Block A" dort.

Welche Chancen hat dieses Kind?

Die Kanüle mit Infusionsschlauch im Arm, die Magensonde in der Nase – gerade eine Woche ist das Mädchen alt, das für ein Bad in der Plastikschüssel den Brutkasten verlassen darf. Es kam elf Wochen zu früh auf die Welt. Viele Patienten der Spezial-Intensivstation werden noch früher geboren, wiegen manchmal kaum ein Pfund, ein Sechstel des Normalen. Bei ihnen dauert es oft Monate, bis sie zum ersten Mal von der Beatmungsmaschine wegkommen. Dennoch kann sich die Bilanz der Frühgeborenen-Medizin sehen lassen: Etwa 90 Prozent der winzigen Wesen bleiben am Leben, wenn sie mit der High-Tech-Medizin gepäppelt – manchmal auch malträtiert – werden. Über die psychischen Schäden an der Handvoll Mensch weiß man wenig. Die Rate der körperlichen Behinderungen hat sich jedoch durch die ehrgeizige Therapie der Intensivmediziner nicht erhöht. Wegen dieser Erfolge wurde im April 1994 das deutsche Personenstandsgesetz geändert: Seither gelten Babys mit weniger als 1000 Gramm Gewicht nicht mehr als „Fehlgeburt". Sie haben das Recht auf einen Namen und werden, falls sie sterben, nicht mehr als „Klinikmüll entsorgt", sondern würdevoll bestattet.

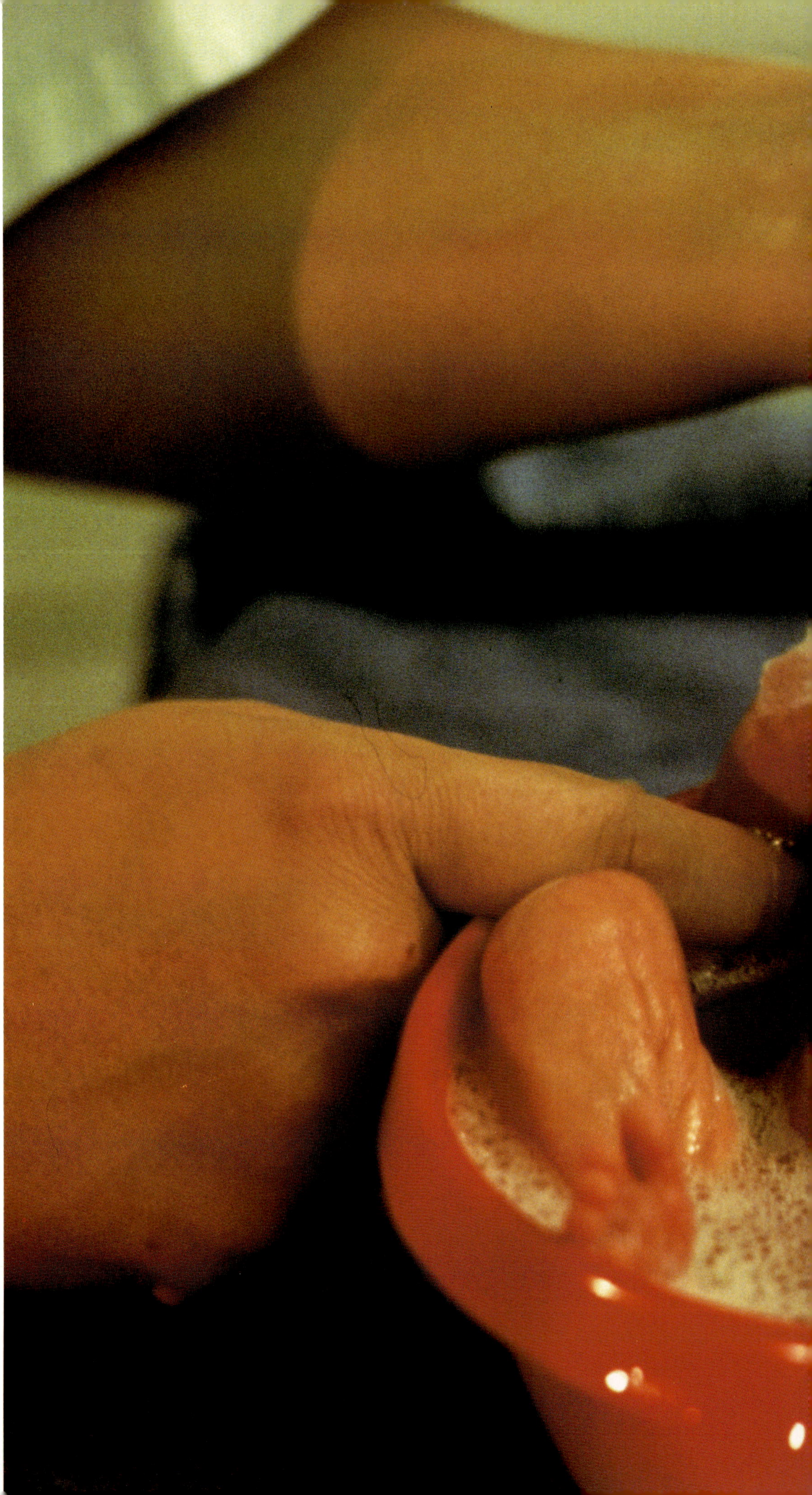

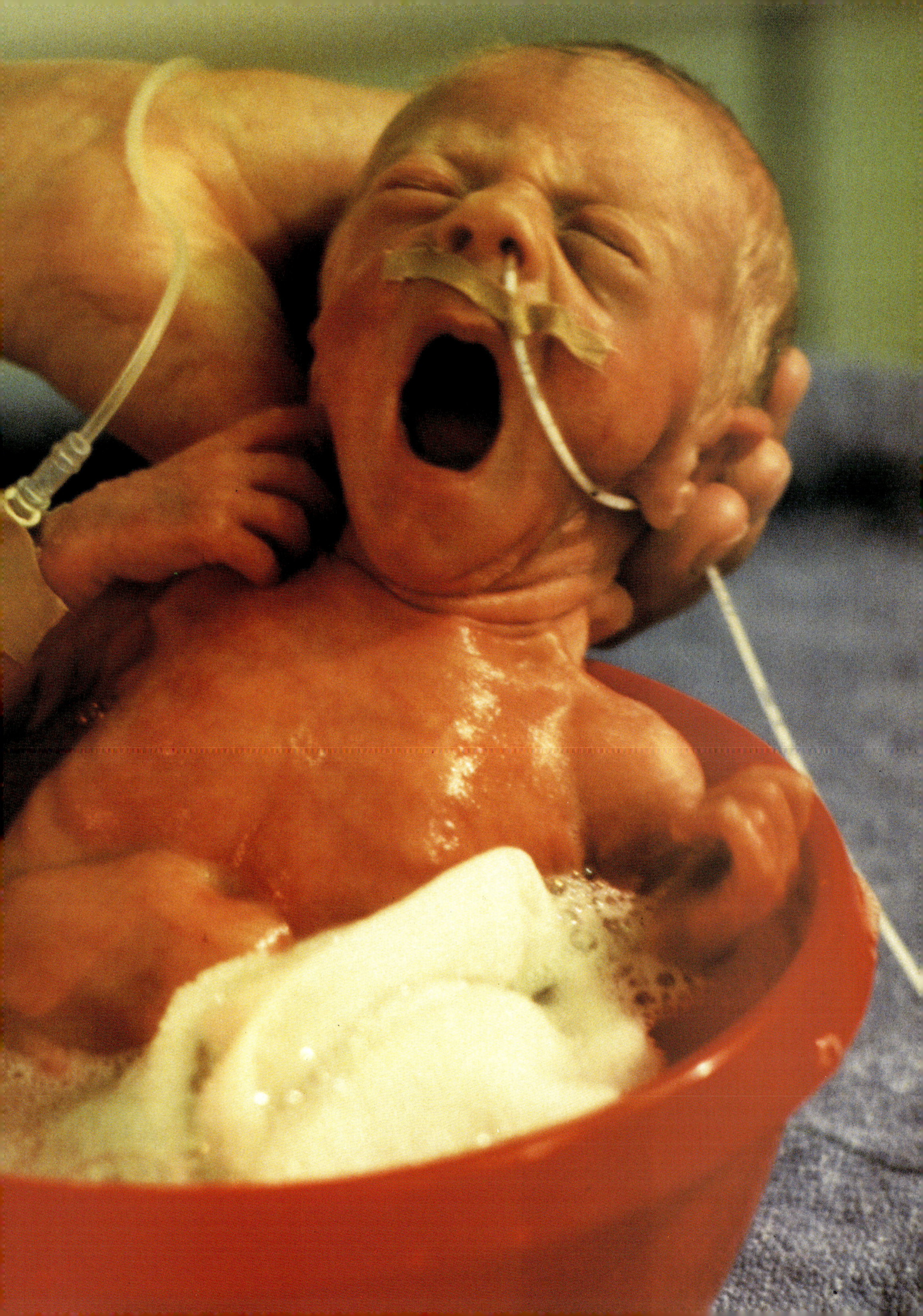

Im Tal der alten Mammuts

Seit Jahrtausenden haben sich in Sibirien die Überreste ausgestorbener Tiere wie in einer Tiefkühltruhe erhalten. Im gefrorenen Untergrund werden immer wieder Skelette und Kadaver vorzeitlicher Riesentiere entdeckt. Wenn sie nicht von Wölfen und Füchsen bis auf die Knochen abgenagt oder von Elfenbeinräubern gefleddert wurden, geben die Funde aufschlußreiches Zeugnis von der Tierwelt der Eiszeit. Einige der Ur-Geschöpfe aus den Museen von St. Petersburg, Kiew und Jakutsk, darunter das Skelett eines drei Meter langen Wollnashorns (oben) und der mumifizierte Körper eines Vielfraßes (darunter), waren jetzt erstmals in Westeuropa zu besichtigen (im Hessischen Landesmuseum Darmstadt). Besonders gut erhalten ist „Dima“, ein etwa ein Meter großes Mammut-Baby (r). Es muß vor etwa 40 000 Jahren in ein Schlammloch gefallen und erstickt sein. Im eisigen Grab ist ihm, bis auf ein paar Reste an den Füßen, nur das dichte Wollkleid ausgefallen. Weshalb die Mammuts, Urahnen der heutigen Elefanten mit bis zu vier Meter langen Stoßzähnen, ausstarben, ist umstritten. Als Ursache kommen jagende Menschen wie auch Witterungseinflüsse und veränderte Vegetation in Frage.

Leute

Es ist schon erstaunlich, wie eine Nation sich wandelt, wenn ihre Helden zärtlich werden. Im Glückstaumel, einen nationalen Wickeltisch zu haben, verzieh Deutschland dem formschwachen Boris Becker jeden Doppelfehler und jede Niederlage, als der sein Vaterglück verkündete. Endlich, so der Seufzer der Erleichterung, habe sich der große Sohn einen Ruck gegeben und dem Land das, was Monaco und Großbritannien schon lange haben: ein Baby für die ganze Nation. Horoskop, Knochenbau, Augenfarbe und Lebenslauf waren von der „Bild"-Zeitung längst vermeldet, als der blasse Becker auf dem Parkplatz einer Münchner Klinik dem Fernsehen mitteilte, er habe nun einen Sohn. Nichts da, Deutschland hatte nun einen Sohn und die „Bild"-Zeitung auch schon einen Namen: „Bobs". Daß Bobs nach Elternwunsch ganz biblisch „Noah Gabriel" heißen sollte, wurde gnädig verziehen. Junge Paare haben eben Flausen im Kopf.

Paare und Flausen gab es reichlich im Jahr. Die Kinder der 80er Jahre wollten, verdammt, endlich erwachsen werden. Gestern noch losgelassene Einzelkämpfer, untreue und seelisch unentschlossene Hitzköpfe, üben sich die einstigen Wilden in geruhsamer Zweisamkeit. Es ist wie eine Flucht aus der ermüdenden Jugendlichkeit in die neue Dimension der (vielleicht) ewigen Bindung. Paarung, so die Hoffnung, schütze vor schlimmen Schlagzeilen und bösen Gerüchten.

Eine trügerische Hoffnung, wie sich am Crash der Schönheiten-Ehe Richard Gere und Cindy Crawford zeigte. Trotz liebesbeteuernder Anzeigen in der Londoner „Times" zerbrach das Glück im November. Richard, so hieß es, habe schon wieder eine Jüngere, und in Wirklichkeit sei die Ehe nur Schein gewesen. Ein noch seltsameres Spiel mit der Ehe führte der Image-verbeulte Michael Jackson vor, als er die Elvis-Tochter Lisa Marie Presley heiratete und sie vier Monate später wieder verließ. Richtiges Spielzeug aus Plastik sei ihm lieber gewesen, hieß es.

Über Sinn und Zweck ihrer Eheschließung mit dem 89jährigen Öl-Millionär J. Howard Marshall II. wollte das Volumen-Model Anna Nicole Smith öffentlich nicht spekulieren, es sei eben „Liebe", versicherte die 26jährige Blondine und ließ ihren Millionen Dollar teuren Schmuck glänzen. Bis daß das Testament euch scheidet, versteht sich. Wer sich noch nicht vor den Altar traute, der versprach es für die Zukunft. Zum wiederholten Male kündigten Claudia Schiffer und David Copperfield ihren Bund fürs Leben an, „irgendwann bald, und Sie werden es als erster erfahren", schwor der Magier jedem Reporter, der gar nicht danach fragte. Wichtigeres hatte nur Rennfahrer Michael Schumacher zu tun, der seiner Freundin Corinna versicherte, „ich fahr mal schnell los, werde Weltmeister, und dann heiraten wir". Weltmeister wurde er, das Jawort wird folgen.

Über sein Jawort mit Folgen grübelte in diesem Jahr auch das englische Zank-Paar Charles und Diana. Im zweiten Jahr ihrer Trennung gab es wieder Geständnisse und Enthüllungsfotos wie bestellt. Erst Diana auf dem Fitneßtisch im strammen Gewand, dann der Prinz im Urlaub ganz ohne Gewand. „Er hat ja ein richtiges Zepter", lobten die englischen Zeitungen. Zermürbt und düster erinnerte sich dagegen der Prinz an den Tag der Trauung vor zwölf Jahren. Denn eigentlich wollte er die Kindergärtnerin Diana Spencer nie und nimmer haben, es war vielmehr Vater Philip, so Charles, der den Sohn in die Ehe trieb, „du nimmst die jetzt, allright?"

So schwer für manche der Anfang, um so schwerer für andere das Ende des Lebensbundes. Es war die Trennung von seiner Frau Nicole Brown, die den amerikanischen Football-Star und gelegentlichen Schauspieler O.J. Simpson hellglühend eifersüchtig und jähzornig machte. Mehrmals bedrohte O.J. die Abtrünnige und schlug Türen zu Klein-

Neue Skandalberichte vom britischen Königs

¢: Lady Di flüchtet in London vor aufdringlichen Fotografen

holz. Als dann im Sommer die blutüberströmten Leichen seiner Ex-Frau und eines Freundes gefunden wurden, geriet Volksheld Simpson unter dringenden Mordverdacht. Die Prozeßtage im TV schlugen die Einschaltquoten der Fußball-Weltmeisterschaft um Längen. Thomas Gottschalk erklärte den Deutschen, warum: „Stellen Sie sich vor, ich bringe meine Frau Thea um.“

Viel, viel harmloser ging glücklicherweise wenig später die deutsche Konfektionsehe Roland Kaiser/Anja Schütte in Westerland auf Grund. Anja habe sich in den warmen Sommernächten mit kräftigen Pizzabäckern vergnügt, während Roland hart arbeitete – ein hübscher Boulevardkrach, der die mageren Seiten der „Bild“-Zeitung für einige Wochen auffüllte.

Doch nicht nur die, die sich paarten oder entpaarten, machten von sich reden, es war auch das Jahr der Solo-Sieger. So zog das deutsche Model Nadja Auermann kühl und siegessicher auf den Laufstegen an Deutschlands Star-Blondine Claudia Schiffer vorbei und kam auf mehr Titelbilder als die angealterte Claudia. Nadja, so das Urteil der Moderichter in Paris und New York, sei das Mädchen der 90er Jahre. Von den 70ern wurde die CSU-Abgeordnete Dagmar Wöhrl eingeholt, als politische Neider im Bundestag mit Nacktfotos der ehemaligen Miß Germany Skandale entfachen wollten. Sie habe früher mal für billige Sex-Komödien die Hüllen fallen lassen. „Na und?“ entgegnete Frau Wöhrl und machte weiter Politik.

Schwieriger, aber ebenso souverän gelang Frankreichs Staatspräsident François Mitterrand die Rückkehr zur Tagesordnung. Gleich mehrmals wurde der Sozialist von der Vergangenheit eingeholt, und auch die Gegenwart erwies sich als unschön. Da machte der Verdacht die Runde, Mitterrand habe im Kriege mit den französischen Nazi-Unterstützern der Vichy-Regierung zusammengearbeitet, dann outeten französische Zeitungen eine Frau als Mitterrands heimliche uneheliche Tochter, und am Ende trat der Präsident vor die Kameras und berichtete den Zuschauern vom ernsten Zustand seiner Gesundheit. Doch, so Mitterrand, er wolle durchhalten. Da schwiegen die Franzosen und beteten für ihren Präsidenten. Es ist eben erstaunlich, wie eine Nation sich wandelt, wenn die Helden Herz zeigen. *Jochen Siemens*

Carl Lewis oder Die teuersten Beine der Welt

Daß der Sprinter Carl Lewis, zeitweise schnellster Mann der Welt (100 Meter in 9,86 Sekunden), auch bei hohem Tempo nicht aus der Kurve zu fliegen pflegt, war wohl kaum der tiefere Grund für dieses Foto. Eher schon die Popularität von „King Carl", der es in seinem 33jährigen Leben auf je acht olympische Goldmedaillen und Weltmeistertitel brachte und die lukrative Sammlung bis zu den Olympischen Spielen 1996 in Atlanta weiter vervollständigen möchte. Star-Fotografin Annie Leibovitz, die auch schon deutsche Prominenz (Lothar Matthäus, Harry Valérien) werbewirksam ins Bild setzte, ging mit Lewis für den italienischen Reifenproduzenten Pirelli ins Rennen. Dem Unternehmen war das Model, das für seine Starts in den Stadien um die 100 000 Dollar fordert und kassiert, angeblich das Zehnfache wert. Dafür mußte Carl die flinken Füße dann auch in hochhackige, enge Pumps zwängen. Ganz im Sinne dessen, was Insider die „Werbebotschaft" nennen. Hier lautet sie: Auch bei optimaler Kraftübertragung kein Reibungsverlust.

Die unvergessenen Gesichter des Heinz Rühmann

Erst als er starb, wurde vielen bewußt, daß er noch gelebt hatte. Es war stiller geworden um Heinz Rühmann, den großen Mimen, den „in seinen Sternstunden überwältigenden Menschendarsteller" (»FAZ«). In unzähligen Film- und Fernsehrollen war er zum Publikumsliebling geworden, verehrt und geehrt, zuletzt in einer Gala-Vorstellung zu seinem 90. Geburtstag 1992. Am 3. Oktober 1994 trat er, 92 Jahre alt, in seinem Haus am Starnberger See von der Bühne des Lebens ab. Seine Laufbahn ist ein Stück deutscher Theater-, Film- und Fernsehgeschichte. Als Sohn eines Hoteliers in Essen geboren, verließ er mit 17 das Gymnasium, ging auf die Schauspielschule, debütierte 1920 in Breslau auf der Bühne, spielte in Bremen und München und in Berlin unter Max Reinhardt. 1926 entdeckte der stumme Film Rühmanns komödiantisches Talent. Mit „Die drei von der Tankstelle", später mit „Quax, der Bruchpilot", „Wenn wir alle Engel wären" und – vor allem – „Die Feuerzangenbowle" wurde Rühmann ein Star, dessen Popularität, politische Arglosigkeit und Ehrgeiz die neuen Machthaber Deutschlands ausnützten. Unkritisch und angepaßt übernahm er auch Rollen in „staatspolitisch wertvollen" und eindeutigen Propagandafilmen, ließ sich auf Druck der Nazis gar von seiner Frau Maria Bernheim scheiden, die Jüdin war und nach Schweden emigrierte. Nach dem Krieg kultivierte Rühmann in seinen Rollen vor allem jenen Typ, in dem sich der Zuschauer am ehesten wiedererkannte: den des schon körperlich kleinen, im Grunde aber zufriedenen Mannes in geordneten Verhältnissen, der Gerechtigkeit liebt und Humor hat. Von den Klamotten-Komikern des beginnenden TV-Zeitalters war er weit entfernt. Seine größten Erfolge hatte er mit dem „Hauptmann von Köpenick", mit „Charleys Tante", „Mein Freund Harvey", „Wenn der Vater mit dem Sohne" und den Pater-Brown-Filmen.

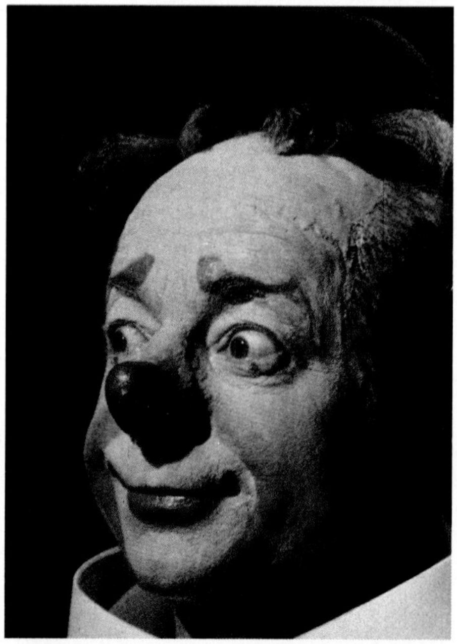

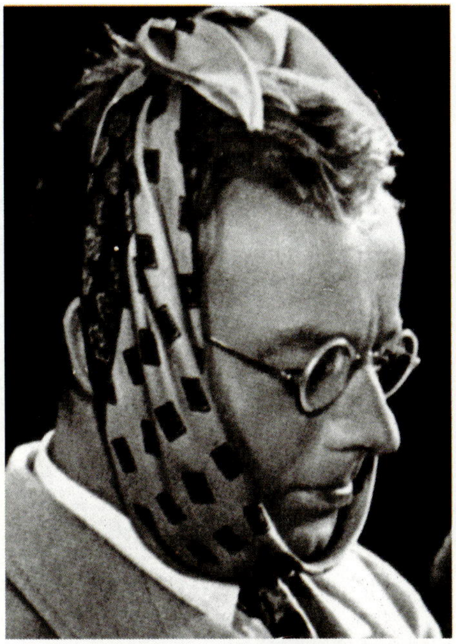

Der Becker-Bube ist da

Ärzte wissen meistens mehr. Und einiges auch besser. Dr. Hartmut Krahl, Medizinmann der Tennis-Weltmeisterschaft in Frankfurt/Main, wird gewußt haben, was er sagte, als Boris Becker erst im Finale gegen die Nr. 1 der Weltrangliste, Pete Sampras, unterlag, nachdem er zuvor das Turnier von Stockholm gewonnen hatte. „Im vergangenen Jahr“, so Dr. Krahl, „hätte ich mein letztes Hemd darauf verwettet, daß der Kerl hier nie wieder antritt. Und jetzt das.“ Und jetzt das: 9000 Zuschauer feierten Boris eine Woche lang, die TV-Einschaltquoten erreichten lang entbehrte Werte, und Boris selbst definierte das Geheimnis seiner Wiederauferstehung so: „Es liegt zu Hause und ist zehn Monate alt.“ Gemeint war Söhnchen Noah Gabriel (Foto), dessen Geburt am 18. Januar 1994 der dabei anwesende Papa als „einzigartiges und wertvolles Erlebnis“ empfunden hatte, gegen das selbst seine drei Wimbledon-Siege als „zweitrangig“ verblaßten. Zu den Fixpunkten seines neuen Lebens zählt auch seine Frau Barbara („Babs“, Foto), die wesentlich dazu beitrug, daß der 27jährige Boris Becker mehr Distanz zum Job und damit eine Einstellung gewann, die ihn wieder erfolgreich sein läßt.

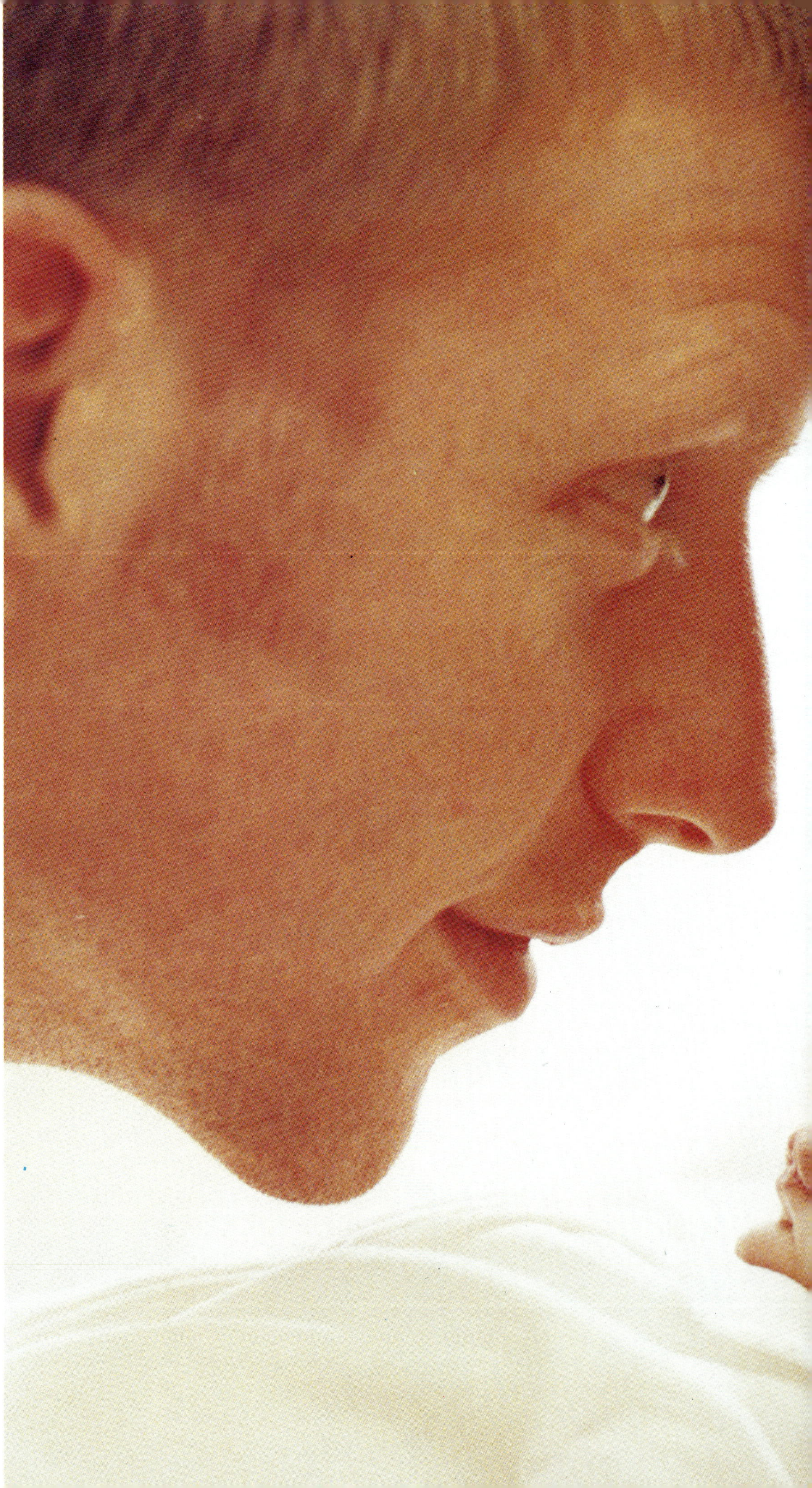

Flucht in die Hochzeit?

Mega-Star Michael Jackson und Mega-Erbin Lisa-Marie Presley heiraten am 26. Mai in der Dominikanischen Republik. Der wegen – angeblicher – Kinderschändung ins Gerede gekommene Pop-Milliardär und die Tochter des Rock'n'Roll-Idols Elvis Presley zelebrieren die Hochzeit im gebührenden Star-Umfeld. Im Trump-Tower in New York mieten sie sich für die Flitterwochen ein und lassen die Mär von Liebe und Glück verkünden. Daß die 26jährige Presley-Tochter, Mutter zweier kleiner Kinder, ausgerechnet den umstrittenen Pop-Star auserwählt, erscheint der Öffentlichkeit wie ein fader Witz. Immerhin: Die Hochzeit wird anfangs geheimgehalten, und der erste gemeinsame öffentliche Auftritt zeigt das Paar in trauter Eintracht im fernen Budapest. Dort wird ihr Eintreffen wie ein Staatsbesuch zelebriert (Foto). Offizieller Anlaß: Michael Jackson wirkt in einem Video mit, in dem das Ende der Roten Armee gefeiert wird. Umlagert von jugendlichen Fans posieren die beiden später für Fotos vom Eheglück. Bevor sie sich kurz vor Jahresende wieder trennen.

Sag mir, wo die Freunde sind

Die Einsamkeit eines Bundestrainers: Von allen und jedem verlassen schien Berti Vogts nach der Pleite seiner Mannschaft bei der Fußball-WM in den USA. Kritiker meinten allerdings, er sei auch von allen guten Geistern verlassen gewesen und listeten seine Versäumnisse auf: Eine überalterte Mannschaft nominiert, den falschen Torwart aufgestellt, taktische Fehler gemacht und eklatante Führungsschwäche im Umgang mit den Spielern gezeigt, die er nach dem frühzeitigen Ausscheiden gegen den Außenseiter Bulgarien „Wohlstandsjünglinge" nannte. Der Name Berti V., so sein ehemaliger Trainer Udo Lattek, stehe künftig wohl „als Synonym für Schwäche" in Deutschland. Zu kritisieren sind aber auch jene, die ihm beim Deutschen Fußball-Bund die viel zu großen Schuhe eines Bundestrainers verpaßten, der doch längst mehr Manager-Funktionen zu erfüllen hat, als Dribbling und Doppelpaß zu erklären.

MOTT'S

Der letzte Weg der Jackie O.

Als der 35. Präsident der USA 1961 seine erste Auslandsreise nach Frankreich machte, stellte er sich Staatspräsident Charles de Gaulle schmunzelnd als der Mann vor, „der Mrs. Kennedy nach Paris begleitet hat". John F. Kennedy wußte, was er dem strahlenden medienwirksamen Image seiner Frau verdankte, die er – noch als Senator – 1953 geheiratet hatte. Weltweit beeindruckte die First Lady durch ihre Haltung bei und nach der Ermordung des Präsidenten am 22.11.1963 in Dallas, herbe Kritik galt jedoch fünf Jahre später ihrer Heirat mit dem griechischen Reeder Aristoteles Onassis. Die Ehe stand angeblich kurz vor der Scheidung, als Onassis 1975 starb. „Jackie O." lebte danach als Verlagslektorin und Herausgeberin in New York, in den letzten Jahren zusammen mit ihrem neuen Lebensgefährten Maurice Tempelsman, einem Diamantenhändler. Sie starb im Alter von 64 Jahren am 19. Mai im Kreis ihrer Familie an Lymphdrüsenkrebs und wurde auf dem Arlington National Cemetery von Washington neben dem Grab von John F. Kennedy beigesetzt (rechts hinter dem Sarg: Sohn John F. und Tochter Caroline).

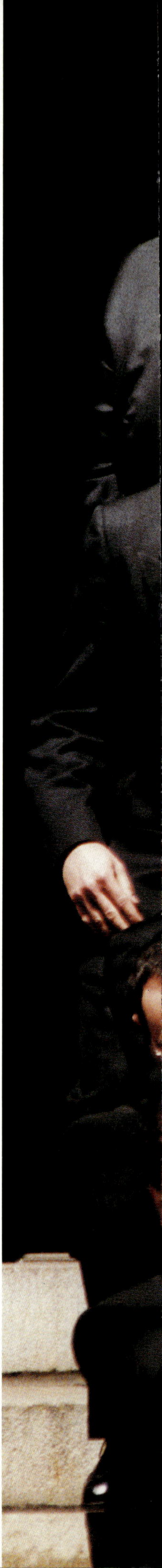

Ein Vamp macht Kasse

Anna Nicole Smith, blondes Busenwunder, war clever genug, sich einen texanischen Ölmillionär zu angeln. Im Juni 1994 haben sie in Houston/ Texas geheiratet, die 26jährige „Marilyn der 90er" („Marie Claire") und der 89jährige Howard Marshall II, der im Rollstuhl an den Traualtar geschoben werden mußte. „Es ist Liebe", versicherten beide, und Anna Nicole fügte hinzu, daß sie sich nichts sehnlicher wünsche als „ein Kind von ihm", aber nicht wisse, „ob er noch kann". Das Vermögen ihres betagten Ehemannes wird auf 875 Millionen Dollar geschätzt. Einen Teil davon, klagte Marshall Junior, habe seine wohlgeformte junge Stiefmutter bereits für sich abgezweigt. Vor acht Jahren noch eine unbekannte, wenngleich auffallend hübsche Serviererin in einem Steakhaus, heiratete Anna Nicole mit 17 zum ersten Mal, einen 16jährigen Aushilfskoch, bekam einen Sohn, wurde vom „Playboy" entdeckt und startete eine erfolgreiche Model-Karriere. In Deutschland wurde sie durch eine Dessous-Kampagne bekannt – ihre üppigen Formen klebten auf allen Litfaßsäulen.

Ivana Trump: Mit Champagner gegen die Kamera

Ivana Trump, 44, vor vier Jahren von dem amerikanischen Bauspekulanten Donald Trump geschieden, inszenierte wieder einmal Schlagzeilen. Im Londoner Hyde-Park-Hotel wehrte sie sich gegen Fotoaufnahmen des Prominenten-Lichtbildners Richard Young (Foto oben rechts) und kippte ihm den Inhalt ihres Glases ins Gesicht. Die wütende Schöne, einstmals eine mittelmäßig erfolgreiche tschechoslowakische Skiläuferin, beherrscht derlei Auftritte. Nach der Scheidung übersiedelte sie in eine Luxusvilla in New York, schrieb zwei zu Bestsellern hochgejubelte Bekenntnis-Bücher („Allein aus Liebe“ und „Leben für die Liebe“) und gründete schließlich eine Kosmetik-Firma, deren Produkte in Amerika ausschließlich über Tele-Shopping verkauft werden. Der Erfolg ihres Schmuck- und Kosmetik-Sortiments bescherte ihr jetzt ihren nächsten Ehepartner. Nach drei Jahren Ehe auf Probe verlobte sie sich mit ihrem Geschäftsführer, dem 51jährigen italienischen Manager Riccardo Mazzuchelli. Sichtbar wurde das Heiratsversprechen, als Lady Trump Anfang Oktober in London ihr Verlobungsgeschenk zur Schau trug, einen kostbaren Brillantring. Aber auch ein Fotograf ist da schon mal Anlaß für einen Auftritt der besonderen Art. Ivana Trump, Mutter dreier Kinder im Alter von 16, 12 und 10 Jahren, läßt ihren Gefühlen eben gerne freien Lauf.

Burt Lancaster ist tot

Zwei Menschen am nächtlichen Strand, in der rauschenden Brandung des Pazifik: Burt Lancaster und Deborah Kerr, tropfnaß und engumschlungen. Die Szene, die heute noch zu den erotischsten der Filmgeschichte zählt, war 1953, als „Verdammt in alle Ewigkeit" gedreht wurde, ein Skandal. Und prompt machte sie den Sohn eines kleinen Postangestellten aus New York nach Achtungserfolgen in Hollywood („Der rote Korsar") weltweit berühmt. Es folgten Filme wie „Vera Cruz", „Die tätowierte Rose" oder „Der Regenmacher", es folgte ein Oscar für „Elmer Gantry" (1960) und die allmähliche Hinwendung des leinwandfüllenden Action-Helden zu Charakterrollen wie in „Der Gefangene von Alcatraz", „Väter und Söhne" oder „Der Leopard". Nie jedoch verlor Burt Lancaster seine virile Ausstrahlung, die legendäre körperliche Präsenz, die ein Filmkritiker „die animalische Tugend des Naiven" genannt hat. Dieser animalische Charme war es auch, der 1945 den Lebensweg des Trapezartisten, Tänzers, Truckers und (natürlich) Tellerwäschers veränderte, als er in einem Fahrstuhl steckenblieb, in dem sich zufällig auch ein Theatermanager befand. Der war in dieser Situation von seinem Leidensgefährten so angetan, daß er ihm spontan

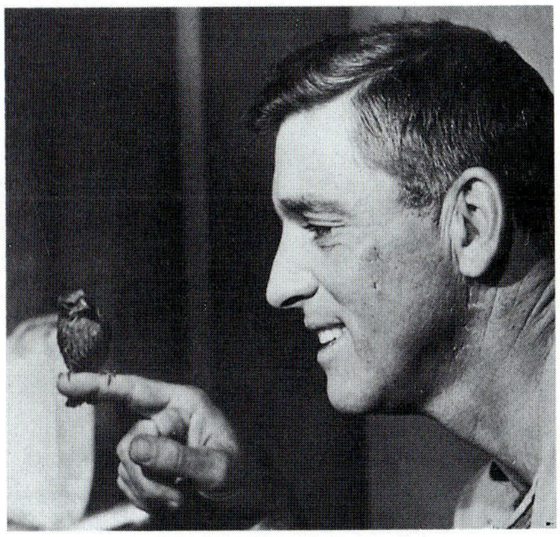

eine Rolle in einer Revue anbot. Das Stück wurde ein Reinfall, doch im Parkett saß ein Hollywood-Regisseur – Burt Lancaster war entdeckt. Und wurde nicht nur ein vielgefragter Schauspieler, sondern auch ein erfolgreicher Regisseur und Produzent. Dem Hollywood-Rummel hat er sich stets entzogen, und seinen Überzeugungen ist er immer treu geblieben: Er marschierte im Gefolge Martin Luther Kings mit nach Washington. Am 21. Oktober starb er, 80 Jahre alt.

Freie Fahrt für den blinden Ray Charles

Da flitzt einer im roten Cabrio durch die Gegend, daß die Wassertropfen sprühen. Oder vielmehr das Salz. Denn die Fahrt geht über den Großen Salzsee im US-Staat Utah. Und der Mann am Steuer ist niemand anders als Ray Charles, einer der größten lebenden Soul-Sänger der Welt. Für eine Werbekampagne von Peugeot setzte er sich ans Steuer und gab Gas, ein seltenes Vergnügen für den Künstler, der im Alter von sechs Jahren sein Augenlicht verlor. Er genoß die Spritztour sichtlich und verglich sie mit anderen aufregenden Erfahrungen: „Es war wie mit einer Frau. Zuerst muß man ihr Gesicht, ihre Haut, ihren Körper erkunden und spüren…" Der 63jährige, der die Zahl seiner Kinder mit „acht oder neun" und die seiner Enkel mit „fünf oder sechs" angibt, verbringt bis zu 18 Stunden täglich in seinem Musikstudio in Los Angeles und kommt, wie er versichert, mit drei Stunden Schlaf aus. Trotz seiner Blindheit ist er sehr selbständig. Stets trägt er eine Tasse mit sich herum, deren Inhalt er als „Mischung aus Kaffee und Gin" definiert. Grund: „Das Zeug wärmt mir die Kehle."

PEUGEOT
306

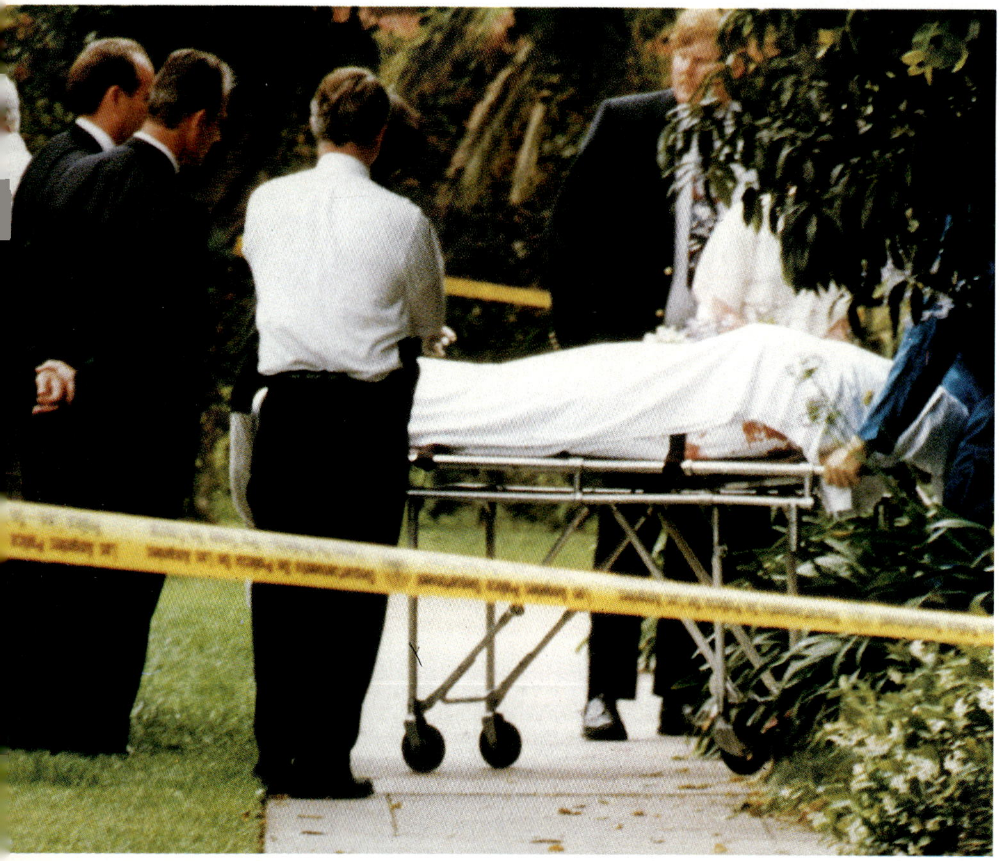

O. J. Simpson – Star oder Mörder?

Etwa 22 000 Morde geschehen jährlich in den USA, doch noch nie hat einer das Land so bewegt, erregt und gespalten wie der Fall Orenthal James („O.J.") Simpson. Die Football-Legende der „Buffalo Bills", von der Nation geliebt, von Hollywood als Filmstern gehätschelt, soll am 12. Juni seine Ex-Frau Nicole (rechts mit Tochter Sydney und O.J.) und deren Freund Ronald Lyle Goldman grausam erstochen haben. Die Leichen wurden blutüberströmt auf Simpsons 5-Millionen-Dollar-Grundstück in Brentwood, einem Villenvorort von Los Angeles, gefunden (links oben). Der Medienrummel hatte begonnen, als Simpson, 47, versuchte, sich seiner Verhaftung durch Flucht in einem weißen Kleinlaster über den San Diego Highway zu entziehen – verfolgt von einem Schwarm Streifenwagen und den Kameras des Fernsehens (Foto l.). Millionen hingen vor den Bildschirmen, Reality TV auf allen Kanälen, und einige tausend gönnten sich die Show auch live, standen begeistert am Straßenrand oder auf Brücken und feuerten den Gejagten an wie einst auf dem Football-Feld: „Go, O.J., go!" Der Prozeß begann im September.

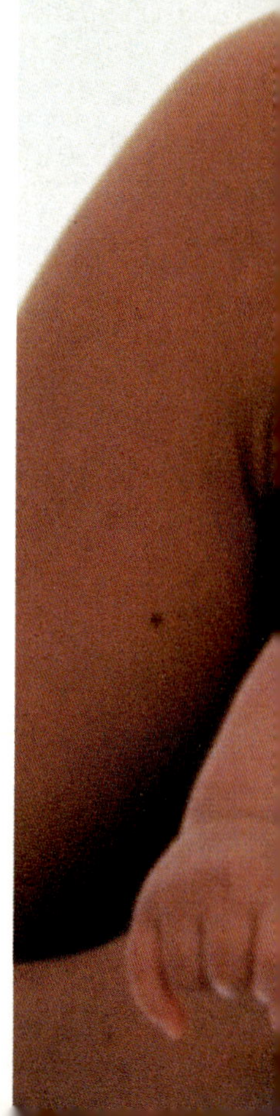

Abschied von Nixon

Er war der bislang einzige US-Präsident, der von seinem Amt zurücktreten mußte: Richard Milhous Nixon wurde Opfer seiner eigenen Amtsführung, die 1969 begann und am 9.8.1974 endete. Sein Rücktritt kam der Entlassung zuvor, nachdem seine Verstrickung in den Watergate-Skandal (enge Mitarbeiter Nixons waren verantwortlich für einen Einbruch in ein Büro der Demokraten im Washingtoner Watergate-Hotel) sowie seine Anordnung bekannt geworden waren, alle Gespräche in seinem Amtszimmer heimlich aufzuzeichnen. So erfuhr die Nachwelt, daß der 37. Präsident der USA nicht nur ein erfolgreicher Außenpolitiker war, der den Vietnamkrieg beendete und die Wende in der China-Politik („Pingpong-Diplomatie") einleitete, sondern auch ein hinterhältiger, derb fluchender Machtmensch. Davon war keine Rede mehr, als er, 81jährig, am 22. April nach einem Schlaganfall starb und in seinem Geburtsort Yorba Linda beigesetzt wurde. Die Trauerfeier versammelte fünf US-Präsidenten mit ihren Frauen zu einem eindrucksvollen Bilddokument: Bill Clinton, George Bush, Ronald Reagan, Jimmy Carter und Gerald Ford.

Der Weltmeister der Magier

Tusch und Applaus: Der beste aller Zauberer kommt aus Deutschland. Auf dem 19. Weltkongreß der Zauberkünstler in Yokohama (Japan) gewann der erst 18 Jahre alte Frank Schmidt aus Teningen im Schwarzwald den „Großen Preis". Mit seiner Show „Magic Radio Days", in der ein Mikrofon verschwindet, Lollys durch die Luft schweben, ein Radio sich erst auflöst und dann wieder auftaucht, verzauberte der Gymnasiast 106 Konkurrenten aus 18 Ländern und trug wesentlich dazu bei, daß der nächste Weltkongreß 1997 in Dresden stattfindet. Die zauberhafte Laufbahn des neuen Weltmeisters begann vor neun Jahren, als die Eltern dem kleinen Frank einen Zauberkasten schenkten. Schon wenig später trat er damit bei Kindergeburtstagen und auf Partys auf. Inzwischen liegt seine Gage bei 4000 Mark pro Abend. Doch der große Erfolg hat „Franklin", so sein Bühnenname, nicht den Kopf verdreht. Im nächsten Jahr wird er zunächst einmal das Abitur machen, „und dabei", weiß er, „hilft keine Magie".

Solschenizyn kehrt heim

Zwanzig Jahre zuvor hatte Breschnew ihn aus dem Land gejagt. Zu beharrlich hatte Alexander Issajewitsch Solschenizyn das System angeprangert, die sowjetischen Straflager und die Zustände darin beschrieben. Zu nachhaltig war das weltweite Echo auf sein Werk über den „Archipel Gulag“, der Autor erhielt den Nobelpreis. Solschenizyn lebte im amerikanischen Exil, am 27. Mai 1994 kehrte er, 75 Jahre alt, heim in sein geliebtes Rußland. Er wurde empfangen von einem Komitee (Foto), in dem der „Spiegel“ Leute entdeckte, „die nicht mehr so heißen, aber immer noch so aussehen“: wie KGB-Agenten nämlich. Vor dem russischen Parlament, der Duma, zieht er öffentlich Bilanz: „Macht ist keine Beute im Wettstreit der Parteien. Macht ist eine schwere Bürde, ist Verantwortung, Verpflichtung und Arbeit“, sagt er den Abgeordneten und fährt fort: „Wir wissen..., daß jedes Jahr Milliarden Dollar geraubt und irgendwohin ausgeführt werden, daß das Verbrechen ungehindert durchs Land zieht.“ Alexander Solschenizyn kämpft für verlorene Ideale. Er will ein orthodoxes Rußland, „vom Westen“, sagt er, „haben wir nichts zu lernen“.

Berlusconi dankt ab

Italien zu regieren, hat einst ein kluger Mann gesagt, sei keineswegs unmöglich. Es sei nur unnötig. Die Zahl von 52 Regierungen nach dem Kriege schien die Erkenntnis zu bestätigen: Wer immer an der Macht war (meist die mit der katholischen Kirche kungelnden Christlichen Demokraten) – in Italien ging alles seinen gewohnten Gang. Das Bild änderte sich mit dem Sturz der 53. Regierung: Die Lira bekam Schwindsucht, die Börsenkurse sackten täglich tiefer. Zwei Tage vor Weihnachten erreichte die Krise ihren Höhepunkt: Das Kabinett Berlusconi trat zurück. Silvio Berlusconi, Unternehmer und Medienzar, bot ein Bild des Jammers (r.). Der 58jährige, dem u. a. drei TV-Kanäle gehören, war mit seiner neugegründeten Rechts-Partei „Forza Italia" als Sieger aus den Wahlen im Frühjahr hervorgegangen. Im Bündnis mit der populistischen „Liga Nord" und den Neofaschisten, die im Nachkriegseuropa erstmals wieder an einer Regierung beteiligt wurden, übernahm er die Lenkung des Staates. Das Image des „Condottiere", den Anschein persönlicher Eitelkeit und den Geruch der Korruption zum Vorteil seiner Sender wurde er aber nie los. Als politische Erfolge wie mehr Arbeitsplätze und die versprochene Steuersenkung ausblieben, war das Ende da

Eine synchronoptische Tabelle der Ereignisse von Tag zu Tag

das war 94

	Deutschland	Ausland	Kultur/Wissenschaft	Sport
1. Januar	Mit Beginn des neuen Jahres werden die Mineralölsteuer, der Rentenversicherungsbeitrag und die Strompreise erhöht. Gekürzt werden Leistungen für Arbeitslose, Kurzarbeiter und Bauarbeiter. Bundesbahn (West) und Reichsbahn (Ost) fusionieren zur Deutschen Bahn AG, einer künftig privat betriebenen Aktiengesellschaft.	Zwischen den USA, Mexiko und Kanada tritt das Abkommen über die Nordamerikanische Freihandelszone (NAFTA) in Kraft. Im mexikanischen Bundesstaat Chiapas, der ärmsten Region des Landes, besetzt eine indianische Untergrundbewegung mehrere Städte und Gemeinden. Sie fordert, die Ausbeutung und Unterdrückung der Maya-Nachkommen zu beenden. Die Regierung setzt Militär ein, etwa 100 Menschen werden getötet.		
3. Januar	Der Deutsche Aktien-Index (DAX) steigt auf den Rekordstand von 2 267,98 Punkten.	Beim Absturz einer russischen Verkehrsmaschine vom Typ Tu-154 in Ostsibirien werden 124 Menschen getötet, darunter sieben Deutsche.		
4. Januar			Auf weltweiten Protest stoßen Experimente mit abgetriebenen Föten an der Universität Edinburgh. Die Wissenschaftler wollten Eizellen aus diesen Föten befruchten und später unfruchtbaren Frauen einpflanzen. Die Forschungen werden vorerst eingestellt.	
5. Januar	Die Bundesanstalt für Arbeit teilt mit, daß im vergangenen Jahr im Westen durchschnittlich 2 270 349 Menschen (7,3 Prozent) und im Osten 1 148 792 (15,1 Prozent) Menschen ohne Arbeit waren.			
6. Januar		Bei einem Putschversuch in Togo kommen mindestens 56 Menschen ums Leben.	Der Käthe-Kollwitz-Preis der Berliner Akademie der Künste wird dem Maler Martin Assig zuerkannt. Die US-Regierung stellt für die Forschung mit Gewebe von abgetriebenen Föten 4,5 Millionen Dollar zur Verfügung. Erhofft werden Fortschritte bei der Bekämpfung der Parkinson-Krankheit.	Die Vierschanzentournee in Bischofshofen gewinnt der Norweger Espen Bredesen. Wenige Stunden vor Beginn der US-Meisterschaft im Eiskunstlauf wird die amerikanische Eiskunstläuferin Nancy Kerrigan in Detroit von einem Mann mit einer Eisenstange angegriffen und verletzt. Die Polizei ermittelt, daß der Ex-Mann ihrer Konkurrentin Tonya Harding hinter dem Anschlag steht.
7. Januar			Eine Studie der britischen Herzstiftung bestätigt, daß Aspirin Menschen nach einem Herzinfarkt oder Schlaganfall Schutz bieten kann.	Den Hopman-Cup im Tennis holen sich in Perth/Australien Jana Novotna und Petr Korda aus der Tschechischen Republik. Sie schlagen im Finale die Deutschen Anke Huber und Bernd Karbacher mit 2:1.
10. Januar	Mit der Behauptung, sie sei von Skinheads überfallen worden, die ihr ein Hakenkreuz ins Gesicht ritzten, erregt eine 17jährige Rollstuhlfahrerin aus Halle internationales Aufsehen. Später stellt sich heraus, daß sich die verzweifelte Frau die Verletzungen selbst zugefügt hat. Bundespräsident Richard von Weizsäcker gibt den traditionellen Neujahrsempfang für die Spitzen aus Politik, Wirtschaft und Kultur erstmals in Berlin.	Die Staats- und Regierungschefs der NATO unterzeichnen in Brüssel das Dokument „Partnerschaft für den Frieden“, in dem sie den mittel- und osteuropäischen Staaten einen späteren Beitritt zu dem Bündnis in Aussicht stellen.	Der Kölner Schriftsteller Jürgen Becker erhält den Peter-Huchel-Preis des Südwestfunks, der Schweizer Autor Jörg Steiner wird mit dem Erich-Fried-Preis ausgezeichnet.	

	Deutschland	Ausland	Kultur/Wissenschaft	Sport
11. Januar			Am Bremer Schauspielhaus wird das Stück „Herbst und Winter" des schwedischen Dramatikers Lars Noren uraufgeführt.	
12. Januar	Der Haushaltsausschuß des Bundestages stoppt die Arbeiten am Schürmann-Bau, des 700 Millionen Mark teuren künftigen Abgeordnetenhauses. Bei der „Weihnachtsflut" Ende vergangenen Jahres waren die Fundamente schwer beschädigt worden.	US-Präsident Bill Clinton erläutert in Prag den Staatschefs Polens, Ungarns, der Slowakei sowie der Tschechischen Republik das NATO-Konzept „Partnerschaft für den Frieden".	Der mit 40 000 Mark dotierte Shakespeare-Preis der Hamburger Stiftung F.V.S. wird dem aus Neuseeland stammenden Lexikographen Robert Burchfield zuerkannt.	Oliver Möller, Fußballer beim Hamburger SV, wird bei einem Hallenturnier in Stuttgart von einer Zuschauerin mit einem Messer angegriffen. Nach einer Operation ist er außer Lebensgefahr.
13. Januar	Erstmals seit der Wende wird im Atommüll-Endlager in Morsleben/Sachsen-Anhalt wieder radioaktiver Abfall eingelagert. Er stammt aus dem stillgelegten Atomkraftwerk Greifswald.	In Rom tritt der italienische Ministerpräsident Carlo Ciampi nach nur acht Monaten im Amt zurück, um Neuwahlen zu ermöglichen. Zuvor hatte er eine Wahlrechtsreform durchgesetzt, die künftig stabilere Mehrheiten bringen soll.		
14. Januar	Eine Allparteienrunde mit Kanzler Kohl einigt sich auf Umzug von Parlament und Regierung nach Berlin bis spätestens zum Jahr 2000. Die Kosten sollen 20 Milliarden Mark nicht überschreiten.	US-Präsident Clinton, Rußlands Präsident Boris Jelzin und der ukrainische Präsident Leonid Krawtschuk unterzeichnen in Moskau einen Vertrag über die Abrüstung aller ehemals sowjetischen Atomwaffen in der Ukraine. Binnen zehn Monaten sollen die 176 Nuklearsprengköpfe zur Vernichtung nach Rußland gebracht werden.	Die Weltgesundheitsorganisation in Genf erklärt, ihr seien bis zum Jahreswechsel weltweit 851620 Aids-Fälle gemeldet worden.	
15. Januar			Am Heilbronner Theater wird das Stück „Johannistag" über den Politiker Walter Rathenau von Joachim Burkhardt uraufgeführt.	Die Klubs der 1. und 2. Liga beschließen in München die Schaffung der „Deutschen Eishockey-Liga", die in der Saison 1994/95 starten soll.
16. Januar		In Mogadischu besiegeln die zwei einflußreichsten somalischen Clans ein Friedensabkommen, das einen Bürgerkrieg nach Abzug der internationalen Truppen verhindern soll.	John Neumeiers neues Ballett „Trilogie M.R." nach Musik von Maurice Ravel wird an der Hamburgischen Staatsoper uraufgeführt.	
17. Januar	In Suhl werden zwei 21 und 16 Jahre alte Skinheads zu zwei Jahren und acht Monaten Haft bzw. einem Jahr Jugendstrafe verurteilt. Sie waren entscheidend an dem Überfall auf US-Rennrodler Ende Oktober 1993 in Oberhof beteiligt.	Ein starkes Erdbeben erschüttert Süd-Kalifornien. Besonders betroffen ist Los Angeles. 61 Menschen kommen ums Leben.	Die Berliner Autorin Pieke Biermann erhält den Deutschen Krimi-Preis 1994.	
18. Januar		Nach der Entlassung des in die Kritik geratenen Innenministers nehmen in Mexiko Regierung und Rebellen Friedensgespräche auf. Die Regierung will umfangreiche Mittel für die Entwicklung der Region zur Verfügung stellen.		Dirk Schuster, Fußballer beim Karlsruher SC, wird mit der Fair-Play-Trophäe des Verbandes Deutscher Sportjournalisten ausgezeichnet.
19. Januar		Schneestürme und Temperaturen bis zu minus 40 Grad legen den Mittleren Westen und die Ostküste der USA lahm. An den Folgen der Kältewelle sterben 130 Menschen.	Australische Forscher finden heraus, daß die Osteoporose von einem einzelnen Gen stark beeinflußt wird.	Aus Angst vor gewalttätigen Auseinandersetzungen sagt Hamburgs Innensenator Werner Hackmann ein für den 20. April, den Geburtstag von Adolf Hitler, geplantes Fußball-Länderspiel zwischen Deutschland und England ab. Statt in Hamburg soll es nun in Berlin ausgetragen werden.

	Deutschland	Ausland	Kultur/Wissenschaft	Sport
20. Januar	DGB und Paritätischer Wohlfahrtsverband beziffern in ihrem ersten gesamtdeutschen Armutsbericht die Zahl der Armen in Deutschland auf 7,25 Millionen, 2,6 Millionen davon leben im Osten.	An der niederländischen Küste werden Zehntausende Beutel mit einem hochgiftigen Pflanzenschutzmittel angeschwemmt, die der französische Frachter „Sherbro" im Dezember bei stürmischer See im Ärmelkanal verloren hat. Die Küste wird vorübergehend gesperrt.		
21. Januar			Das Stück „Mond auf dem Rücken" von Kerstin Specht wird in Kaiserslautern uraufgeführt.	
22. Januar	Die Hamburger STATT-Partei beschließt die bundesweite Ausdehnung.			Bei den deutschen Fechtmeisterschaften im Florett der Damen in Tauberbischofsheim gewinnt Anja Fichtel-Mauritz zum achten Mal den Titel und wird damit deutsche Rekord-Fechterin. Katarina Witt qualifiziert sich bei den Eiskunstlauf-Europameisterschaften in Kopenhagen für die Olympischen Spiele in Lillehammer.
23. Januar			Bei der 51. Verleihung der „Golden Globes" der amerikanischen Auslandspresse gehen drei der Auszeichnungen an den Film „Schindlers Liste" von Steven Spielberg.	
24. Januar	Die Berliner Gauck-Behörde veröffentlicht Akten über die Tätigkeit Herbert Wehners als KPD-Funktionär von 1937 bis 1942. Sie können dem früheren SPD-Fraktionschef kein Fehlverhalten nachweisen. An der deutschen Küste werden Beutel mit hochgiftigen Pestiziden des französischen Frachters „Sherbro" gefunden. Strände bis hoch nach St. Peter-Ording werden gesperrt und gereinigt. Die Spitzen von CDU und CSU nominieren in München den Präsidenten des Bundesverfassungsgerichts, Roman Herzog, als ihren gemeinsamen Präsidentschaftskandidaten.	Der britische General Rose übernimmt offiziell das Kommando über die UN-Truppen in Bosnien.	Der mit 200 000 Mark dotierte Philip-Morris-Forschungspreis für herausragende anwendungsorientierte Forschungsprojekte geht an die Professoren Hans Jürgen Bestmann, Harald Fuchs, Meinhard Knoll sowie den Ingenieur Wolfgang Heimberg.	
25. Januar			Das 15. Max-Ophüls-Festival beginnt in Saarbrücken. Der mit 50 000 Mark dotierte Max-Ophüls-Preis wird dem Schweizer Regisseur Denis Rabaglia für seinen Film „Scheinschwangerschaft" überreicht.	
26. Januar	Der Bayerische Verwaltungsgerichtshof weist die Klage eines Beamten gegen die Verlängerung der Beamten-Arbeitszeit in Bayern auf 40 Stunden zurück.	Beim Einsturz eines Supermarktes in Nizza kommen drei Menschen ums Leben, mehr als 90 werden verletzt.	Der mit 50 000 Mark ausgestattete britische Whitbread-Literaturpreis wird der Schriftstellerin Joan Brady zugesprochen. Sie ist die erste Frau, die diese bedeutende Ehrung erhält.	Wegen Coffein-Dopings wird die 24jährige Schwimmerin Sylvia Gerasch aus Hannover für zwei Jahre gesperrt. Die Bronzemedaille der Europameisterschaft in Gateshead über 100 Meter Lagen wird ihr aberkannt.

	Deutschland	Ausland	Kultur/Wissenschaft	Sport
28. Januar	Die deutsche Nordseeküste erlebt die schwerste Sturmflut seit 1976.	Die türkische Luftwaffe bombardiert ein Lager der militanten Arbeiterpartei Kurdistans (PKK) im Nord-Irak.	Der Frankfurter Kaiserdom wird nach dreijähriger, 30 Millionen Mark teurer Restaurierung feierlich wiedereröffnet. In Garching wird die europäische Arbeitsstätte zur Konstruktion eines Thermonuklearen Reaktors eingeweiht. Die Forscher setzen darauf, daß der Block durch Verschmelzung von Atomkernen einmal große Energiemengen liefern kann.	
29. Januar			Der Deutsche Photopreis geht an die Fotodesignerin Annet van der Voort. Der Frankfurter Musikpreis wird dem britischen Musiker Brian Eno zuerkannt. Am Staatstheater in Hannover wird die Kammeroper „Draußen vor der Tür“ von Xaver Thoma nach dem Stück von Wolfgang Borchert uraufgeführt.	Bei der Weltcup-Abfahrt in Garmisch-Partenkirchen verunglückt die 26jährige Österreicherin Ulrike Maier tödlich.
30. Januar	Die deutschen Blauhelme beenden offiziell ihren humanitären Hilfseinsatz in Somalia. Die Truppen werden nach und nach zurückgeholt.			Den Prix d'Amérique in Paris, das bedeutendste Trabrennen der Welt, gewinnt das Pferd Sea Cove des Hamburgers Harald Grendel. In Bonn schlagen die deutschen Hockey-Herren England mit 9:2 und werden damit zum siebten Mal Hockey-Europameister in der Halle. Die Australian Open in Melbourne gewinnt zum vierten Mal Steffi Graf. Bei den Herren siegt der Amerikaner Pete Sampras.
31. Januar	BMW München erwirbt für rund zwei Milliarden Mark die Mehrheit am britischen Autokonzern Rover.	In Barcelona wird das „Gran Teatro del Liceo“, das historische Opernhaus der Stadt, durch einen Brand völlig zerstört.	Ein deutsch-kanadisches Astronomenteam entdeckt einen Stern mit der Leuchtkraft von über einer Million Sonnen. Er ist 6 500 Lichtjahre von der Erde entfernt.	Der Ungar Peter Leko wird mit 14 Jahren der jüngste Großmeister in der Schachgeschichte. Er löst die Ungarin Juditz Polgar ab, die mit 15 die Auszeichnung gewann.
1. Februar	Die Berliner FDP-Landesvorsitzende Carola von Braun tritt zurück. Sie war wegen angeblich unzulässiger Abrechnung von Friseurbesuchen ins Gerede gekommen („Figaro-Affäre“).	Der UN-Botschafter Ecuadors, José Ayala Lasso, wird erster Hochkommissar der Vereinten Nationen für Menschenrechte.	US-Forscher belegen in zwei großen Studien, daß Rauchen Krebs im Dickdarm fördern kann.	
2. Februar			Der mit 440 000 Mark dotierte schwedische Polar-Musikpreis wird dem österreichischen Dirigenten Nikolaus Harnoncourt und dem amerikanischen Jazzmusiker Quincy Jones zuerkannt.	
3. Februar	Mit Hinweis auf seine angeschlagene Gesundheit tritt Bundesbildungsminister Rainer Ortleb zurück. Sein Amt übernimmt der FDP-Bundestagsabgeordnete Karl-Hans Laermann.	US-Präsident Clinton hebt das seit 19 Jahren bestehende Handelsembargo gegen Vietnam auf.	Der Literaturpreis der Konrad-Adenauer-Stiftung geht an den Schriftsteller Walter Kempowski. In den USA wird bekannt, daß sich zwei Menschen bei Tierexperimenten mit einem aidsähnlichen Virus angesteckt haben.	

	Deutschland	Ausland	Kultur/Wissenschaft	Sport
4. Februar		Bei einem Protestmarsch französischer Fischer gegen Preisverfall ihrer Fänge und billige Importe kommt es in Rennes zu Straßenschlachten. Das bretonische Parlamentsgebäude aus dem 17. Jahrhundert geht in Flammen auf.	Aus Protest gegen ein gentechnisch erzeugtes Hormonpräparat für Kühe schütten amerikanische Bauern und Verbraucher kannenweise Milch auf die Straßen amerikanischer Großstädte. Das Mittel soll die Milchproduktion steigern.	
5. Februar		Auf einem Marktplatz in Sarajevo werden bei einem vermutlich serbischen Artillerieangriff 68 Menschen getötet.		
6. Februar		Die Finnen wählen den Sozialdemokraten Martti Ahtisaari zum neuen Präsidenten des Landes.	Der erstmals vergebene Else-Lasker-Schüler-Preis für Lyrik wird dem Kölner Autor Thomas Kling zugesprochen.	
7. Februar	Das Landgericht Wuppertal verurteilt drei Rechtsextremisten, die im November 1992 einen Gaststättenbesucher, der sich als Jude zu erkennen gab, mit Schnaps übergossen und angezündet hatten, wegen Mordes zu Haftstrafen zwischen acht und 14 Jahren.			
9. Februar	Das Bundeskabinett beschließt den Gesetzentwurf über Autobahngebühren für Lkws.	Die NATO stellt den bosnischen Serben ein zehntägiges Ultimatum zum Abzug ihrer schweren Geschütze rund um Sarajevo. Die meisten Waffen werden innerhalb der Frist abgezogen.	Der Lessing-Preis der Stadt Hamburg geht an den Philosophen Raymond Klibansky. Das Bundesgesundheitsamt in Berlin genehmigt ein neues Aids-Mittel mit dem Wirkstoff Zalcitabin.	
10. Februar			Die 44. Internationalen Filmfestspiele von Berlin werden mit „Little Buddha“ von Bernardo Bertolucci eröffnet.	
11. Februar			Nach einer Studie der Universität Hamburg ist die Unterelbe zwischen Hamburg und Cuxhaven mit 65 Fischarten einer der artenreichsten Flüsse Europas.	
12. Februar	In München wird ein 38jähriger Serbe verhaftet, der in Bosnien moslemische Gefangene mißhandelt haben soll. Die Bundesanwaltschaft wirft dem Mann Völkermord vor. Dieses Delikt wird unabhängig vom Tatort in Deutschland verfolgt.			In Lillehammer/Norwegen werden die 17. Olympischen Winterspiele eröffnet. Sie finden zwei Jahre nach den letzten Spielen 1992 im französischen Albertville statt und leiten damit einen neuen Vierjahres-Rhythmus ein.
14. Februar		Der als „Bestie von Rostow“ bekanntgewordene russische Massenmörder Tschikatilo wird hingerichtet. Er soll 54 Menschen grausam ermordet haben.		Rennrodler Georg Hackl holt in Lillehammer das erste Gold für Deutschland. Er wird zum zweiten Mal, nach Albertville, Olympiasieger.
15. Februar			US-Experten gelingt es, den kompletten Aufbau des natürlichen Krebsmittels Taxol zu entschlüsseln. Es wird aus einer seltenen pazifischen Eibe gewonnen.	Monica Seles wird von der Tennis-Weltrangliste gestrichen. Die ehemalige Nummer Eins hatte seit dem Attentat in Hamburg Ende April 1993 nicht mehr an Turnieren teilgenommen.
16. Februar	Der Münchner CSU-Vorsitzende Peter Gauweiler tritt als bayerischer Umweltminister zurück. Er hatte Mandanten aus seiner früheren Tätigkeit als Rechtsanwalt für 10 000 Mark monatlich an seine Ex-Kanzlei verpachtet („Kanzlei-Affäre“).		Am Deutschen Schauspielhaus in Hamburg wird das Stück „Herr Paul“ von Tankred Dorst uraufgeführt, die Oper „Daniel“ von Paul Engel und Herbert Rosendorfer erlebt am Münchner Gärtnerplatztheater ihre Weltpremiere.	

	Deutschland	Ausland	Kultur/Wissenschaft	Sport
17. Februar		Bei blutigen Stammeskämpfen in Ghana werden etwa 1000 Menschen getötet.		Skiläufer Markus Wasmeier gewinnt in Lillehammer im Super-G die zweite Goldmedaille für Deutschland.
19. Februar				Der ehemalige Hammerwerfer und Olympia-Teilnehmer Edwin Klein berichtet in seinem Buch „Rote Karte für den DFB", daß Dopingmittel auch von Profi-Fußballern eingenommen würden. Abfahrts-As Katja Seizinger ist dritte Gold-Gewinnerin in Lillehammer.
20. Februar	Der bayerische Ministerpräsident Edmund Stoiber gibt bekannt, er habe bei Amtsantritt auf rund 300 000 Mark jährliche Einnahmen aus einer Testamentsvollstreckung verzichtet. Vier Tage später wird bekannt, daß die früheren Ministerpräsidenten Strauß und Streibl als „Testamentsvollstrecker" der Friedrich-Baur-Stiftung diese Summe jährlich kassierten („Testaments-Affäre").			Skispringer Jens Weißflog holt das vierte Olympische Gold für Deutschland.
21. Februar	Auf ihrem Bundesparteitag in Hamburg verabschiedet die CDU ein neues Grundsatzprogramm mit dem Titel „Freiheit in Verantwortung". CDU-Chef und Kanzler Kohl erklärt, seine Partei setze bei den Bundestagswahlen „auf Sieg und nicht auf Platz".		Der „Goldene Bär" der Berliner Filmfestspiele wird an den irisch-britischen Streifen „Im Namen des Vaters" von Jim Sheridan verliehen.	
22. Februar	Die Dresdner Bank AG legt gegen Durchsuchungen ihrer Geschäftsräume durch Steuerfahndung und Staatsanwaltschaft Verfassungsbeschwerde ein. Die Fahnder ermitteln wegen Beihilfe zur Steuerflucht ins zinssteuerfreie Ausland, die Bank sieht das Bankgeheimnis gefährdet.		Der Vorstand der Daimler-Benz AG gibt grünes Licht für das „Swatch-Mobil", einen Kleinwagen, den Mercedes mit der Schweizerischen Gesellschaft für Mikroelektronik und Uhrenindustrie konstruieren und voraussichtlich 1997 auf den Markt bringen will.	Die deutschen Tischtennis-Damen schlagen im Endspiel der Europaliga in Pforzheim England mit 4:1 und 4:0 und werden erstmals Europameisterinnen. Die deutschen Skispringer – darunter Jens Weißflog – erobern im Mannschafts-Wettbewerb in Lillehammer die fünfte deutsche Goldmedaille.
23. Februar	Der Bayerische Verwaltungsgerichtshof erklärt die Münchner Stadtratswahl von 1990 für ungültig, da die CSU-nahe „Junge Liste" nicht zugelassen worden war. Die Wahl muß wiederholt werden.	Das Parlament Rußlands beschließt eine Amnestie der Putschisten vom August 1991 und Oktober 1993. Gegen das Votum demonstrieren in Moskau rund 10 000 Menschen.		Mit einer zweiten Goldmedaille im Riesenslalom wird Markus Wasmeier Ski-König von Lillehammer.
24. Februar	Das Psychotherapeuten-Gesetz passiert den Bundestag. Danach müssen die Patienten bei psychologischer Behandlung künftig 25 Prozent der Kosten selbst zahlen.			
25. Februar		In einer Moschee in Hebron erschießt ein israelischer Siedler 29 betende Palästinenser, mehr als 100 werden verletzt. Das Massaker löst schwere Unruhen in den besetzten Gebieten aus. Die britische Polizei verhaftet in Gloucester/Westengland einen Bauarbeiter, der mindestens neun Frauen ermordet haben soll. Die Leichen wurden bei Grabungen rund ums Haus des 52jährigen gefunden.	Der Bundestag befürwortet mit 292 gegen 223 Stimmen die Verhüllung des Reichstages durch den Verpackungskünstler Christo. Der Amerikaner will das Gebäude vom 23. Juni bis 7. Juli 1995 mit 45 Tonnen silbernen Stoffs und blauen Seilen einwickeln. Neue Datierungen von Knochenfunden ergeben, daß Urmenschen vor 1,8 Millionen Jahren auch schon in Asien und nicht, wie bislang angenommen, nur in Afrika lebten.	Ex-Springreit-Weltmeister Norbert Koof bricht sich bei einem Reitunfall in seiner Willicher Reithalle die Wirbelsäule. Er ist vom siebten Halswirbel an gelähmt. Die Olympische Goldmedaille im Eisschnellauf geht an die Berlinerin Claudia Pechstein.

	Deutschland	Ausland	Kultur/Wissenschaft	Sport
26. Februar	Bündnis 90/Die Grünen beschließen in Mannheim ihr Wahlprogramm. Sie bieten der SPD für die Zeit nach der Bundestagswahl eine Koalition an.		Die portugiesische Hauptstadt Lissabon ist für das nächste halbe Jahr Kulturhauptstadt Europas.	Die deutschen Biathleten gewinnen in Lillehammer in der 4 x 7,5-km-Staffel die achte Goldmedaille fürs deutsche Team.
27. Februar		Während des Gottesdienstes explodiert in einer christlichen Kirche Beiruts ein Sprengsatz. Neun Menschen werden getötet.		Das neunte Gold holt das deutsche Team in Lillehammer im Viererbob. Nach Rußland (11 Gold-, 8 Silber-, 4 Bronzemedaillen) und Norwegen (10/11/5) schneidet Deutschland (9/7/8) bei den Olympischen Winterspielen als drittbeste Nation ab.
28. Februar	Das Landgericht München entscheidet, daß der „Münchner Polizeikessel" beim Weltwirtschaftsgipfel im Juli 1992 rechtswidrig war. Bayern muß 114 Demonstranten Schmerzensgeld zahlen.	Beim ersten Kampfeinsatz seit Bestehen der NATO schießen zwei F-16-Maschinen der Allianz über Bosnien-Herzegowina vier serbische Militärmaschinen ab.		
1. März		Die Außenminister der Europäischen Union stimmen dem Beitritt Schwedens, Finnlands und Österreichs zum 1. Januar 1995 zu. Verhandlungen mit Norwegen werden am 16. März erfolgreich abgeschlossen. Georgien tritt als elftes Mitglied der Gemeinschaft Unabhängiger Staaten (GUS) bei.	Eine Untersuchung an 7000 Kindern in Hamburg ergibt, daß Kinder ein deutlich höheres Hautkrebsrisiko haben, wenn sie in ihren ersten fünf Lebensjahren oft einen Sonnenbrand hatten.	
2. März	Das Bundeskabinett beschließt den Bau einer Magnetschwebebahn zwischen Hamburg und Berlin. Das Projekt stößt bei Umweltverbänden und Teilen der SPD auf Widerstand.		Der Gabriele-Münter-Preis für bildende Kunst wird zu gleichen Teilen den Künstlerinnen Thea Richter und Gudrun Wassermann zugesprochen. Günter Grass wird mit dem Großen Literaturpreis der Bayerischen Akademie der Schönen Künste ausgezeichnet.	
3. März	Das Dresdner Landgericht weist die Klage eines Bautzen-Häftlings auf Lohnnachzahlung während seiner Haftzeit mit der Begründung ab, Sachsen sei nicht Rechtsnachfolger der DDR.		Das Manuskript des unveröffentlichten Roman-Erstlings „Kreuz ohne Liebe" von Heinrich Böll wird in Berlin für 30 000 Mark versteigert.	
4. März		Der Weltsicherheitsrat der Vereinten Nationen beschließt, daß die UN-Schutztruppen in Sarajevo notfalls auch Waffen einsetzen dürfen.	In der Neuen Berliner Nationalgalerie beginnt eine Retrospektive des Werks von Rebecca Horn.	
5. März	Die Tarifpartner der Metallindustrie einigen sich auf zwei Prozent mehr Lohn bezogen auf sieben Monate ab 1. Juni, das Einfrieren von Urlaubs- und Weihnachtsgeld sowie ein beschäftigungssicherndes Arbeitszeitmodell.		Das Düsseldorfer Kunstmuseum eröffnet eine Ausstellung der Werke von Max Uhlig.	Bei den Europameisterschaften der Sportschützen in Straßburg erringen die deutschen vier Titel, zwei davon gehen an Olympiasieger Michael Jakosits aus Homburg.
7. März		Aus der ersten Parlamentswahl in Kasachstan nach Ende der kommunistischen Herrschaft gehen die ehemaligen Kommunisten mit gut drei Viertel der Stimmen als Sieger hervor.	Nach einer Studie der Weltgesundheitsorganisation leiden Frauen häufiger als Männer unter psychischen Erkrankungen. Als Ursache werden höhere Belastungen in Familie und Beruf vermutet.	

	Deutschland	Ausland	Kultur/Wissenschaft	Sport
8. März			Eine Studie der Universitätsklinik Gießen ergibt, daß jeder sechste bis siebte Jugendliche in der Bundesrepublik Gehörschäden hat.	
9. März	Im Amtsgericht Euskirchen erschießt ein wegen gefährlicher Körperverletzung angeklagter Mann sechs Menschen, darunter einen Richter und zwei Anwälte. Anschließend sprengt er sich mit einer Bombe in die Luft.	Im nominell unabhängigen Stammesgebiet Bophuthatswana, das die Teilnahme an den bevorstehenden Wahlen in Südafrika verweigert, kommt es zu Streiks und Unruhen mit 60 Toten und 300 Verletzten. Zwei Tage später marschieren südafrikanische Truppen ein, Präsident Mangope wird abgesetzt. Südafrika übernimmt die Verwaltung des Gebietes.	Der Hölderlin-Preis der Stadt Homburg geht an den Schriftsteller Ludwig Harig. An der Berliner Schaubühne wird das Stück „Splendid's" von Jean Genet uraufgeführt. Auf dem deutschen Krebskongreß in Hamburg berichten Mediziner, daß die Hyperthermie (Überwärmung) bei Tumorpatienten erstmals zu meßbaren Erfolgen geführt hat.	
10. März	Der Bundestag streicht den „Schwulen-Paragraphen" 175 aus dem Gesetzbuch. Angenommen wird eine neue Vorschrift, nach der Jugendliche unter 16 Jahren unabhängig vom Geschlecht vor sexuellem Mißbrauch geschützt werden sollen.	In Tazoult/Algerien stürmen moslemische Extremisten das Hochsicherheitsgefängnis. 900 Häftlinge, darunter 280 zum Tode verurteilte islamische Fundamentalisten, werden befreit. Die Polizei tötet mindestens 24 der Geflohenen.	Der Schweizer Wissenschaftler Jean Starobinksi erhält den mit 50 000 Mark dotierten Hansischen Goethe-Preis der Hamburger Stiftung F.V.S.	
11. März	Mit großer Mehrheit stimmt der Bundestag dem zwischen Regierung und Opposition erzielten Kompromiß in der Pflegeversicherung zu. Danach werden ab 1. Januar 1995 Beiträge erhoben, zum Ausgleich der Arbeitgeberkosten sollen die Bundesländer einen Feiertag streichen.			Olympiasiegerin und Weltrekordlerin Heike Drechsler gewinnt bei den Hallen-Europameisterschaften der Leichtathleten in Paris mit 7,06 Meter zum vierten Mal den Titel im Weitsprung. Europameister werden außerdem Lars-Kim Bauermeister über 3000 Meter, Dietmar Haaf im Weitsprung und Astrid Kumbernuss im Kugelstoßen.
12. März			Die anglikanische Kirche von England weiht nach jahrelangen erbitterten Debatten die ersten 32 weiblichen Priester.	
13. März	Bei der Landtagswahl in Niedersachsen holt die SPD die absolute Mehrheit der Mandate. Ministerpräsident Gerhard Schröder kann nach vier Jahren rot-grüner Koalition künftig allein regieren. Das amtliche Endergebnis: SPD: 44,3 Prozent (+0,1) CDU: 36,4 (-5,4), FDP 4,4 (-1,6) Bündnis 90/Die Grünen: 7,4 (+1,9).	Vor Istanbul stößt ein unter zyprischer Flagge fahrender Öltanker mit einem anderen zyprischen Frachter zusammen. 29 Seeleute kommen ums Leben. Günstige Witterungsverhältnisse verhindern eine Ölpest.		
14. März			Der Leipziger Germanist Gerhard Helbig erhält den Konrad-Duden-Preis für besondere Verdienste um die deutsche Sprache. Der Heidelberger Krebsforscher Prof. Harald zur Hausen und sein US-Kollege Prof. Peter Howley nehmen in Frankfurt den Paul-Ehrlich- und Ludwig-Darmstaedter-Preis in Empfang. Die beiden Wissenschaftler hatten aufgezeigt, wie bestimmte Viren Krebs verursachen können.	
15. März	Der Bundesgerichtshof urteilt, das Verbreiten der „Auschwitz-Lüge" erfülle nicht den Tatbestand der Volksverhetzung.	Das Parlament Weißrußlands verabschiedet eine neue Verfassung, die ein Präsidialsystem vorsieht.	Als erste deutsche Hochschule richtet die Universitätsklinik Erlangen eine Sprechstunde für Naturheilverfahren ein.	

	Deutschland	Ausland	Kultur/Wissenschaft	Sport
16. März			Mit einem Festakt im Gewandhaus öffnet die Leipziger Buchmesse ihre Tore. Fünf Tage lang präsentieren 871 Aussteller aus 28 Ländern ihr Angebot. Der erstmals vergebene Leipziger Buchpreis zur europäischen Verständigung wird dem polnischen Autor Ryszard Kapuscinski verliehen.	Olympiasiegerin Katja Seizinger gewinnt beim alpinen Ski-Weltcup in Vail/US-Staat Colorado das Weltcup-Finale in der Abfahrt.
17. März	Der stellvertretende CSU-Vorsitzende Gerold Tandler zieht die Konsequenz aus seiner vom STERN aufgedeckten Geschäftsbeziehung zu dem Steuerflüchtling Eduard Zwick, bei dem er bis zu 700 000 Mark Schulden hatte, und tritt zurück. Als neuer Generalbundesanwalt nimmt Kay Nehm seine Amtsgeschäfte auf.		Zwei US-Forscherteams entdecken unabhängig voneinander ein Gen, dessen Defekt für rund 30 Prozent aller familiär bedingten Darmkrebsfälle verantwortlich sein soll.	Die amerikanische Eiskunstläuferin Tonya Harding erklärt sich vor einem Gericht in Portland für mitschuldig an dem Anschlag auf ihre Konkurrentin Nancy Kerrigan. Sie wird zu einer Geldstrafe von 100 000 Dollar verurteilt. Gleichzeitig wird sie aus dem US-Verband ausgeschlossen.
18. März	SPD-Chef Rudolf Scharping legt den Entwurf für ein SPD-Regierungsprogramm vor. Auf Kritik stößt eine von ihm angepeilte zehnprozentige Ergänzungsabgabe für Besserverdienende bereits ab 50 000 Mark, die den von der Regierung geplanten Solidaritätszuschlag von 7,5 Prozent auf alle Einkommen ablösen soll. Später korrigiert sich Scharping, er habe nicht das Brutto-, sondern das Nettoeinkommen als Bemessungsgrundlage gemeint.	Der US-Senat beschließt eine parlamentarische Anhörung in der Whitewater-Affäre um frühere Finanz- und Immobiliengeschäfte von US-Präsident Clinton.	Der Berliner Kunstpreis geht an den Schweizer Maler und Schriftsteller Dieter Roth.	Bei der Skiflug-Weltmeisterschaft in Planica/Slowenien stellt der Norweger Espen Bredesen mit 209 Metern einen neuen Weiten-Weltrekord auf.
20. März	Ergebnis der Kommunalwahlen in Schleswig-Holstein: SPD 39,5 Prozent (-3,4), CDU 37,5 (-3,8), FDP 4,4 (-1,7), Bündnis 90/Die Grünen 10,3 (+4,3).	Die bosnischen Serben öffnen den Belagerungsring um die Moslem-Enklave Maglaj. Erstmals seit fünf Monaten können UN-Versorgungskonvois den Ort erreichen.		
21. März	Nach schweren Krawallen von Kurden, die mit Autobahnbesetzungen gegen die Kurden-Politik der Türkei demonstrierten, fordert Bundesinnenminister Kanther eine schnelle Abschiebung der Täter.		Die 1992 in Rio de Janeiro verabschiedete Konvention zum Schutz des Klimas tritt in Kraft. Sie soll dazu beitragen, den Ausstoß von Treibhausgasen zu verringern.	
22. März	In Brandenburg zerbricht die „Ampel-Koalition" aus SPD, Grünen und FDP, nachdem sich die Bündnis-90-Fraktion über ihre Haltung zu den früheren Stasi-Kontakten von Ministerpräsident Stolpe zerstritten hat. Stolpe macht mit einer Minderheitsregierung weiter.	Über Sibirien stürzt ein russischer Airbus A 310 ab, 75 Menschen kommen ums Leben. Aufzeichnungen aus dem Cockpit belegen später, daß der Pilot seine 12 und 16 Jahre alten Kinder an den Steuerknüppel ließ.	Bei der 66. Vergabe der „Oscars" in Los Angeles wird Steven Spielbergs Holocaust-Drama „Schindlers Liste" gleich mit sieben Preisen ausgezeichnet. Als bester Kurzfilm erhält der deutsche Streifen „Schwarzfahrer" von Pepe Danquart einen „Oscar".	
23. März	Die letzten 200 deutschen Blauhelme kehren aus Somalia in ihre Heimat zurück. Damit ist der erste bewaffnete UN-Einsatz von bis zu 1 700 Bundeswehrsoldaten offiziell beendet. Er hatte im Mai 1993 begonnen und kostete 310 Millionen Mark.		Mit einem neuen Besucherrekord von 675 000 Interessenten schließt in Hannover die Computer-Messe CeBIT '94 ihre Pforten.	
24. März	Die bisherige Berliner Justizsenatorin Jutta Limbach wird Richterin am Bundesverfassungsgericht. Sie übernimmt das Amt des ausscheidenden Ernst Gottfried Mahrenholz als Vizepräsidentin des Karlsruher Gerichts.	Südafrikanische Truppen marschieren auch ins Stammesgebiet Ciskei ein.		Mit seinem 802. Tor wird der kanadische Eishockey-Star Wayne Gretzki zum erfolgreichsten Torjäger aller Zeiten in der amerikanischen Profiliga NHL.

	Deutschland	Ausland	Kultur/Wissenschaft	Sport
25. März	Unbekannte werfen nachts um 2.20 Uhr Brandsätze in die Lübecker Synagoge, einige Räume brennen völlig aus. Der erste Anschlag auf ein jüdisches Gotteshaus nach Ende des Dritten Reichs löst internationales Entsetzen aus. Als Tatverdächtige werden Anfang Mai vier zwischen 18 und 20 Jahre alte Männer aus Lübeck verhaftet.	Mit dem Abzug ihrer letzten Soldaten beenden die USA ihren 15monatigen Einsatz in Somalia.	Mediziner berichten in Frankfurt, daß Rauchen für 95 Prozent aller Lungenkrebs-Fälle verantwortlich ist.	
26. März				Die 16jährige Tatjana Szewczenko aus Düsseldorf wird bei den Eiskunstlauf-Weltmeisterschaften in Chiba/Japan hinter Yuka Sato aus Japan und Surya Bonaly aus Frankreich Dritte und holt damit für Deutschland die erste Medaille bei den Damen seit 1989.
27. März		Bei den Parlamentswahlen in Italien erhält das Rechtsbündnis des Mailänder Medienzaren Silvio Berlusconi die absolute Mehrheit. Er schmiedet eine Koalition aus „Forza Italia", „Lega Nord" und der neofaschistischen „Nationalen Allianz".		Michael Schumacher gewinnt im Benetton-Ford zum Auftakt der Formel-1-Weltmeisterschaft 1994 in Interlagos den Großen Preis von Brasilien. Die erste Runde des Davispokals gewinnt Titelverteidiger Deutschland in Graz knapp gegen Österreich. Beim Stand von 2:2 steuert Marc-Kevin Goellner mit einem Viersatzsieg über Horst Skoff den entscheidenden Siegpunkt bei.
28. März		Bei einer Demonstration von mehreren zehntausend Zulus in Johannesburg werden Dutzende von Menschen getötet. Auch in anderen Siedlungen kommt es zu Ausschreitungen mit mehreren Toten und zu mehr als hundert politisch motivierten Morden.		
31. März	Die Deutsche Bank meldet, daß ihr Jahresüberschuß nach Steuern im vergangenen Jahr um 23 Prozent auf 2,2 Milliarden Mark gestiegen ist.	Israel und die Palästinensische Befreiungsorganisation PLO unterzeichnen in Kairo eine Vereinbarung zum Schutz der Palästinenser in Hebron durch eine internationale Truppe.	Der Konrad-Wolf-Preis der Berliner Akademie der Künste geht an die Filmregisseurin Margarethe von Trotta. Der deutsche Maler Sigmar Polke erhält den niederländischen Erasmus-Preis, die mit 267 000 Mark am höchsten dotierte kulturelle Auszeichnung des Landes.	
1. April	Das neue Namensrecht tritt in Kraft, das Ehepaare nicht mehr zu einem gemeinsamen Namen verpflichtet.			
2. April	In einem „Spiegel"-Interview berichtet der bayerische „Bäderkönig" und Steuerflüchting Eduard Zwick über seine „Amigo"-Beziehung zu Bayerns früherem Ministerpräsidenten Franz Josef Strauß. Er erklärt unter anderem, Strauß höchstpersönlich habe den Anstoß zur Niederschlagung seiner mehr als 70 Millionen Mark umfassenden Steuerschuld gegeben.	Rußlands rechtsradikale Liberal-Demokratische Partei bestätigt ihren Vorsitzenden Wladimir Schirinowski bis zum Jahr 2004 im Amt.		
3. April				Mit einem Sieg über Titelverteidiger Düsseldorfer EG wird der EC Hedos München zum ersten Mal in seiner Vereinsgeschichte deutscher Eishockeymeister.

	Deutschland	Ausland	Kultur/Wissenschaft	Sport
5. April			Die amerikanischen Forscher James Wilson und Mariann Grossmann teilen mit, ihnen sei es bei einer Patientin gelungen, mit Gentherapie einen erblich bedingten, extrem hohen Cholesterinspiegel erfolgreich zu behandeln.	
6. April	Das Bundesverfassungsgericht sieht die Durchsuchungsaktion bei der Dresdner Bank AG am 22. Februar als rechtmäßig an.	Während des Anflugs auf Ruandas Hauptstadt Kigali stürzt – vermutlich von einer Rakete getroffen – das Flugzeug mit Ruandas Präsident Juvenal Habyarimana und seinem burundischen Amtskollegen Cyprien Ntaryamira ab. Beide Staatsmänner, die einen Ausweg aus der blutigen Dauerfehde der verfeindeten Stämme Hutu und Tutsi suchten, werden getötet. Soldaten der Präsidentengarde rächen sich in Kigali mit einem Blutbad.		Aus Sorge vor Ausschreitungen sagt der englische Fußballverband das für den 20. April, den Geburtstag von Adolf Hitler, in Berlin geplante Länderspiel gegen Deutschland endgültig ab.
7. April	Das Bundeskartellamt genehmigt die Übernahme der Horten KG durch die Kölner Kaufhof-Gruppe.	In Ruanda bricht ein mehrmonatiger Bürgerkrieg mit unbeschreiblichen Massakern aus. Binnen vier Wochen werden bis zu 500 000 Menschen ermordet, fast eine halbe Million Ruander flüchten in Nachbarstaaten.	Auf dem Weltgesundheitstag in Genf wird ein neuer Glaszement zur Behandlung kleiner Karieslöcher präsentiert.	
8. April		Moldawien ratifiziert die Verträge über eine Mitgliedschaft in der GUS.	Mit einer feierlichen Messe zelebriert Papst Johannes Paul II. den Abschluß der 14jährigen Renovierungsarbeiten in der Sixtinischen Kapelle. Auch Michelangelos „Jüngstes Gericht“, eines der größten Kunstwerke aller Zeiten, erstrahlt wieder in neuem Glanz.	
10. April			Umweltminister Klaus Töpfer erklärt, daß sich in Deutschland von 1976 bis 1990 die Zahl der Hautkrebsfälle verdoppelt habe. Ursache sei weniger die Abnahme der Ozonschicht als vielmehr das veränderte Freizeit- und Urlaubsverhalten der Deutschen.	Bei der Europameisterschaft der Ringer in Ostia bei Rom müssen sich die Deutschen erstmals seit 1989 ohne eine Goldmedaille begnügen. Zweimal Silber und einmal Bronze sind die einzige Ausbeute.
11. April	Bei Kitzingen/Bayern rast ein ICE der Bundesbahn in einen Bautrupp. Drei Arbeiter werden getötet, drei weitere verletzt.		Der Johann-Peter-Hebel-Preis des Landes Baden-Württemberg geht an den Schweizer Literaturwissenschaftler Peter von Matt.	
12. April	Bei einem Treffen mit US-Präsident Bill Clinton in Washington präsentiert sich der SPD-Vorsitzende Rudolf Scharping als möglicher neuer Bundeskanzler. Er versichert, Deutschland werde auch unter einer SPD-Regierung ein verläßlicher Partner sein. UN-Generalsekretär Butros-Ghali wirbt in Bonn für eine deutsche Beteiligung an einer ständigen UN-Eingreiftruppe.		US-Forscher berichten, daß die in Brokkoli und einigen anderen Gemüsen enthaltene Substanz Sulforaphen vor Krebs schützen kann. Mit dem Alfred-Kerr-Preis für Literaturkritik des Börsenvereins für den Deutschen Buchhandel wird die Essener Literaturzeitschrift „Schreibheft“ ausgezeichnet.	Lothar Matthäus verlängert seinen Vertrag beim FC Bayern München bis 1997. Der Rekord-Nationalspieler kassiert eine Jahresgage von 2,5 Millionen Mark. Im Fußball-Europapokal scheitert als letzter DFB-Klub der Karlsruher SC. Im Halbfinale des UEFA-Cups erzielt er nur ein 0:0 und 1:1 gegen Casino Salzburg. In der Champions League wird Werder Bremen hinter AC Mailand und FC Porto nur Dritter.

	Deutschland	Ausland	Kultur/Wissenschaft	Sport
13. April	Vor dem Oberlandesgericht Düsseldorf beginnt der Prozeß um den Brandanschlag von Solingen, bei dem Ende Mai 1993 fünf türkische Frauen und Mädchen ums Leben gekommen waren. Angeklagt sind vier zwischen 16 und 24 Jahre alte Männer.			
14. April	Die Deutsche Bank AG stellt Strafanzeige gegen den Bauunternehmer Jürgen Schneider, der sich kurz zuvor ins Ausland abgesetzt hat. Die Milliardenschulden Schneiders lösen die größte deutsche Immobilienpleite der Nachkriegszeit aus. Wegen ihrer leichtfertigen Kreditvergabe geraten mehrere Banken ins Zwielicht.	Über dem Norden des Irak schießen zwei amerikanische Kampfflugzeuge versehentlich zwei US-Hubschrauber ab, 26 Menschen werden getötet.	Das 1147 gegründete Zisterzienserkloster Maulbronn in Baden-Württemberg wird in die UNESCO-Liste der Weltkulturdenkmäler aufgenommen. Es gilt als eine der am besten erhaltenen Klosteranlagen des Mittelalters.	
15. April	Über die Jürgen Schneider AG wird das Konkursverfahren eröffnet. Die Immobiliengruppe beziffert ihre Bankschulden auf fünf Milliarden Mark.		Die Altstadt von Bamberg wird in die UNESCO-Liste der Weltkulturdenkmäler aufgenommen. Von Kriegszerstörungen weitgehend verschont, verfügt sie über einen der größten erhaltenen historischen Stadtkerne Deutschlands. Während der Schwetzinger Festspiele wird die Oper „Sansibar“ von Eckehard Mayer nach dem Roman von Alfred Andersch uraufgeführt.	
16. April			In Braunschweig wird das Stück „Das Sofa“ von Martin Walser uraufgeführt.	
17. April		Jordanien verbietet die radikale palästinensische Bewegung Hamas, die immer wieder Anschläge in Israel verübt.	Am Essener Grillo-Theater wird das Stück „Manni Ramm 1“ von Klaus Pohl uraufgeführt.	Die Berlinerin Uta Pippig gewinnt den Boston-Marathonlauf in 2:21:45 Stunden. Sie rückt damit auf Platz drei der „Ewigen Bestenliste“ der Frauen im Marathon vor.
19. April		Ein kalifornisches Gericht verurteilt die Stadt Los Angeles, dem Schwarzen Rodney King, der 1991 von Polizisten zusammengeschlagen worden war, eine Entschädigung von 3,5 Millionen Dollar zu zahlen.	Mit dem Robert-Schumann-Preis der Stadt Zwickau wird der Dirigent Wolfgang Sawallisch geehrt.	
20. April	Bundesverteidigungsminister Volker Rühe legt ein neues Bundeswehrkonzept vor. Gegen Pläne, die Truppenstärke von 370 000 auf bis zu 320 000 Mann zu reduzieren, erhebt Außenminister Klaus Kinkel Einwände.	Der französische Nazi-Kollaborateur Paul Touvier, der 1989 in einem Kloster verhaftet worden war, wird in Versailles zu lebenslanger Haft verurteilt.	Das Bundesgesundheitsamt teilt mit, daß die Deutschen mit einem Verbrauch von jährlich 12,1 Liter reinem Alkohol pro Kopf Weltmeister im Trinken sind.	
22. April	Beim Verlassen einer Telefonzelle wird in Berlin der seit fast zwei Jahren gesuchte Kaufhaus-Erpresser „Dagobert“ gefaßt. Der 44jährige Arno Funke alias Dagobert, der fünf Bombenanschläge verübt haben soll, war bei mehreren Übergabeversuchen der Polizei immer wieder entwischt.	Der ehemalige US-Präsident Richard Nixon stirbt an den Folgen eines Schlaganfalls in New York.		

	Deutschland	Ausland	Kultur/Wissenschaft	Sport
23. April	Ex-Wirtschaftsminister Jürgen Möllemann wird mit bescheidenen 59,6 Prozent der Stimmen auf einem Parteitag der nordrhein-westfälischen FDP als Landesvorsitzender bestätigt.		Im Pariser Grand Palais öffnet die Ausstellung „Impressionismus – Die Ursprünge 1859 bis 1869".	Beim Bundesligaspiel Bayern München gegen den 1. FC Nürnberg (Endstand 2:1) entscheidet Schiedsrichter Hans-Joachim Osmers in der 24. Minute auf Tor für Bayern, obwohl der Ball klar ins Aus ging. Nach erfolgreichem Protest der Nürnberger gegen das „Phantom-Tor" muß das Duell am 3. Mai wiederholt werden. Bayern gewinnt es mit 5:0.
24. April		Ministerpräsident Jitzhak Rabin stattet als erster israelischer Regierungschef Moskau einen Besuch ab.	Der Nicolas-Born-Preis geht an die Schriftstellerin Barbara Honigmann. Am Broadway in New York hat Arthur Millers neues Stück „Broken Glass" Weltpremiere.	Neuer deutscher Handballmeister wird nach 31 Jahren erstmals wieder der THW Kiel.
25. April		Das japanische Parlament wählt den früheren Außenminister Tsutomu Hata von der liberaldemokratischen Partei zum 51. Ministerpräsidenten des Landes. Sein Vorgänger Morihiro Hokosawa war nach Bestechlichkeitsvorwürfen zurückgetreten.		Der Italiener Giovanni Trapattoni, erfolgreichster Vereinstrainer der Welt, unterschreibt einen Einjahresvertrag beim FC Bayern München.
26. April	Das Bundesverfassungsgericht entscheidet, daß das Leugnen der NS-Judenverfolgung nicht durch die Meinungsfreiheit geschützt und eine strafbare Beleidigung ist. Die Frankfurter Staatsanwaltschaft erläßt Haftbefehl gegen Jürgen Schneider. Trotz internationaler Fahndung bleiben der Baulöwe und seine Ehefrau spurlos verschwunden.	Aus den ersten freien und demokratischen Parlamentswahlen in Südafrika geht Nelson Mandelas Afrikanischer Nationalkongreß (ANC) mit 62,7 Prozent der Stimmen als Sieger hervor. Auf die Nationale Partei des bisherigen Ministerpräsidenten Frederik de Klerk entfallen 20,4, auf die Zulu-Bewegung Inkatha 10,5 Prozent. Auf dem Flughafen von Nagoya/Japan stürzt ein Airbus der taiwanesischen China Airlines ab, 264 Menschen sterben. Eine Untersuchungskommission stellt später fest, daß der Kopilot mit einem für die Landung falschen Computerprogramm flog.	Ein internationales Physikerteam gibt bekannt, daß es bei Experimenten nahe Chicago das lange gesuchte „Top-Quark" als sechsten elementaren Baustein des Atomkerns nachgewiesen hat.	
27. April		Nach einem Ultimatum von UN und NATO ziehen die bosnischen Serben ihre Waffen aus der Sperrzone um die belagerte Moslem-Enklave Gorazde ab.	Bei den 40. Internationalen Kurzfilmtagen in Oberhausen wird der Große Preis der Ruhrgebietsstadt zu gleichen Teilen an den georgischen Regisseur Georgi Mgeladze für „Nein, mein Freund" und den Polen Piotr Szulkin für „Fleisch" verliehen.	Der Schotte Grame Obree stellt in Bordeaux mit 52,713 Kilometer einen neuen Radweltrekord über eine Stunde auf. Er übertrifft damit die alte Marke von Chris Boardman um 443 Meter.
28. April	Das Bundesverfassungsgericht entscheidet, daß Einfuhr, Erwerb und Besitz von Haschisch und Marihuana „in geringen Mengen und ausschließlich zum gelegentlichen Eigenverbauch" künftig straffrei sind.			
29. April	Der Bundesrat stimmt als letzte parlamentarische Instanz einstimmig dem jahrelang umstrittenen Gesetzespaket zur Pflegeversicherung zu.	Israel und die PLO unterzeichnen in Paris ein Wirtschaftsabkommen für Jericho und Gaza.	Bei der Deutschen Forschungsanstalt für Luft- und Raumfahrt in Göttingen wird Deutschlands schnellster Großcomputer in Betrieb genommen, ein „NEC SX-3 Modell 14R".	Markus Wasmeier, zweifacher Goldmedaillengewinner der Olympischen Spiele in Lillehammer, erklärt das Ende seiner Karriere als Skirennläufer.

	Deutschland	Ausland	Kultur/Wissenschaft	Sport
30. April		Rußland und Lettland unterzeichnen einen Vertrag über den Abzug der russischen Armee aus der baltischen Republik bis zum 31. August des Jahres.	Auf dem Autorenkongreß des Verbandes deutscher Schriftsteller (VS) in Aachen wird der ostdeutsche Erzähler Erich Loest zum neuen VS-Vorsitzenden gewählt. Zum dritten Mal hintereinander gewinnt Irland den Grand Prix de la Chanson. Mit dem Song „Rock'n'Roll Kids“ kommt das Duo Paul Harrington und Charlie McGettigan auf den ersten Platz.	Während des Abschlußtrainings zum Gran Prix von San Marino in Imola rast der Österreicher Roland Ratzenberger in einem Simtek-Ford mit über 300 km/h gegen eine Mauer und stirbt.
1. Mai	Im Mittelpunkt der Gewerkschaftsfeiern zum Tag der Arbeit stehen Forderungen nach Bekämpfung der Arbeitslosigkeit.		Mit Paukenschlägen einer italienischen Trommlergruppe beginnen die 48. Ruhrfestspiele in Recklinghausen. Bis zum 19. Juni gastieren namhafte nationale und internationale Theater-Ensembles. Der mit 100 000 Dollar dotierte amerikanische Pritzker-Architekturpreis geht an den Franzosen Christian de Portzamparc. Es ist die höchste Auszeichnung auf diesem Gebiet.	Beim Gran Prix von San Marino in Imola schleudert Formel-1-Weltmeister Ayrton Senna (Brasilien) mit über 300 km/h gegen eine Betonmauer und stirbt.
2. Mai	Bundespräsident Richard von Weizsäcker begnadigt den psychisch kranken RAF-Terroristen Bernhard Rössner, der 1975 am Überfall auf die deutsche Botschaft in Stockholm beteiligt war.			
3. Mai		Bei den Parlamentswahlen in den Niederlanden verliert die große Koalition aus Christ- und Sozialdemokraten ihre Mehrheit. Der Sozialdemokrat Wim Kok bildet mit zwei kleineren Parteien eine neue Regierung, die Christdemokraten sitzen zum ersten Mal seit 1918 nicht mehr am Kabinettstisch.	Auf internationalen Protest stoßen Berichte aus den USA, wonach Wissenschaftler in den 50er Jahren im Regierungsauftrag radioaktive Versuche mit totgeborenen Kindern durchführten.	Bei der Eishockey-Weltmeisterschaft in Italien erreicht die deutsche Mannschaft nur den neunten Platz. Weltmeister wird zum 20. Mal Kanada.
4. Mai		Israels Ministerpräsident Rabin und PLO-Chef Arafat unterzeichnen in Kairo das Autonomieabkommen für Gaza und Jericho. Nach 27jähriger Besetzung zieht die israelische Armee am 18. Mai aus Gaza ab.	Erstmals werden in Deutschland Krebspatienten gentherapeutisch behandelt. Die neue Methode wenden in Einzelfällen Ärzte in Berlin und Freiburg an.	In Kopenhagen besiegt die Fußballelf von Arsenal London mit einem 1:0 den italienischen Titelverteidiger FC Parma und wird Sieger im Europacup.
5. Mai	Der japanische Ministerpräsident Tsutomu Hata führt in Bonn Gespräche mit Kanzler Kohl und Außenminister Kinkel über bilaterale Fragen.		Am Tübinger Landestheater wird das Stück „Althusser oder auch nicht“ des Schweizers Lukas B. Sutor uraufgeführt.	Rudi Völler, im Oktober 1992 aus der Fußball-Nationalmannschaft ausgetreten, erklärt seine Rückkehr ins deutsche Team.
6. Mai		Frankreichs Staatspräsident François Mitterrand und die englische Königin Elizabeth II. eröffnen offiziell den 50 Kilometer langen Eisenbahntunnel unter dem Ärmelkanal. Das Jahrhundertwerk kostete 25 Milliarden Mark.	Mit einer Aufführung des Stücks „Oleanna“ von David Mamet beginnt das 31. Berliner Theatertreffen.	
7. Mai		Der Weltsicherheitsrat beschließt ein Handelsembargo gegen Haiti. Damit soll das Militärregime des Inselstaates gezwungen werden, den 1991 ins Exil vertriebenen Präsidenten Aristide wieder ins Amt einzusetzen.	In Düsseldorf wird eine Ausstellung mit Arbeiten des amerikanischen Pop-Künstlers Robert Rauschenberg eröffnet.	Mit einem 2:0 über Schalke 04 im letzten Punktspiel wird Bayern München zum 13. Mal deutscher Fußballmeister. Platz zwei und drei belegen der 1. FC Kaiserslautern und Bayer Leverkusen.

	Deutschland	Ausland	Kultur/Wissenschaft	Sport
8. Mai			Bundesforschungsminister Paul Krüger ehrt in Magdeburg die Bundessieger des vom STERN initiierten Wettbewerbs „Jugend forscht", an dem sich diesmal 4100 Jugendliche beteiligt hatten. Die Hauptpreise gehen an sieben Nachwuchswissenschaftler. An der Deutschen Oper in Berlin wird die Oper „Dreyfus – Die Affäre" von Jost Meier uraufgeführt.	
9. Mai		Das südafrikanische Parlament wählt Nelson Mandela zum ersten schwarzen Präsidenten des Landes. Er wird tags darauf vereidigt. Der bisherige Präsident de Klerk wird Vizepräsident.		
10. Mai	Die Bundesanwaltschaft erhebt Anklage gegen den früheren Geschäftsführer der SPD-Bundestagsfraktion, Karl Wienand. Er soll für die Staatssicherheit der DDR gearbeitet haben.			
11. Mai	Bei seinem Besuch in Bonn einigt sich Rußlands Präsident Boris Jelzin mit Kanzler Kohl darauf, daß die russischen Truppen am 31. August in Berlin verabschiedet werden. Der saarländische Landtag beschließt mit seiner SPD-Mehrheit ein neues Pressegesetz. Es wird von Verleger- und Journalistenverbänden als Eingriff in die Pressefreiheit attackiert.	Vor dem italienischen Parlament wird Silvio Berlusconi als neuer Ministerpräsident vereidigt. Seiner Rechtsregierung gehören auch fünf Minister der Neofaschisten an.		Den UEFA-Cup holt Inter Mailand im Rückspiel auf eigenem Platz mit 1:0 gegen Casino Salzburg.
12. Mai	Am Himmelfahrtstag machen in Magdeburg rechtsradikale Jugendliche regelrecht Jagd auf Ausländer. Empörung löst das Verhalten der Polizei aus, die zunächst unentschlossen reagierte und dann Opfer als Täter behandelte.			
14. Mai		Abchasien und Georgien stimmen der Stationierung von GUS-Friedenstruppen in ihren Ländern zu.	Der Robert-Curtius-Preis für Essayistik geht an den Bonner Historiker Prof. Karl-Dietrich Bracher.	Werder Bremen gewinnt in Berlin mit 3:1 über Rot-Weiß Essen den DFB-Pokal.
15. Mai			In Port Bou/Nord-Spanien wird eine Gedenkstätte für den deutschen Philosophen Walter Benjamin eingeweiht.	Steffi Graf schlägt im Finale der Internationalen deutschen Tennis-Meisterschaft von Berlin Brenda Schultz aus den Niederlanden.
16. Mai	Die Deutsche Lufthansa weist für 1993 einen Verlust von 92 Millionen Mark aus. 1992 betrug das Minus noch 373 Millionen Mark.	In einem kalifornischen Waldgebiet wird bei einem Raubüberfall eine deutsche Touristin erschossen, ihr Ehemann überlebt schwer verletzt.	Australische Forscher berichten, daß sie neuartige Solarzellen entwickelt haben, die besonders billig sind.	Jupp Heynckes wird neuer Trainer von Eintracht Frankfurt.
17. Mai		Der Weltsicherheitsrat bewilligt die Entsendung von 5 500 Blauhelmen nach Ruanda.	In Südengland wird der Schienbeinknochen des möglicherweise ältesten „Europäers" entdeckt. Er ist vermutlich 500 000 Jahre alt.	
18. Mai			Im Rahmen der Schwetzinger Festspiele wird die Oper „Schachnovelle" von Violeta Dinescu nach einer Erzählung von Stefan Zweig uraufgeführt.	Im Athener Endspiel zum Europapokal der Landesmeister deklassiert der AC Mailand den spanischen Meister FC Barcelona mit 4:0. Die Italiener sind zum fünften Mal Europacupsieger.

	Deutschland	Ausland	Kultur/Wissenschaft	Sport
19. Mai			Die russische Lyrikerin Bella Achmadulina erhält den mit 40 000 Mark versehenen Puschkin-Preis der Hamburger Stiftung F.V.S. Der Publizist Christian Graf von Krockow wird mit dem mit 60 000 Mark dotierten Dr.-Leopold-Lucas-Preis zur Verbreitung des Toleranzgedankens ausgezeichnet. In den USA wird der Verkauf gentechnisch veränderter Tomaten genehmigt.	
20. Mai	Der Bundestag macht durch eine Änderung des Strafgesetzbuches das Leugnen der Judenvernichtung („Auschwitz-Lüge") strafbar. Das Landgericht Bamberg verurteilt die Eltern des eineinhalbjährigen Tobias Hofmann, der im August 1993 nach Mißhandlungen gestorben war, zu Freiheitsstrafen von neun und sieben Jahren. Die Eltern hatten seinerzeit eine Entführung vorgetäuscht.	Südjemen erklärt die Vereinigung mit dem Norden für beendet und kündigt einen neuen unabhängigen Staat „Jemenitische Demokratische Republik" an. Es kommt zum Bürgerkrieg.		
21. Mai			An den Münchner Kammerspielen wird das Stück „Der Drang" von Franz Xaver Kroetz uraufgeführt.	
22. Mai				Deutschland gewinnt in Düsseldorf zum zweiten Mal nach 1989 den World Team Cup, die inoffizielle Mannschafts-Weltmeisterschaft im Tennis. Michael Stich, Bernd Karbacher und Patrik Kühnen schlagen Spanien mit 2:1.
23. Mai	Die Bundesversammlung wählt in Berlin den Präsidenten des Bundesverfassungsgerichts, Roman Herzog (CDU), zum neuen Bundespräsidenten. Er setzt sich im dritten Wahlgang mit 696 Stimmen gegen den SPD-Kandidaten Johannes Rau (605 Stimmen) durch.		Mit der „Goldenen Palme" der Filmfestspiele von Cannes wird der amerikanische Film „Pulp Fiction" von Quentin Tarantino ausgezeichnet.	Mit einer farbenprächtigen Schau im Hamburger Volksparkstadion geht das 29. Deutsche Turnfest zu Ende, an dem 100 000 Aktive beteiligt waren.
24. Mai		In New York werden vier Moslem-Fundamentalisten wegen des Bombenanschlags auf das World Trade Center im Februar 1993 zu je 240 Jahren Haft verurteilt.		
25. Mai			Mehrere Todesfälle durch gewebezerstörende Bakterien sorgen in Großbritannien für Aufregung. Es handelt sich um eine seltene, aber lange bekannte Infektionskrankheit.	
26. Mai	Das nach Vorgaben des Bundesverfassungsgerichts neu gestaltete Abtreibungsrecht wird mit knapper Mehrheit vom Bundestag verabschiedet. Die SPD verpaßt wegen Abwesenheit mehrerer ihrer Abgeordneten die Chance, das Gesetz noch vor der Beratung im Bundesrat zu Fall zu bringen.	Der Weltsicherheitsrat hebt alle noch bestehenden Sanktionen gegen Südafrika auf.	Lisa Marie Presley, einzige Tochter des Rock'n'Roll-Königs Elvis, und Pop-Superstar Michael Jackson geben sich in der Dominikanischen Republik ihr „Ja"-Wort. Die Pop-Hochzeit des Jahres wird erst am 1. August offiziell bekanntgegeben.	

	Deutschland	Ausland	Kultur/Wissenschaft	Sport
27. Mai			Der russische Literaturnobelpreisträger Alexander Solschenizyn kehrt nach zwei Jahrzehnten im amerikanischen Exil nach Rußland zurück. In der Bonner Bundeskunsthalle beginnt die Ausstellung „Europa, Europa“ mit Avantgardekunst aus Osteuropa.	
28. Mai			In Wolfsburg wird das neue Kunstmuseum eingeweiht. Der 70 Millionen Mark teure Bau wurde von dem Hamburger Architekten Peter Schweger geschaffen.	
29. Mai	Der frühere DDR-Staats- und Parteichef Erich Honecker stirbt in Santiago de Chile an Krebs.	Bei den Parlamentswahlen in Ungarn erhält die Sozialistische Partei mit 54,1 Prozent der Stimmen die absolute Mehrheit. Zum neuen Ministerpräsidenten wird am 15. Juli der ehemalige Außenminister Gyula Horn gewählt.		Zum ersten Mal seit 1915 gewinnt Mercedes wieder das 500-Meilen-Rennen von Indianapolis. Den siegreichen Penske-Mercedes steuert der Amerikaner Al Unser jr.
30. Mai	Bei VW in Wolfsburg läuft der 15millionste Golf vom Band.	Der Weltsicherheitsrat droht Nordkorea mit Sanktionen. Das Land steht in Verdacht, an einer Atombombe zu arbeiten.		
1. Juni			Der Mülheimer Dramatikerpreis wird Herbert Achternbusch verliehen. Der mit 400 000 Mark dotierte Hamburger Ernst-Jung-Preis für Medizin geht an den Frankfurter Hirnforscher Prof. Wolf Singer und den Briten Terence Jones. In einem Fusionsreaktor in Princeton/USA wird die Rekordtemperatur von 450 Millionen Grad Celsius erzeugt.	
2. Juni		Bei einem israelischen Luftangriff auf ein Lager der proiranischen Hisbollah im Libanon werden 45 Menschen getötet.		Im Halbfinale der French Open von Paris büßt Steffi Graf mit einer Niederlage gegen die Französin Mary Pierce ihren Nimbus der Unbesiegbarkeit ein.
3. Juni	Die FDP bekräftigt auf dem Bundesparteitag in Rostock ihre Koalitionsaussage für die CDU.	Die USA beginnen mit dem Abzug ihrer Truppen aus Panama. Er soll vertragsgemäß 1999 beendet sein.	In Saarbrücken wird das Stück „Jahrestagung“ von Gert Heidenreich uraufgeführt.	
4. Juni				Mit einem Lauf über 5000 Meter in 12:56,96 Minuten stellt der 21jährige Äthiopier Haile Gebreselasie beim Grand-Prix-Meeting der Leichtathleten im niederländischen Hengelo einen neuen Weltrekord auf.
5. Juni				Die French Open gewinnt Arantxa Sanchez-Vicario.
6. Juni	Die Siemens AG beginnt in Dresden mit dem Bau der 2,7 Milliarden Mark teuren größten Halbleiterfabrik Europas.	In Anwesenheit von 13 Staats- und Regierungschefs, darunter US-Präsident Clinton, die britische Königin Elizabeth und Frankreichs Staatschef Mitterrand, wird in der Normandie der Landung der Alliierten (D-Day) vor 50 Jahren gedacht.	Der Chefdirigent der Berliner Philharmoniker, Claudio Abbado, erhält in Berlin den mit 250 000 Mark dotierten Ernst-von-Siemens-Musikpreis – den „Nobelpreis“ der Musik.	

	Deutschland	Ausland	Kultur/Wissenschaft	Sport
7. Juni	Ein in Regensburg verhafteter 55jähriger Maler gesteht, zwei Prostituierte und fünf Rentnerinnen umgebracht zu haben. Unter dem Verdacht des Kreditbetrugs, der Steuerhinterziehung und Urkundenfälschung werden vier Vorstandsmitglieder des Sportbodenherstellers Balsam AG festgenommen. Das mit 2,5 Milliarden Mark in der Kreide stehende Unternehmen meldet kurz darauf Konkurs an.	Nach Dänemark und Norwegen erkennt auch Schweden homosexuelle Partnerschaften gesetzlich an. Sie werden herkömmlichen Ehen weitgehend gleichgestellt.	Im spanischen Toledo geht das größte Solarkraftwerk Europas ans Netz. Am Wiener Schauspielhaus hat das Stück „Tolmezzo" von Marlene Streeruwitz Weltpremiere.	
8. Juni			Forschungen der Universität Wien ergeben, daß Gebirgsplanzen in immer höheren Alpenregionen wachsen – ein weiteres Indiz für den Treibhauseffekt. Die deutsche Schriftstellerin Monika Maron erhält den Solothurner Literaturpreis.	
9. Juni	Nachdem in Deutschland drei Fälle von Rinderwahnsinn aufgetreten sind, erlassen Bund und Länder ein Schlachtverbot für aus England stammende Rinder.	Das US-Repräsentantenhaus stimmt für die Aufhebung des Waffenembargos gegen Bosnien.	Bei der Vergabe der Bundesfilmpreise in Berlin wird „Kaspar Hauser" von Peter Sehr als bester deutscher Film ausgezeichnet.	
10. Juni			Für ihre engagierten Reportagen wird „Spiegel"-Redakteurin Marie-Luise Scherer der mit 40 000 Mark dotierte Frankfurter Ludwig-Börne-Preis zuerkannt.	Bei der Handball-Weltmeisterschaft in Portugal kommt die deutsche Nationalmannschaft auf den neunten Platz. Weltmeister wird Schweden.
11. Juni			Die Essener Villa Hügel eröffnet die Ausstellung „Paris – Belle Epoche" über das leichte Leben in der Seine-Metropole zwischen 1880 und 1914.	
12. Juni	Ergebnis der Europawahl in Deutschland: CDU/CSU 38,8 Prozent (+1,1), SPD: 32, 2 (-5,1), Grüne 10,1 (+1,7), PDS 4,7 (–), FDP 4,1 (-1,5), Republikaner 3,9 (-3,2). Bei der Wiederholung der Münchner Stadtratswahl verbucht die CSU deutliche Stimmengewinne. SPD-Oberbürgermeister Christian Ude kann jedoch mit einer rot-grün-ökologischen Mehrheit weiterregieren.	Ergebnis der Wahl zum Europäischen Parlament in den zwölf Staaten der Europäischen Union: Sozialisten 200 Sitze, Christdemokraten 148, Liberale 44, Grüne 30, Sammlungsbewegung Europäischer Demokraten 24, Linke 12, Rechte 13. Fraktionslos sind 96 Abgeordnete. Die Schweizer lehnen in einer Volksabstimmung eine Beteiligung an UN-Blauhelm-Einsätzen ab. Die Österreicher votieren mit Zweidrittelmehrheit für einen Beitritt zur Europäischen Union.	Auf einem Stahlseil wandert der französische Artist Philippe Petit in Frankfurt vom Kaiserturm zur Paulskirche. Der schwindelerregende Auftritt vor mehr als 500 000 Zuschauern gehört zu den Höhepunkten der 1200-Jahr-Feier der Stadt. Am Schauspielhaus Düsseldorf wird die Uraufführung des Stücks „Schöner Toni" von dem Israeli Joshua Sobol begeistert gefeiert.	Schnellster Fahrer bei der Giro d'Italia, dem bedeutendsten Radrennen nach der Tour de France, ist Jewgeni Berzin. Zum ersten Mal siegt damit in der 85jährigen Geschichte dieser Rallye ein Russe.
13. Juni		Ein Bundesgericht in Alaska verurteilt den Ölkonzern Exxon zur Zahlung einer Entschädigung in Milliardenhöhe an Fischer, die nach der Tankerkatastrophe 1989 geschädigt worden waren.		

	Deutschland	Ausland	Kultur/Wissenschaft	Sport
14. Juni	Bundeskanzler Kohl eröffnet das Haus der Geschichte im Bonner Regierungsviertel. Es zeigt Prunkstücke von Adenauers Dienst-Mercedes bis zur Sitzgruppe, auf der Kohl und Gorbatschow im Kaukasus die deutsche Einheit besiegelten. Neuer DGB-Chef wird der IG-Metall-Funktionär Dieter Schulte.		Der Goethe-Preis der Stadt Frankfurt geht an den Kunsthistoriker Ernst Gombrich.	
15. Juni		Der ehemalige US-Präsident Jimmy Carter besucht für die US-Regierung Nordkorea, um im Atomkonflikt zu vermitteln.		
16. Juni			Die 44. Bad Hersfelder Festspiele werden mit „Hamlet" von Shakespeare eröffnet.	
17. Juni			Der Ernst-Meister-Preis für Literatur der Stadt Hagen wird dem Schriftsteller Michael Krüger zugesprochen.	Das Eröffnungsspiel zur 15. Fußball-Weltmeisterschaft in den USA gewinnt Titelverteidiger Deutschland in Chicago 1:0 gegen Bolivien. Erster Torschütze der WM ist Jürgen Klinsmann.
18. Juni	Mit einer gemeinsamen Truppenparade auf der Straße des 17. Juni nehmen die West-Alliierten Abschied von der Berliner Bevölkerung. Eine Woche später verabschieden sich die Russen mit einer Parade in Köpenick.	Nach einer dramatischen Verfolgungsjagd über 100 Autobahnkilometer stellt sich der amerikanische Footballstar O.J. Simpson in Los Angeles der Polizei. Er wird beschuldigt, seine Ex-Frau und deren Freund ermordet zu haben.	Das 5. Weimarer Kunstfest startet mit Jürgen Syberbergs Monodrama „Nietzsche".	
19. Juni			Der australischen Biochemikerin Debra Gook gelingt es, menschliche Eizellen einzufrieren. Sie werden in flüssigem Stickstoff bei minus 196 Grad Celsius aufbewahrt.	Der Nürnberger Rennfahrer Jochen Dauer holt mit seinem Porsche zum zwölften Mal den Sieg im 24-Stunden-Rennen von Le Mans.
20. Juni			Nach längerem Leugnen gesteht der Frankfurter Literaturkritiker Marcel Reich-Ranicki seine Tätigkeit für den polnischen Geheimdienst Ende der 40er Jahre.	
21. Juni		Bei einem Bombenanschlag auf die Grabmoschee in Mesched/Iran kommen 25 Menschen ums Leben.		Steffi Graf scheitert in Wimbledon bereits in der ersten Runde an der Amerikanerin Lori McNeil.
22. Juni	Die SPD wählt auf dem Bundesparteitag in Halle Rudolf Scharping offiziell zu ihrem Kanzlerkandidaten.	Der UN-Sicherheitsrat stimmt der Entsendung einer internationalen Eingreiftruppe nach Ruanda zu.	Nach dem ersten Lärmbericht des Bundesgesundheitsamtes nehmen Gehörschäden durch Musikkrach aus Discotheken und Walkman-Geräten deutlich zu.	Im zweiten Vorrundenspiel der Fußball-WM trennt sich Deutschland von Spanien in Chicago 1:1. Die Niederlage verhindert Jürgen Klinsmann mit seinem Ausgleichstreffer in der 48. Minute.
23. Juni	In Heilbronn beginnt der weltweit erste Ozonversuch. Die dreitägigen Verkehrsbeschränkungen ergeben weniger Lärm und Dreck.			Mit einem Festakt in der Pariser Universität Sorbonne begeht das Internationale Olympische Komitee IOC sein 100jähriges Bestehen.
24. Juni	Der Bundestag lockert das Rabattgesetz. Künftig kann um Preisnachlässe gefeilscht werden.	Beim Gipfel der Staats- und Regierungschefs der EU auf Korfu unterzeichnet Rußlands Präsident Jelzin ein umfangreiches Partnerschafts- und Kooperationsabkommen mit der EU. Die Ernennung des belgischen Regierungschefs Dehaene zum neuen Kommissionspräsidenten scheitert am Veto Großbritanniens.		

	Deutschland	Ausland	Kultur/Wissenschaft	Sport
25. Juni	Gegen deutsche Waffenlieferungen an die Türkei und die Unterdrückung der Kurden demonstrieren in Frankfurt am Main 50 000 Kurden.		Auf dem Deutschen Ärztekongreß in Dresden wird berichtet, daß in Deutschland jährlich 30 bis 50 Kinder an Vergiftungen sterben.	
26. Juni	Ergebnis der Landtagswahl in Sachsen-Anhalt: CDU 34,4 Prozent (-4,6), SPD 34,4 (+8,0), FDP 3,6 (-9,9), PDS 19,9 (+7,9), Bündnis 90/Die Grünen 5,1, (-0,2). Ein sich abzeichnendes rot-grünes Bündnis unter Tolerierung der PDS löst bei der Union heftige Kritik aus. In Hoyerswerda wird Horst-Dieter Brähmig zum ersten PDS-Bürgermeister einer deutschen Stadt gewählt.		Das 9. Schleswig-Holstein Musik Festival wird in der Lübecker Marienkirche mit Beethovens „Missa solemnis" eröffnet. Der Ingeborg-Bachmann-Preis wird in Klagenfurt dem Schweizer Autor Reto Hänny verliehen.	
27. Juni		Der US-Dollar fällt in Tokio zum erstenmal nach dem Zweiten Weltkrieg unter die historische Marke von 100 Yen.		Mit einem schmeichelhaften 3:2 über Südkorea in Dallas beendet das deutsche Team als Gruppensieger die Vorrunde der Fußball-WM. Die Treffer erzielen Jürgen Klinsmann (12. und 37. Minute) sowie Karl-Heinz Riedle (19. Minute).
28. Juni		US-Präsident Clinton richtet einen Spendenfonds für seine Verteidigung in Verfahren wegen angeblicher sexueller Belästigung und der Whitewater-Immobilienaffäre ein.	In den USA wird ein viertes Aids-Medikament („Staduvine") zugelassen. Der spanische Star-Tenor Placido Domingo wird zum 1. Juli 1996 als künstlerischer Direktor an die Washingtoner Oper berufen.	Mittelfeldspieler Stefan Effenberg, der den deutschen Fans während des Spiels gegen Südkorea den ausgestreckten Mittelfinger zeigte, wird vorzeitig nach Hause geschickt.
29. Juni		Nach Rücktritt der Minderheitsregierung Mata wählt das japanische Parlament den Chef der Sozialdemokraten, Tomiichi Murayama, zum neuen Ministerpräsidenten. Er ist Japans erster sozialdemokratischer Regierungschef seit 1948. Der österreichische Schriftsteller Jack Unterweger erhängt sich in seiner Zelle in Graz. Wegen Mordes an neun Frauen war er tags zuvor zu lebenslanger Haft verurteilt worden.	In Dresden beginnt der 92. Deutsche Katholikentag, der unter dem Motto „Unterwegs zur Einheit" steht.	Wegen Verstoßes gegen die Doping-Bestimmungen schließt die FIFA Argentiniens Fußball-Star Diego Maradona von der Fußball-WM aus.
30. Juni		Bei einem Testflug stürzt nahe Toulouse ein Airbus A 330 ab, die siebenköpfige Besatzung kommt ums Leben.		
1. Juli	Im Berliner Reichstag legt Bundespräsident Roman Herzog seinen Amtseid ab.	In einem Triumphzug kehrt nach 27jährigem Exil PLO-Chef Jassir Arafat in den Gaza-Streifen zurück. Das PLO-Hauptquartier wird am 11. Juli von Tunis nach Gaza verlegt.	Bei der größten Auktion von Frühdrucken aus dem 15. Jahrhundert werden bei Sotheby's in London acht Millionen Mark erzielt. Die Bände, darunter ein Wiener Almanach aus dem Jahr 1462, stammen aus dem deutschen Adelshaus Fürstenberg.	

	Deutschland	Ausland	Kultur/Wissenschaft	Sport
2. Juli	Arbeitgeber und die Postgewerkschaft einigen sich nach wochenlangen massiven Warnstreiks auf einen Kompromiß, der den sozialen Besitzstand der 670 000 Beschäftigten wahren soll, die künftig in den privaten Bereichen Postdienst, Postbank und Telekom arbeiten.		Im Schwarzwald-Kurort Wildbad wird das sechste Rossini-Festival eröffnet.	In Medellín wird der kolumbianische Fußball-Nationalspieler Andres Escobar erschossen – ein Racheakt für das Eigentor, das ihm bei der 1:2-Niederlage seiner Mannschaft gegen die USA unterlaufen war. Mit zwei Toren von Völler und einem von Klinsmann besiegen die Deutschen im Achtelfinale der WM in Chicago Belgien mit 3:2. Die Spanierin Conchita Martinez schlägt im Wimbledon-Finale Martina Navratilova, die damit um ihren zehnten Wimbledon-Triumph gebracht wird.
3. Juli	Der Bundesverband Druck und die IG Medien schließen einen zweijährigen Tarifvertrag mit Lohn- und Gehaltserhöhungen von zwei Prozent jeweils zum 1. Juli.			Das Wimbledon-Finale der Herren gewinnt Titelverteidiger Pete Sampras (USA) souverän gegen Goran Ivanisevic (Kroatien). Sieger des Deutschen Galopp-Derbys in Hamburg wird Laroche aus dem Gestüt Ittlingen unter Jockey Stephen Eccles.
4. Juli	Der chinesische Ministerpräsident Li Peng zeichnet in Bonn Milliarden-Aufträge für die deutsche Wirtschaft. Kanzler Kohl mahnt die Einhaltung der Menschenrechte an.		In Berlin beginnt der 150 Millionen Mark teure Bau von „Bessy II", einem Großgerät für weiche Röntgenstrahlen, mit dem Atome und Moleküle beobachtet werden können. Der Kasseler Literaturpreis für grotesken Humor geht an den Stuttgarter Literaturwissenschaftler Volker Klotz.	
6. Juli		Die internationale Kontaktgruppe Bosnien legt in Genf einen Friedensplan mit einer Aufteilung des Landes vor, der wie alle vorherigen Pläne scheitert.	Ein 3000 Jahre alter assyrischer Wandschmuck wird bei Christie's in London für 19 Millionen Mark versteigert. Es ist der höchste je für eine Antiquität gezahlte Preis.	In Lausanne stellt der Amerikaner Leroy Burrell mit 9,85 Sekunden einen neuen Weltrekord über 100 Meter auf. Die bisher schnellste Zeit war Carl Lewis am 25. August 1991 mit 9,86 Sekunden gelaufen. Felix Becker aus Dormagen wird bei den Weltmeisterschaften der Fechter in Athen erster deutscher Weltmeister mit dem Säbel.
7. Juli	Nach Demonstrationen von Menschenrechtlern versetzt Chinas Ministerpräsident Li Peng Berlins Bürgermeister Eberhard Diepgen vor dem Brandenburger Tor. Er bricht auch seinen Besuch in Weimar vorzeitig ab.	Der Bürgerkrieg im Jemen endet mit der Einnahme der Hafenstadt Aden durch nordjemenitische Truppen.		
8. Juli		Zum 20. Weltwirtschaftsgipfel (G-7) treffen sich in Neapel die Staats- und Regierungschefs der sieben wichtigsten Industrienationen. Rußland erhält künftig ein Mitspracherecht bei außenpolitischen Beratungen.	Mit der Bellini-Oper „Norma" in einer Inszenierung des deutschen Regisseurs Werner Herzog eröffnen die Opernfestspiele in Verona.	
9. Juli	In Hannover beteiligen sich 15 000 Kurden an einem Trauermarsch für den 16jährigen Halim Dener, der am 1. Juli beim Kleben von PKK-Plakaten von der Polizei erschossen worden war.			

	Deutschland	Ausland	Kultur/Wissenschaft	Sport
10. Juli		Zum neuen Präsidenten der Ukraine wird der für enge Beziehungen zu Rußland eintretende Leonid Kutschma gewählt.		Im Viertelfinale der WM in New York unterliegt die deutsche Fußball-Nationalmannschaft Bulgarien mit 1:2. Sie scheidet aus dem Turnier aus und verliert ihren Weltmeistertitel.
12. Juli	Als erster amerikanischer Präsident nach dem Fall der Mauer besucht Bill Clinton Berlin. Anknüpfend an sein Vorbild Kennedy ruft er den Berlinern vor dem Brandenburger Tor auf deutsch zu: „Berlin ist frei.“ Das Bundesverfassungsgericht entscheidet, daß deutsche Soldaten auch ohne Änderung des Grundgesetzes an UN-Kampfeinsätzen teilnehmen dürfen. Vor einer Entsendung ist die Zustimmung des Bundestages mit einfacher Mehrheit erforderlich.		Der mit 300 000 Mark dotierte Landesforschungspreis Baden-Württemberg wird dem Heidelberger Mathematiker und Physiker Prof. Willi Jäger zuerkannt.	
14. Juli		Auf Einladung von Präsident Mitterrand nehmen erstmals seit Ende des Zweiten Weltkrieges deutsche Soldaten an der Truppenparade zum Nationalfeiertag auf den Champs-Elysées teil.	Der Berliner Regisseur Andres Veiel erhält für seinen Film „Balagan“ den mit 20 000 Mark dotierten Otto-Sprenger-Preis der Hamburger Sprenger-Stiftung.	
15. Juli	Nach mehrtägiger Suche unter Beteiligung von Scharfschützen der Polizei in einem Baggersee bei Dormagen fängt ein Sporttaucher „Sammy“ ein. Das Schicksal des kleinen Kaimans, der seinem Besitzer bei einem Badeausflug abhanden gekommen war, bewegte die ganze Nation.			
16. Juli	Der niedersächsische Ministerpräsident Gerhard Schröder wird zum neuen SPD-Landesvorsitzenden gewählt.		Am Vorabend des Fußball-WM-Finales singen die Tenöre José Carreras, Placido Domingo und Luciano Pavarotti in Los Angeles. Mehr als eine Milliarde Menschen verfolgen das Konzert live an den Bildschirmen. Mit einer Geschwindigkeit von 200 000 km/h stürzt das erste von mehr als 20 Bruchstücken des Kometen »Shoemaker-Levy 9« auf den Jupiter und verursacht einen Feuerball von mehreren tausend Kilometern Durchmesser. Weltweit beobachten Astronomen in den nächsten fünf Tagen den Kometenhagel auf den Jupiter.	
18. Juli	Von Köln/Bonn aus startet die erste Maschine der Luftwaffe mit Hilfsgütern für die ruandischen Flüchtlinge in Zaire. Die Europäische Union einigt sich auf Handelsbeschränkungen für britisches Rindfleisch, die Deutschen verzichten auf den angekündigten Alleingang im Kampf gegen die Seuche.	Nach UN-Schätzungen befinden sich in Ruanda vier Millionen Menschen auf der Flucht, vor allem nach Zaire. Im dortigen Lager Goma breiten sich unter den 1,2 Millionen Menschen Seuchen aus. Internationale Organisationen versuchen, die Not zu lindern.	Den internationalen Belvedere-Gesangswettbewerb in Wien gewinnt der 20jährige russische Sänger Stanislaw Schwetz.	Nach einem 0:0 und torloser Verlängerung bezwingt Brasilien im WM-Endspiel in Los Angeles Italien im Elfmeterschießen mit 3:2. Den entscheidenden Elfmeter vergibt Italiens Superstar Roberto Baggio. Brasilien gewinnt den WM-Cup zum vierten Mal – so oft war noch kein Land Fußball-Weltmeister.
19. Juli		Die italienische Regierung Berlusconi zieht ein Dekret zurück, nach dem 2000 Korruptionsverdächtige freikommen sollten.	In Portsmouth/England wird ein im Reagenzglas hochgepäppelter Hai geboren. Er soll später ins Meer entlassen werden.	

	Deutschland	Ausland	Kultur/Wissenschaft	Sport
20. Juli	Zum 50. Jahrestag des Attentats auf Hitler ruft Bundeskanzler Kohl im Berliner Bendlerblock zum Kampf gegen den Extremismus von rechts und links auf.			
21. Juli	Der Landtag von Sachsen-Anhalt wählt im dritten Wahlgang Reinhard Höppner (SPD) mit einfacher Mehrheit zum neuen Ministerpräsidenten. Das in Teilfragen auf Duldung der PDS angewiesene rot-grüne Minderheitsbündnis wird von der Union hart unter Beschuß genommen.	Das Europaparlament wählt den luxemburgischen Ministerpräsidenten Jacques Santer zum neuen Präsidenten der Europäischen Kommission. Er löst Anfang Januar 1995 den Franzosen Jacques Delors ab.	In Potsdam wird das Stück „Friedrich der Große und Oedipus Rex, eine Begegnung in Sanssouci" uraufgeführt (Autor: Walter Jens).	
22. Juli				Mit 26:52,23 Minuten läuft der Kenianer William Sigei beim Leichtathletiksportfest in Stockholm einen neuen Weltrekord über 10 000 Meter.
23. Juli	Eine Gruppe von 22 Thüringer Skinheads schändet die KZ-Gedenkstätte Buchenwald. Die Täter werden nach Feststellung ihrer Personalien freigelassen und nach internationalen Protesten fünf Tage später erneut festgenommen.	In Mostar/Herzegowina fängt der ehemalige Bremer Bürgermeister Hans Koschnik seine Arbeit als EU-Administrator zum Wiederaufbau der schwer zerstörten Stadt an.	Das Festival „Mitte Europa" beginnt im Dreiländereck Bayern, Sachsen und Böhmen.	
24. Juli				Die Tour de France gewinnt zum vierten Mal der Spanier Miguel Indurain.
25. Juli			In Bayreuth eröffnen die Richard-Wagner-Festspiele mit der Oper „Parsifal".	
26. Juli	Als erstes Bundesland löst Hessen Ozonalarm aus, auf Autobahnen und Landstraßen herrschen mehrere Tage Tempolimits.	Mit der Vernehmung von Clintons Rechtsberater Lloyd Cutler beginnen die Whitewater-Anhörungen im amerikanischen Repräsentantenhaus.		Der Internationale Automobil-Verband (FIA) sperrt Formel-1-Pilot Michael Schumacher für zwei Rennen und zieht ihm sechs Punkte ab. Er hatte am 10. Juli beim Großen Preis von England in Silverstone die schwarze Flagge der Rennleitung ignoriert.
29. Juli			Auf den Salzburger Festspielen hat Hugo von Hofmannsthals Mysterienspiel „Jedermann" mit der Italienerin Maddalena Crippa Premiere.	Die deutschen Reiter werden bei den II. Welt-Reiterspielen in Den Haag zum siebten Mal Mannschafts-Weltmeister in der Dressur. Jürgen Klinsmann wechselt gegen einen Transfer von vier Millionen Dollar vom AS Monaco zum Londoner Fußballverein Tottenham Hotspurs.
31. Juli	Mit brütender Hitze verabschiedet sich der „Jahrhundert-Juli", der bei Temperaturen weit über der 30-Grad-Marke die Deutschen ins Schwitzen brachte. Mit fast 40 Grad erlebten die Niederlausitzer in Brandenburg die höchste Temperatur in Deutschland.	Der Weltsicherheitsrat verabschiedet eine Resolution, die den Einsatz auch militärischer Mittel zur Wiederherstellung der Demokratie auf Haiti zuläßt.	Im US-Bundesstaat Alaska liefert ein Roboter zum ersten Mal Bilder aus dem Krater-Inneren eines aktiven Vulkans. Das krabbenähnliche Ungetüm soll helfen, Eruptionen künftig präziser vorauszusagen.	Bei den Leichtathletik-Weltmeisterschaften der Behinderten in Berlin holt Deutschland 26 Goldmedaillen und ist damit erfolgreichstes Land. Die deutschen Sportschützen gewinnen bei der Weltmeisterschaft in Italien achtmal Gold.
1. August	Bundespräsident Herzog bittet die Polen bei der Gedenkfeier zum 50. Jahrestages des Warschauer Aufstandes um Vergebung für die Taten der Deutschen zwischen 1939 und 1945. Das Beschäftigungsförderungsgesetz, das private Arbeitsvermittlungen erlaubt, tritt in Kraft.		In Washington starten die Rolling Stones nach fünfjähriger Pause ihre neue Welttournee. Die einjährige Reise um den Globus wird die Rock-Oldies um bis zu 300 Millionen Dollar reicher machen.	

	Deutschland	Ausland	Kultur/Wissenschaft	Sport
5. August		Nach schweren Unruhen in Havanna kündigt Kubas Staatschef Fidel Castro an, alle Regimegegner ausreisen zu lassen. Auf primitiven Booten und Flößen sind seit Jahresbeginn mehr als 30 000 Kubaner nach Florida geflüchtet.		
7. August				Bei den Reiter-Weltmeisterschaften in Den Haag wird die Equipe mit Franke Sloothaak, Ludger Beerbaum, Dirk Hafemeister und Sören von Rönne erstmals Weltmeister. Das Einzel-Championat entscheidet Sloothaak als einziger fehlerfreier Reiter für sich.
8. August	Die Bundesregierung eröffnet die erste ausländische Vertretung in Jericho, der Hauptstadt der autonomen palästinensischen Gebiete.	Israels Ministerpräsident Rabin besucht erstmals offiziell Jordanien.	Das Bremer Institut für Präventionsforschung und Sozialmedizin gibt als Ergebnis einer Langzeitstudie bekannt, daß Vegetarier eine deutlich höhere Lebenserwartung haben als regelmäßige Fleisch-Esser.	
9. August			Die Regierung von Bangladesch läßt die feministische Schriftstellerin Taslima Nasreen ins schwedische Exil ausreisen. Wegen angeblich antiislamischer Äußerungen war sie von radikalen Moslems mit dem Tode bedroht worden.	Während eines Alpenfluges stürzt Segelflieger Klaus Holighaus tödlich ab.
10. August	Das Landgericht Mannheim bescheinigt dem NPD-Vorsitzenden Günter Deckert Charakterstärke und Verantwortungsbewußtsein. Diese Beurteilung löst im In- und Ausland Empörung aus. Auf dem Münchner Flughafen werden mehr als 300 Gramm hochreines Plutonium 239 sichergestellt. Das atomwaffentaugliche Material war an Bord einer Lufthansa-Maschine von Moskau nach Deutschland gebracht worden.		US-Wissenschaftlern gelingt es, im Labor Prozesse nachzuahmen, die im Hirn von Tieren ablaufen, die am Rinderwahnsinn erkrankt sind.	
11. August		Der italienische Ministerpräsident Berlusconi gibt zu, daß Manager seines Fininvest-Konzerns Schmiergelder an Finanzbeamte gezahlt haben.		
12. August			Im Berliner Martin-Gropius-Bau wird eine große Retrospektive mit Gemälden und Zeichnungen des „Dadasophen" Raoul Hausmann eröffnet. Im US-Bundesstaat New York geht das zweite „Woodstock" über die Bühne, ein Rockspektakel, das an das legendäre Konzert vor 25 Jahren erinnern soll.	
13. August	NATO-Generalsekretär Manfred Wörner stirbt an einem Krebsleiden.	Nordkorea erklärt in Genf, es werde nicht aus dem Atomwaffensperrvertrag austreten und Inspektionen zulassen.		

	Deutschland	Ausland	Kultur/Wissenschaft	Sport
14. August		Bosnische Serben und Moslems unterzeichnen ein Abkommen zur Einstellung der Tätigkeit aller Heckenschützen.	Mit Mahlers 8. Sinfonie werden die Edinburgher Festspiele eröffnet, die als größtes Kulturfestival der Welt gelten.	Bei den Leichtathletik-Europameisterschaften in Helsinki gewinnt Deutschland die Goldmedaille in der 4x100 Meter-Staffel der Frauen in 42,90 Sekunden. Europameister werden außerdem Dieter Baumann über 5 000 Meter, Heike Drechsler im Weitsprung, Ilke Wyludda im Diskus und Sabine Braun im Siebenkampf. Basketball-Weltmeister werden in Kanada die USA im Finale über Rußland. Das deutsche Team erreicht lediglich den zwölften Platz. Mit einem 0:1 gegen die Amateure vom TSV Vestenbergsreuth scheidet Bayern München bereits in der ersten Runde des DFB-Pokals aus. Werder Bremen unterliegt den Amateuren von Bayern München.
15. August	In einem Frankfurter Bordell werden die Leichen von vier russischen Prostituierten sowie des Besitzerehepaares gefunden. Die Polizei verhaftet als mutmaßliche Mörder ein paar Tage später ein Ehepaar aus Rußland.	Der tags zuvor im Sudan festgenommene Top-Terrorist „Carlos" wird an Frankreich ausgeliefert. Nach ihm war 20 Jahre lang international gefahndet worden.	Taslima Nasreen erhält den Kurt-Tucholsky-Preis des schwedischen PEN-Clubs.	
17. August			Das Bundesinstitut für Arzneimittel und Medizinprodukte in Berlin erklärt, daß das Verhütungsmittel „Diane 35" möglicherweise Leberkrebs verursachen kann. Hersteller Schering hält die Pille dagegen für ungefährlich.	
18. August			Der Peter-Weiss-Preis der Stadt Bochum wird Elfriede Jelinek zuerkannt.	
19. August	Nach einem Urteil des Bundesverwaltungsgerichts dürfen Gemeinden eine Verpackungssteuer für Einweggeschirr und Dosen erheben.	Die USA beschließen, Flüchtlinge aus Kuba nicht mehr automatisch aufzunehmen, sondern auf ihrem Stützpunkt Guantanamo auf Kuba zu internieren.		
21. August		Das US-Repräsentantenhaus billigt das Gesetzespaket zur Verbrechensbekämpfung – ein Eckpfeiler des Regierungsprogramms von Präsident Clinton.		
23. August			In Weimar beginnt eine Festwoche zum 250. Geburtstag des Schriftstellers und Philosophen Johann Gottfried Herder.	
24. August				Die FIFA sperrt Diego Maradona wegen seines Doping-Verstoßes während der Weltmeisterschaft für 15 Monate.
25. August	CDU, CSU und FDP einigen sich darauf, daß der vom Hochwasser schwer geschädigte Bonner Schürmann-Bau abgerissen wird.			

	Deutschland	Ausland	Kultur/Wissenschaft	Sport
27. August			Auf dem Gynäkologenkongreß in München werden Untersuchungen bekanntgegeben, nach denen Trauer, Streß und Depressionen das Krebswachstum beschleunigen können.	
29. August	SPD-Chef und Kanzlerkandidat Scharping stellt sein Schattenkabinett vor, in das er auch Oskar Lafontaine und Gerhard Schröder beruft (SPD-„Troika“).	Israel und die PLO unterzeichnen einen Vertrag, mit dem die Autonomie der Palästinenser auf das Westjordanland ausgedehnt wird.		
30. August	In einer Lufthansa-Maschine auf dem Frankfurter Flughafen stirbt ein durch Spritze und Knebel ruhiggestellter Nigerianer, der gegen seinen Willen in sein Heimatland abgeschoben werden sollte. Der Tod löst eine Diskussion über die Abschiebepraktiken des Bundesgrenzschutzes aus.		Das Berliner Robert-Koch-Institut genehmigt Freilandversuche mit einem genveränderten Bakterium. Die Universität Bielefeld darf es auf einem Feld bei Braunschweig ausbringen. Mit der deutschen Erstaufführung der Oper „Beatrice Cenci“ von Berthold Goldschmidt werden die Berliner Festwochen eröffnet.	Den Fair-Play-Pokal des deutschen Sports erhält Schwimmer Torsten Spanneberg aus Halle/Saale für seine vorbildliche sportliche Einstellung. Er hatte bei den Deutschen Meisterschaften einem Konkurrenten, der durch einen defekten Startblock benachteiligt war, eine zweite Chance ermöglicht.
31. August	In Anwesenheit von Kanzler Kohl und Präsident Jelzin werden in Berlin die letzten russischen Soldaten feierlich verabschiedet. Die Deutsche Aerospace und das Land Niedersachsen einigen sich endgültig auf die Übernahme des Werkes Lemwerder durch das Bundesland.	Die irische Untergrundorganisation IRA erklärt nach 25 Jahren Terror ihren Verzicht auf Waffengewalt. Die letzten russischen Soldaten ziehen aus den baltischen Republiken ab.		
1. September	In einem Grundsatzpapier spricht sich CDU/CSU-Fraktionschefs Wolfgang Schäuble für ein Kerneuropa aus Frankreich, Deutschland und den Beneluxstaaten aus. Seine Gedankenspiele stoßen in den anderen europäischen Ländern auf Widerspruch.	Israel und Marokko beschließen die Aufnahme diplomatischer Beziehungen.		
2. September		Der chinesische Präsident Jiang Zemin und Rußlands Präsident Jelzin unterzeichnen in Moskau eine Grundsatzerklärung über eine „konstruktive Partnerschaft“. Die Atomraketen beider Länder sollen nicht mehr gegeneinander, sondern aufs Meer gerichtet sein.	In den Hamburger Deichtorhallen beginnt die Ausstellung „Das Jahrhundert des Multiple – Von Duchamp bis zur Gegenwart“.	Mit 53,040 Kilometern stellt der Spanier und Tour-de-France-Sieger Miguel Indurain in Bordeaux einen neuen Radweltrekord über eine Stunde Zeitfahren auf. Das Internationale Olympische Komitee (IOC) verkauft für 350 Millionen Dollar an zehn Sponsoren das Recht, bis 1996 mit den olympischen Ringen zu werben.
3. September				Zum „Fußballer des Jahres“ wählen die deutschen Sportjournalisten zum zweiten Mal nach 1988 Jürgen Klinsmann.
4. September	Die frühere Lagerbäckerei des KZ Sachsenhausen fällt vermutlich durch Brandstiftung den Flammen zum Opfer.		Zur Eröffnung des Hamburger Musikfestes wird das Oratorium „Hagadah“ von Paul Dessau 60 Jahre nach seiner Entstehung uraufgeführt.	
5. September			Schottischen Forschern gelingt es, mit Abfällen aus japanischen Pilzen einen durch Holzschutzmittel chemisch belasteten Erdboden zu reinigen.	Die Vollversammlung des IOC setzt in Paris ein „Doping-Gesetzbuch“ in Kraft, das den gesamten olympischen Sport zu einem übereinstimmenden Konzept zur Doping-Bekämpfung verpflichtet. Verbände, die dem Regelwerk nicht zustimmen, werden mit Ausschluß von den Olympischen Spielen bedroht.

	Deutschland	Ausland	Kultur/Wissenschaft	Sport
6. September	Das neue Abtreibungsrecht scheitert im Vermittlungsausschuß. Der Bundestag muß nach den Wahlen ein neues Gesetz einbringen.			Bei der Schwimm-Weltmeisterschaft in Rom erzielt die 16jährige Franziska van Almsick einen neuen Weltrekord über 200 Meter Freistil in 1:56,78 Minuten und holt damit die einzige Goldmedaille für Deutschland. Zuvor war es zum Eklat gekommen, weil die Berlinerin erst durch den Verzicht von Dagmar Haase in den Endlauf gelangt war.
7. September	Jutta Limbach wird als Nachfolgerin von Roman Herzog neue Präsidentin des Bundesverfassungsgerichts.		Den mit 1,5 Millionen Mark dotierten „Körber-Preis für die Europäische Wissenschaft" teilen sich die Professoren Horst Lörz (Hamburg), Anne Marie Lambert (Frankreich) Denes Dudits (Ungarn) und Dirk Inze (Belgien). Sie wollen mit dem Geld spezielle Getreidesorten entwickeln.	
8. September	Kanzler Kohl verabschiedet in Berlin die Streitkräfte der drei West-Alliierten. An der Zeremonie nehmen Frankreichs Staatspräsident Mitterrand, der britische Premier Major und US-Außenminister Christopher teil.		Für ihre Hirnforschungen werden die Max-Planck-Professoren Wolfgang Heiss (Österreich) und Wolf Singer (Frankfurt/Main) mit dem K.J.-Zülch-Preis ausgezeichnet. Die mit 100 000 Mark dotierte Auszeichnung wird von der Reemtsma-Stiftung vergeben.	
10. September	Nach wochenlangem Wettfieber, das für lange Schlangen vor den Lotto-Annahmestellen sorgte, wird der bislang größte Jackpot im Sonnabends-Lotto geknackt. Die 42 Millionen Mark gehen an drei Tippgemeinschaften sowie einen Einzelspieler.	Papst Johannes Paul II. besucht die kroatische Hauptstadt Zagreb. Ein geplanter Besuch in Sarajevo scheitert an Sicherheitsbedenken.	Im Kölner Museum Ludwig beginnt eine umfangreiche Werkschau des amerikanischen Fotografen Richard Avedon. Afrikanische und amerikanische Wissenschaftler entdecken, daß mit dem Aids-Erreger HIV-2 infizierte Menschen weitaus langsamer Krankheitssymptome entwickeln als HIV-1-Patienten.	Steffi Graf verliert bei den US Open in New York das Finale gegen die Spanierin Arantxa Sanchez-Vicario. Michael Stich scheitert ebenfalls im Finale an Andre Agassi. Der Boxer Darius Michalschewski aus Hamburg erringt in der Hansestadt einen Punktsieg über den Amerikaner Leeonzer Barbar und wird neuer Weltmeister der „World Boxing Organisation" (WBO) im Halbschwergewicht.
11. September	Die Landtagswahlen in Brandenburg und Sachsen bringen den Ministerpräsidenten Manfred Stolpe (SPD) und Kurt Biedenkopf (CDU) absolute Mehrheiten. FDP und Bündnis 90/Die Grünen scheitern jeweils an der Sperrklausel.	In der Wohnung des EU-Administrators von Mostar, Hans Koschnik, schlägt eine Panzerfaust ein. Koschnik, der sich in einem Nebenraum aufhält, entgeht dem Attentat.	Am Mannheimer Nationaltheater wird das Stück „Ein Winter unterm Tisch" von Roland Topor uraufgeführt.	
12. September	Als Konsequenz aus Polizei-Übergriffen auf Ausländer tritt Hamburgs Innensenator Werner Hackmann (SPD) zurück.	Auf dem Rasen vor dem Weißen Haus in Washington stürzt eine Cessna ab, der Pilot, ein arbeitsloser Amerikaner, kommt ums Leben.	Der „Goldene Löwe" der Filmfestspiele von Venedig wird zu gleichen Teilen dem mazedonischen Regisseur Milcho Manchevski für „Before the Rain" und dem Taiwanesen Tsai Ming-Liang für „Vive l'amour" verliehen.	
13. September	Zur Finanzierung der Pflegeversicherung streicht die schleswig-holsteinische Landesregierung den Buß- und Bettag ab 1995 als gesetzlichen Feiertag. Gegen den Protest der Kirchen fassen weitere Bundesländer in den nächsten Wochen einen ähnlichen Beschluß.	Zum Abschluß der UN-Weltbevölkerungskonferenz in Kairo verabschieden die Delegierten aus 181 Staaten einen unverbindlichen Aktionsplan zur Eindämmung des rapiden Bevölkerungswachstums.	Als erster künstlicher Himmelskörper unterfliegt die europäische Raumsonde Ulysses den Südpol der Sonne. Wissenschaftler versprechen sich neue Erkenntnisse über ihr Magnetfeld.	
15. September			Wissenschaftler aus den USA und Schweden erklären, es sei ihnen gelungen, ein Gen zu isolieren, das bei Brust- und Eierstockkrebs eine entscheidende Rolle spielt.	Die „Deutsche Eishockey-Liga" (DEL) startet mit 18 Klubs in drei Gruppen ihre erste Saison.

	Deutschland	Ausland	Kultur/Wissenschaft	Sport
16. September	Der philippinische Staatspräsident Fidel Ramos trifft zu einem zweitägigen Arbeitsbesuch in Bonn ein.	In Indien erkranken mehrere tausend Menschen an der Pest. Erst Anfang Oktober haben die Behörden die mittelalterliche Seuche im Griff.	Am Münchner Residenztheater hat das Stück „Jagdzeit" von Gundi Ellert Premiere. Am Deutschen Klimarechenzentrum in Hamburg wird der Höchstleistungscomputer „CRAY C 916" in Betrieb genommen.	Bei den Ruder-Weltmeisterschaften in Indianapolis (USA) kommt der Deutschland-Achter als Titelverteidiger nur auf den vierten Platz. Gold im Einer holt André Willms aus Magdeburg.
17. September				Wegen des Verdachts des sexuellen Mißbrauchs Schutzbefohlener wird Eiskunstlauftrainer Karel Fajfr von seinem Verein TuS Stuttgart und der Deutschen Eislauf-Union beurlaubt.
18. September		Die Militärmachthaber von Haiti erklären sich nach Verhandlungen mit Ex-US-Präsident Carter zum Rücktritt bereit und stimmen der Stationierung internationaler Truppen unter US-Kommando zu.		
19. September	Das Bundesverfassungsgericht entscheidet, daß ein Aufkleber mit dem Tucholsky-Zitat „Soldaten sind Mörder" eine zulässige Meinungsäußerung ist. Das Urteil stößt in Bonn auf Kritik.	Die ersten amerikanischen Truppen landen auf Haiti. Trotz ihrer Präsenz kommt es wiederholt zu Zusammenstößen zwischen Demonstranten und der haitianischen Militärpolizei.	Nach einer britischen Studie fordert das Rauchen weltweit alle zehn Sekunden ein Todesopfer.	
20. September	In München stürzt ein Linienbus in einen Erdkrater, der durch plötzlichen Wassereinbruch beim U-Bahn-Bau entstand. Vermutlich drei Fahrgäste werden getötet. Die Bergungsarbeiten ziehen sich über Monate hin.			
22. September			Ein internationales Forscherteam präsentiert die mit 4,4 Millionen Jahren ältesten Urmenschenknochen, die es in Äthiopien ausgegraben hat. Der Fund erschüttert die Theorie, daß der Mensch erst nach dem Auszug aus dem Wald laufen lernte.	
23. September	Der Bundesrat billigt das Gesetz zur Magnetschwebebahn Transrapid.	In Singapur wird als erster westlicher Ausländer ein 59jähriger Niederländer wegen Drogenbesitzes hingerichtet.	Der ostdeutsche Schriftsteller Kurt Drawert nimmt den erstmals verliehenen Neubrandenburger Uwe-Johnson-Preis in Empfang. In Saarbrücken wird das Stück „Endlich tot, endlich keine Luft mehr" von Werner Schwab uraufgeführt.	
24. September		Das kroatische Parlament erklärt das zweijährige UN-Mandat in den serbisch besetzten Gebieten für beendet.	Das Stück „Ich bin das Volk" von Franz Xaver Kroetz wird an den Wuppertaler Bühnen erstmals aufgeführt.	
25. September	Bei der Landtagswahl in Bayern verteidigt die CSU unter Ministerpräsident Edmund Stoiber ihre absolute Mehrheit. Das Ergebnis: CSU 52,8 Prozent (-2,1), SPD 30,0 (+4,0), Bündnis 90/Die Grünen 6,1 (-0,3). Die FDP kehrt mit nur 2,8 Prozent (-2,4) nicht mehr in den Landtag zurück.		Auf einem Kongreß der deutschen Ornithologen in Wilhelmshaven wird berichtet, daß die Quecksilberbelastung der deutschen Nordseeküste deutlich zurückgegangen ist.	Das Weltchampionat der Kanuten in Mexiko-Stadt beenden die Deutschen mit viermal Gold als erfolgreichste Nation. Gleich zwei WM-Titel holt Rekordweltmeisterin Birgit Schmidt. Im Halbfinale des Davis-Pokals scheitert Titelverteidiger Deutschland in Hamburg an den russischen Tennisspielern. Bereits nach dem Doppel war für Rußland alles entschieden.

	Deutschland	Ausland	Kultur/Wissenschaft	Sport
26. September		Mit der Auswahl der Geschworenen beginnt in Los Angeles der Prozeß gegen O.J. Simpson.	Krebsforscher geben in Berlin die Entdeckung eines weiteren Gens bekannt, das an der Entstehung von Brustkrebs beteiligt ist.	
27. September	Der Bund der Steuerzahler wirft den öffentlichen Kassen eine Verschwendung von 60 Milliarden Mark im Jahr vor.	Rußlands Präsident Jelzin, der zuvor vor der UN-Vollversammlung gesprochen hatte, trifft zu seinem fünften Gipfel mit US-Präsident Clinton in Washington ein.		
28. September		In der Ostsee kentert die estnische Fähre „Estonia", mehr als 900 Menschen ertrinken, nur 141 können lebend geborgen werden. Das Schiff hatte seine Bugklappe verloren.		
29. September	Beim Zusammenstoß von zwei Nahverkehrszügen werden in Bad Bramstedt sechs Menschen getötet und 67 zum Teil schwer verletzt.	Die Außenminister der NATO-Länder wählen als Nachfolger von Manfred Wörner den belgischen Außenminister Willy Claes zum neuen NATO-Generalsekretär. Islamische Extremisten ermorden in Oran den algerischen Sänger Cheb Hasni, den „Julio Iglesias Algeriens". Die Fundamentalisten lehnen seine Musik als Gotteslästerung ab.	In London beginnt das Kunstfestival „Deutsche Romantik", das unter anderem die Ausstellung „Der romantische Geist in der deutschen Kunst 1790 bis 1990" zeigt.	
30. September	Nach fast 42jähriger Stationierung wird der US-Luftwaffenstützpunkt Bitburg/Eifel an die Bundesrepublik übergeben.		Der Informatiker Prof. Alexander Waibel erhält den mit 35 000 Mark dotierten Forschungspreis der Stuttgarter Alcate-SEL-Stiftung. Er hat einen Computer entwickelt, der gesprochene Sprachen simultan übersetzen und akustisch wiedergeben kann.	
3. Oktober	Überschattet von teilweise gewalttätigen Gegendemonstrationen werden in Bremen die Feierlichkeiten zum fünften Tag der deutschen Einheit abgehalten.	Die Brasilianer wählen den Sozialdemokraten Henrique Cardoso zum neuen Präsidenten. Er tritt sein Amt am 1. Januar 1995 an.	Die russische Raumkapsel Sojus-TM-20 mit zwei Russen und dem Deutschen Ulf Merbold an Bord startet ins All. Ziel ist die seit 1986 um die Erde kreisende Station „Mir".	
5. Oktober		In der Schweiz und in Kanada werden 53 Mitglieder der Sonnentempler-Sekte in ausgebrannten Häusern tot aufgefunden. Unklar bleibt, ob es sich um Massenselbstmord oder Mord handelt.	An der Universität von Tucson/Arizona wird ein lichtbrechender Kunststoff entwickelt – Voraussetzung für neuartige Hochgeschwindigkeitscomputer, die mit Licht statt mit Strom arbeiten.	
6. Oktober	Hessens Umweltminister Joschka Fischer tritt sein Amt an den Rechtsanwalt Rupert von Plottnitz ab. Fischer übernimmt nach der Bundestagswahl die Fraktionsführung von Bündnis 90/Die Grünen im Bundestag.		Die amerikanische Raumfähre „Endeavour" erspäht in einem Experiment einen künstlich ausgelegten Ölteppich in der Nordsee. Mit dem Verfahren sollen künftig Umweltsünder auf dem Meer aufgespürt werden.	
7. Oktober	In Herzogenrath sprengt sich ein Bankräuber, der 14 Stunden lang bis zu 17 Geiseln genommen hatte, mit einer Handgranate selbst in die Luft.	Nach massiven irakischen Truppenbewegungen Richtung Kuwait verlegen die USA Einheiten in das Emirat, die Kriegsschiffe im Golf werden in Alarmbereitschaft gesetzt.		
8. Oktober				IBF-Halbschwergewichts-Weltmeister Henry Maske schlägt im westfälischen Halle den Amerikaner Iran Barkley.

	Deutschland	Ausland	Kultur/Wissenschaft	Sport
9. Oktober		Bei der Parlamentswahl in Österreich erzielen die Regierungsparteien SPÖ und ÖVP mit 34,9 bzw. 27,7 Prozent ihr schlechtestes Nachkriegsergebnis, die rechtsgerichtete FPÖ kommt auf 22,6 Prozent. SPÖ und ÖVP erneuern ihre große Koalition.	Auf der Frankfurter Buchmesse nimmt der spanische Schriftsteller Jorge Semprún den Friedenspreis des deutschen Buchhandels in Empfang.	Mercedes feiert beim Saisonfinale der Deutschen Tourenwagen-Meisterschaft in Hockenheim einen Doppelerfolg: Den Fahrertitel erringt Klaus Ludwig, auch die Markenwertung geht an die Stuttgarter Karossenbauer.
10. Oktober		Irak kündigt den Rückzug seiner Truppen aus dem kuwaitischen Grenzgebiet an. Dessenungeachtet setzen die Amerikaner ihren größten Truppenaufmarsch seit Ende des Irak-Krieges fort. Haitis Diktator Raoul Cédras tritt zurück. Er geht drei Tage später nach Panama ins Exil.	Den mit 1,5 Millionen Mark dotierten Medizin-Nobelpreis erhalten die Amerikaner Martin Rodbell und Alfred Gilman. Gewürdigt wird ihre Entdeckung der G-Proteine.	
11. Oktober	Brandenburgs Ministerpräsident Manfred Stolpe (SPD) wird vom Landtag im Amt bestätigt.	Der schlimmste Kurssturz in der Geschichte des Rubels löst in Rußland Angstreaktionen aus. Finanzminister Dubinin wird einen Tag später entlassen.	Mit dem Nobelpreis für Wirtschaft wird erstmals ein Deutscher ausgezeichnet: der Bonner Wirtschaftsprofessor Reinhard Selten. Er teilt den Preis mit den Amerikanern John F. Nash und John C. Harsanyi. Sie hatten Spiel-Theorien für Unternehmensstrategien entwickelt.	
12. Oktober			Die Nobelpreise für Physik und Chemie gehen an die Amerikaner Clifford Shull und George Olah sowie den Kanadier Bertram Brockhouse. Der alternative Nobelpreis wird der schwedischen Kinderbuchautorin Astrid Lindgren für ihren „lebenslangen Kampf für die Rechte von Kindern" verliehen. Die kontinentale Tiefbohrung in Windischeschenbach wird abgeschlossen. Europas tiefstes Loch ist genau 9101 Meter tief. Ziel war es, in Zonen mit Temperaturen bis zu 300 Grad Celsius vorzudringen.	Im letzten Testspiel vor der Europameisterschafts-Qualifikation erzielt die deutsche Fußball-Nationalmannschaft in Budapest gegen Ungarn nur ein 0:0. Zuvor war Bundestrainer Berti Vogts mit zehn Absagen von Spielern brüskiert worden.
13. Oktober	Im Prozeß um die Schändung der KZ-Gedenkstätte Buchenwald am 23. Juli wird der Hauptangeklagte zu einem Jahr und acht Monaten Haft verurteilt.	Auch die protestantischen Terrorgruppen in Nordirland kündigen eine Feuerpause an.	Der Literatur-Nobelpreis wird dem japanischen Schriftsteller Kenzaburo Oe zuerkannt. Steven Spielberg, Medien-Zar David Geffen und Ex-Disney-Studio-Chef Jeffrey Katzenberg geben in Los Angeles den Aufbau eines neuen Filmstudios bekannt. Die „Traumfabrik" nimmt Anfang 1995 die Arbeit auf.	
14. Oktober		Für ihre Aussöhnung zwischen Palästinensern und Israelis erhalten PLO-Chef Jassir Arafat, Israels Ministerpräsident Jitzhak Rabin und Außenminister Shimon Peres gemeinsam den diesjährigen Friedensnobelpreis.	Bei einem Attentat wird der ägyptische Literaturnobelpreisträger Nagib Mahfus in Kairo schwer verletzt. Der 82jährige steht auf der Todesliste islamischer Fundamentalisten.	
15. Oktober		Nach drei Jahren im amerikanischen Exil kehrt Haitis Präsident Jean-Bertrand Aristide in seine Heimat zurück.	Der Planeta-Romanpreis, die mit 610 000 Mark höchstdotierte spanische Literaturauszeichnung, geht an den spanischen Literatur-Nobelpreisträger Camilo José Cela.	

	Deutschland	Ausland	Kultur/Wissenschaft	Sport
16. Oktober	Ergebnis der Bundestagswahl: CDU/CSU: 41,5 Prozent (-2,3), SPD: 36,4 (+2,9), Bündnis 90/Die Grünen: 7,3 (+3,5), FDP: 6,9 (-4,1), PDS: 4,4 (+2,0). Im neuen Bundestag stellen CDU/CSU 294 Abgeordnete, die SPD 252, die Grünen 49 und die FDP 47. Die PDS, die in Berlin vier Direktmandate erzielt hat und damit von der Fünf-Prozent-Hürde befreit ist, zieht mit 30 Abgeordneten ins Parlament ein. Ergebnis der Landtagswahlen: Mecklenburg-Vorpommern: CDU 37,7 Prozent, SPD 29,5, PDS 22,7. Thüringen: CDU: 42,6, SPD: 29,6, PDS: 16,6. Saarland: SPD 49,4, CDU 38,6, Bündnis 90/Die Grünen: 5,5. Die FDP scheitert in allen drei Ländern an der Sperrklausel. Die Kommunalwahlen in Nordrhein-Westfalen ergeben zahlreiche rot-grüne Koalitionen in Rathäusern und Gemeinden – und erste schwarz-grüne Bündnisse, etwa in Mülheim und Gladbeck.	In einer Volksabstimmung sprechen sich die Finnen mit 57 Prozent für einen Beitritt zur Europäischen Union aus. Der UN-Sicherheitsrat hebt die Sanktionen gegen Haiti auf. Mit dem Geständnis, er habe seine Frau Diana nie geliebt, sowie einer persönlichen Anklage gegen seine Eltern löst Kronprinz Charles neuerliche Erschütterungen im britischen Königshaus aus. Zwei Wochen zuvor hatte der frühere Reitlehrer von Prinzessin Diana, James Hewitt, mit einem Buch über seine Affäre mit der Frau des Thronfolgers Kasse gemacht.	Das Stück „Josephs Töchter" von Gundi Ellert wird im Malersaal des Hamburger Schauspielhauses uraufgeführt.	Beim Iron-Triathlon auf Hawaii kommen fünf deutsche Starter unter die ersten zehn. Bester ist als vierter Jürgen Zäck. Sieger des Triathlons wird in 8:20:27 Stunden der Australier Greg Welch. Michael Schumacher gewinnt im ersten Rennen nach seiner Sperre in Jerez/Spanien den Großen Preis von Europa. Zum zweiten Mal nach 1991 siegt die 19jährige Anke Huber beim Tennis-Turnier von Filderstadt. Sie schlägt im Finale die Französin Mary Pierce. Der vierjährige Hengst Lando aus dem Gestüt Ittlingen wird nach seinem Erfolg beim Grand Premio del Jockey von Mailand der gewinnreichste deutsche Galopper. Mit 2,4 Millionen Mark überholt er in der Geldrangliste den bisherigen Spitzenreiter Platini.
18. Oktober	SPD-Chef Rudolf Scharping wird zum neuen Vorsitzenden der SPD-Bundestagsfraktion gewählt. Sein Amt als Ministerpräsident von Rheinland-Pfalz hat er zwei Tage zuvor niedergelegt.	Zu Ehren der Queen, die als erstes britisches Staatsoberhaupt Rußland besucht, gibt Boris Jelzin im Kreml ein festliches Galadiner.		
19. Oktober		In Tel Aviv sprengt ein Palästinenser einen vollbesetzten Linienbus in die Luft, 22 Menschen, darunter der Attentäter, sterben. Zu dem Attentat bekennt sich die islamische Untergrundorganisation Hamas.	Der Deutsche Kurzfilmpreis wird dem Berliner Filmemacher Heinrich Stahl zuerkannt.	
21. Oktober	Der bayerische Landtag wählt Edmund Stoiber (CSU) erneut zum Ministerpräsidenten.	Die USA und Nordkorea unterzeichnen in Genf ein Abkommen, in dem sich Pjöngjang verpflichtet, sein umstrittenes Atomprogramm zu stoppen.	Mit dem Kleistpreis wird in Frankfurt/Oder die 1987 aus Rumänien nach Deutschland geflohene Autorin Herta Müller ausgezeichnet.	In Bordeaux übertrifft Tony Rominger aus der Schweiz den Stunden-Radweltrekord von Miguel Indurain vom 2. September um 792 Meter.
23. Oktober			Den Kunstpreis Schleswig-Holstein erhält der Berliner Künstler Raffael Rheinsberg.	Bei den Weltmeisterschaften im Hallen-Radsport in Saarbrücken holen die Deutschen sämtliche Titel im Kunstradfahren. In Den Haag werden die deutschen Judo-Männer mit 6:1 gegen Weißrußland erstmals seit 25 Jahren wieder Mannschafts-Europameister.
25. Oktober	Der Vorstand der nordrhein-westfälischen FDP stürzt mit seinem geschlossenen Rücktritt den Landesvorsitzenden Jürgen Möllemann, der wegen seiner Kritik an Parteichef Kinkel angeeckt war. Bundespräsident Roman Herzog erklärt, er werde nur fünf Jahre amtieren.	Die „New York Times" berichtet, daß beim Bruch einer Pipeline in der russischen Arktis mehr als 300 000 Tonnen Erdöl ausgelaufen sind. Moskau bestätigt, daß eine Fläche von 68 Quadratkilometer verseucht ist. Die Pipeline leckt seit Monaten. Der Vatikan und die PLO nehmen offizielle Beziehungen auf.	Deutsche Experten erklären nach zweitägiger Inspektion im Moskauer Puschkin-Museum, daß der „Schatz des Priamos" in hervorragendem Zustand vorhanden ist.	

	Deutschland	Ausland	Kultur/Wissenschaft	Sport
26. Oktober	Der rheinland-pfälzische SPD-Fraktionschef Kurt Beck wird neuer Ministerpräsident des Landes. Die Bundesregierung beschließt, im europäischen Alleingang die stark umstrittenen Schlachttiertransporte auf maximal acht Stunden zu begrenzen.	Nach 46 Jahren Feindschaft schließen Israel und Jordanien Frieden. Im Beisein von US-Präsident Clinton unterzeichnen die Ministerpräsidenten der beiden Länder im Arar-Tal einen Vertrag, der sie zur friedlichen Lösung aller Konflikte verpflichtet.	Nach Messungen, die Astronomen mit dem Weltraum-Teleskop Hubble gemacht haben, ist das Universum möglicherweise nur acht Milliarden Jahre und damit halb so alt, wie bislang angenommen.	
27. Oktober				Der Internationale Fußball-Verband beschließt, Siege künftig mit drei Punkten zu bewerten. Die Regelung gilt für die Fußball-Bundesliga ab der Saison 1995/96.
28. Oktober	Das Landgericht Ansbach verurteilt im Flachslanden-Prozeß um massenhaften sexuellen Kindesmißbrauch den 56jährigen Vater der am meisten betroffenen Kinder zu 14 Jahren Haft. Die Mutter war eine Woche zuvor mit zehn Jahren Haft bestraft worden.		In den USA beginnen erste klinische Tests mit der französischen Abtreibungspille RU-486.	Boris Becker degradiert im Viertelfinale des Internationalen Tennisturniers von Stockholm seinen Rivalen Michael Stich mit 7:6 (7:3) und 6:3.
29. Oktober	Am Potsdamer Platz in Berlin wird der Grundstein für das Daimler-Benz-Projekt debis gelegt – das mit Kosten von drei Milliarden Mark größte Bauvorhaben in Europa.		Werner Schwabs Werk „Faust: Mein Brustkorb: Mein Helm" wird unter Mitwirkung der Rockgruppe „Einstürzende Neubauten" im Potsdamer Hans-Otto-Theater uraufgeführt.	
30. Oktober		Mit einem Schnellfeuergewehr gibt ein Mann 20 bis 30 Schüsse auf das Weiße Haus in Washington ab, verletzt wird niemand.		Boris Becker gewinnt das Turnier von Stockholm und feiert nach zweijähriger Durststrecke ein glänzendes Comeback.
31. Oktober	Nach einer Verfolgungsjagd durch sechs Bundesländer werden im Westerwald zwei Gangster gefaßt, die mit Raubüberfällen und Geiselnahmen 40 Stunden lang die Polizei in Atem gehalten hatten.		Der kolumbianische Arzt Manuel Elkin Patarroyo, der einen Impfstoff gegen die Malaria entwickelt hat, und der Tübinger Mikrobiologe Volkmar Braun erhalten in Bonn den Robert-Koch-Preis.	
2. November	Das Oberlandesgericht Hamm entscheidet, daß der Ruf „Ausländer raus" den Tatbestand der Volksverhetzung erfüllt.	330 Menschen sterben bei der Explosion in einem Sprengstofflager nahe Kairo.	Der deutsche Geologe Eugen Seibold und der Amerikaner Lester Brown erhalten in Tokio den mit 760 000 Mark dotierten Umweltpreis der Asahi-Glas-Stiftung.	Der 1. FC Kaiserslautern scheidet mit einem 0:0 gegen Odense BK aus dem UEFA-Pokal aus.
5. November			Am Wiener Akademietheater wird Elfriede Jelineks Stück „Raststätte oder Sie machens alle" uraufgeführt. Inszeniert wird der skandalumwitterte Porno-Schwank von Claus Peymann.	Ex-Boxweltmeister George Foreman (45), der vor 20 Jahren seinen Titel gegen Muhammad Ali verlor, streckt in Las Vegas in der zehnten Runde Weltmeister Michael Moorer (26) zu Boden und wird erneut Champion im Schwergewicht.
6. November		Bei einem Jahrhundert-Unwetter kommen in Norditalien mindestens 64 Menschen ums Leben, Tausende müssen vor den Regenmassen evakuiert werden.		Den großen Preis von Japan gewinnt in Suzuka der englische Formel-1-Rennfahrer Damon Hill vor Michael Schumacher.
7. November	Der frühere SPD-Vorsitzende Björn Engholm, der wegen eines Beratervertrags für einen Energiekonzern in die Kritik geraten war, legt als letztes politisches Amt sein Landtagsmandat nieder.	Südkorea hebt das seit 50 Jahren bestehende Handelsembargo gegen Nordkorea auf.	Britische Astronomen erspähen im Ring des Saturn sieben neue Monde.	

	Deutschland	Ausland	Kultur/Wissenschaft	Sport
8. November		Bei den Kongreß- und Gouverneurswahlen in den USA erleiden US-Präsident Bill Clinton und seine Demokratische Partei eine schwere Schlappe. Erstmals seit 40 Jahren erringen die Republikaner die Mehrheit in beiden Kammern des Parlaments, sie stellen auch die meisten Gouverneure.	Wissenschaftler der Medizinischen Hochschule Hannover geben bekannt, daß sie an einem Super-Chip arbeiten, der Nervenfunktionen übernehmen kann. In zehn Jahren könnten mit ihm Querschnittgelähmte wieder gehen.	Im Achtelfinale des DFB-Pokals besiegen die Amateure von Bayern München den VfB Stuttgart mit 7:6.
9. November	Die stellvertretende FDP-Vorsitzende und Bauministerin Irmgard Schwaetzer tritt aus Protest gegen ihre Nicht-Berücksichtigung im neuen Kabinett von ihren Ämtern zurück.	Bei den Wahlen in Sri Lanka wird die bisherige Ministerpräsidentin Kumaratunga zur Staatspräsidentin gewählt. Fast die gesamte Oppositionsspitze war bei einem Anschlag knapp drei Wochen zuvor getötet worden.	US-Forscher entdecken ein Eiweiß, das vom HI-Virus gebildet wird und eine entscheidende Rolle beim Ausbruch von Aids spielt.	Bei den Fechtmeisterschaften in Krakau wird Sabine Bau aus Tauberbischofsheim Europameisterin im Florett.
10. November	Mit einem Aufruf zur „großen Koalition der Vernunft", den die CDU/CSU-Abgeordneten mit versteinerten Mienen verfolgen, eröffnet Alterspräsident Stefan Heym (PDS) den 13. Deutschen Bundestag. Als Bundestagspräsidentin wird Rita Süssmuth (CDU) in ihrem Amt bestätigt. Antje Vollmer wird mit den Stimmen von CDU/CSU und Bündnis 90/Die Grünen zur ersten grünen Vizepräsidentin gewählt.	Der jordanische König Hussein besucht erstmals Israel, um den vor zwei Wochen geschlossenen Friedensvertrag in Kraft zu setzen. Irak erkennt Kuwait formell an – Voraussetzung für die Aufhebung des Handelsembargos.	Die 28. Kunstmesse „Art Cologne" öffnet in Köln ihre Tore. Mit 323 ausstellenden Galerien aus 22 Ländern bricht die Mammutschau alle Rekorde.	
11. November			Ein Manuskript von Leonardo da Vinci wird bei Christie's in New York für 47 Millionen Mark versteigert. Käufer ist der Computer-Milliardär Bill Gates.	
12. November		Auf der größten Nachkriegsdemonstration Italiens protestieren in Rom mehr als eine Million Menschen gegen die Sparpolitik der Regierung Berlusconi.		
13. November		Mit 52,2 Prozent der Stimmen entscheiden sich die Schweden für einen Beitritt zur Europäischen Union.	Die Publizistin Carola Stern wird in Darmstadt mit der Hermann-Kesten-Medaille des westdeutschen PEN-Zentrums geehrt.	Mit einem Punkt Vorsprung vor seinem Konkurrenten Damon Hill wird Rennfahrer Michael Schumacher in Adelaide/Australien erster deutscher Formel 1-Weltmeister.
14. November		Nach wochenlangen Kämpfen in Westbosnien erobern serbische Truppen fast 80 Prozent des Gebiets um Bihac. Die Stadt selbst ist UN-Schutzzone.	Die ersten „Eurostar"-Züge für Passagiere nehmen den planmäßigen Betrieb durch den Kanaltunnel zwischen Großbritannien und Frankreich auf.	Die Mitgliederversammlung des FC Bayern München wählt Franz Beckenbauer zum neuen Präsidenten des Vereins.
15. November	Mit 338 Stimmen – nur einer mehr als im ersten Wahlgang erforderlich – wählt der Bundestag Helmut Kohl erneut zum Bundeskanzler.	BMW eröffnet in Spartanburg/US-Bundesstaat South Carolina sein erstes Autowerk im Ausland. Produziert werden sollen bis zu 90 000 Pkw jährlich.		Mit einer 4:6, 2:6-Niederlage gegen Gabriela Sabatini beendet Tennis-Legende Martina Navratilova in New York ihre beispiellose Karriere, die ihr 167 Tuniersiege und 55 Grand-Slam-Titel einbrachte.
16. November			Der deutsche Kindertheatermacher Norbert Radermacher und der österreichische Märchenerzähler Folke Tegetthoff werden in Kopenhagen mit dem Lego-Preis ausgezeichnet. Er ist mit 250 000 Mark dotiert.	Im Auftaktspiel zur Europameisterschafts-Qualifikation besiegen die deutschen Fußballer in Tirana Albanien 2:1.

	Deutschland	Ausland	Kultur/Wissenschaft	Sport
17. November	Das fünfte Kabinett Kohl wird vereidigt. In ihm stellt die CDU fünf, die CSU vier und die FDP nur noch drei Minister. Neu in der Runde sind Jürgen Rüttgers (CDU) als Zukunftsminister und die erst 28jährige Claudia Nolte (CDU) als Familien- und Jugendministerin.			
18. November		Bei Angriffen auf Bihac setzen serbische Kampfflugzeuge auch Napalm und Streubomben ein. Im Gaza-Streifen liefern sich Anhänger der extremistischen Organisation Hamas und die palästinensische Polizei schwere Straßenschlachten, zahlreiche Menschen sterben.	Ein internationales Forscherteam gibt in Darmstadt die Schaffung eines neuen chemischen Elementes bekannt. Der neue Stoff mit der Ordnungszahl 110 ist das schwerste je von Menschen erzeugte Atom.	Titelverteidigerin Steffi Graf scheidet beim Masters in New York bereits im Viertelfinale aus. Es war ihr erstes Spiel nach zweimonatiger Verletzungspause.
20. November			Die „Goldene Taube" des Internationalen Leipziger Festivals für Dokumentar- und Animationsfilme wird der Niederländerin Heddy Honigmann für ihren Beitrag „Metall und Melancholie" verliehen.	Bei der ATP-Weltmeisterschaft in Frankfurt scheitert Boris Becker im Finale am Weltranglistenersten Pete Sampras, der den Titel in vier Sätzen gewinnt. „Den Preis von Deutschland" gewinnt beim Hallen-Reitturnier in Berlin der Österreicher Hugo Simon auf Apricot.
21. November	Das Verwaltungsgericht Lüneburg stoppt wegen Sicherheitsbedenken einen für den folgenden Tag geplanten, heftig umstrittenen Atommülltransport vom Atomkraftwerk Philippsburg ins Zwischenlager Gorleben.	NATO-Kampfflugzeuge bombardieren den Militärflugplatz Ubdina im serbisch kontrollierten Teil Kroatiens. Als Schutz vor weiteren Luftangriffen halten die Serben drei Wochen lang 500 UN-Soldaten praktisch als Geiseln fest.	Dem nigerianischen Literatur-Nobelpreisträger Wole Soyinka gelingt die Flucht nach Paris, wo er über Menschenrechtsverletzungen in seiner Heimat berichtet.	
22. November		Die Mailänder Staatsanwaltschaft leitet ein Ermittlungsverfahren gegen Ministerpräsident Berlusconi wegen des Verdachts der Korruption ein.	Pianist Justus Frantz tritt als Intendant des Schleswig-Holstein Musik Festivals zurück. Vorausgegangen waren Dissonanzen mit der Landesregierung um ein Schuldenloch von 3,75 Millionen Mark.	
23. November	In seiner Regierungserklärung ruft Bundeskanzler Kohl zur Erneuerung von Staat und Gesellschaft auf, um das Land fit für das 21. Jahrhundert zu machen.		Der deutsche Maler Sigmar Polke wird mit dem Erasmuspreis ausgezeichnet, dem mit 270 000 Mark dotierten Kunstpreis der Niederlande.	
24. November	Vor dem Mainzer Landgericht beginnt die Prozeßserie um den bisher schwersten sexuellen Mißbrauch von Kindern. Angeklagt sind 33 Personen von drei Familienclans aus Worms und Umgebung, die drei Jahre lang 16 Kinder vergewaltigt und mißhandelt haben sollen.		Der Stadtschreiber-Literaturpreis des ZDF geht an den Schriftsteller Peter Härtling. Der mit 850 000 Mark dotierte Alfried-Krupp-Förderpreis wird in Essen der Bielefelder Biologin Prof. Christiane Gatz für ihre Forschungen auf dem Gebiet der pflanzlichen Molekulargenetik überreicht.	Der Internationale Amateur-Boxverband führt in Peking offiziell das Frauen-Boxen ein.
27. November			Der Europäische Filmpreis „Felix" wird in Berlin dem italienischen Streifen „Lamerica" von Gianni Amelio zuerkannt.	
28. November	Die CDU spricht sich auf ihrem Bonner Parteitag mit knapper Mehrheit für ein Frauen-„Quorum" aus. Es sieht eine Drittelbeteiligung von Frauen an Ämtern und Mandaten vor.	Die Norweger sprechen sich mit 52,3 Prozent der Stimmen gegen einen Beitritt zur Europäischen Union aus.	Mario Vargas Llosa erhält den „Cervantes"-Preis, die angesehenste literarische Auszeichnung Spaniens. Der Peruaner wird für sein Gesamtwerk geehrt. In Mainz eröffnet ein Museum für antike Schiffahrt.	

	Deutschland	Ausland	Kultur/Wissenschaft	Sport
30. November	Der Landtag von Thüringen wählt Bernhard Vogel (CDU) erneut zum Ministerpräsidenten. Er steht jetzt einer großen Koalition vor. Baden-Württemberg schafft zur Finanzierung der Pflegeversicherung den Pfingstmontag als Feiertag ab.	Vor der somalischen Küste gerät das mit 576 Passagieren besetzte italienische Kreuzfahrtschiff „Achille Lauro" in Brand, drei Menschen kommen ums Leben, alle übrigen Schiffbrüchigen können gerettet werden.	24 Jahre nach Auflösung der Band kommt eine neue Beatles-CD auf den Markt. Sie enthält BBC-Aufnahmen der „Pilzköpfe" aus den Jahren 1963 bis 1965.	Lothar Matthäus wird vom DFB-Sportgericht wegen seiner Ausfälle gegen Schiedsrichter Hellmut Krug für ein Bundesligaspiel gesperrt und zu einer Geldstrafe von 25 000 Mark verurteilt.
1. Dezember	Die RAF-Terroristin Irmgard Möller, die als einzige die Stammheimer Selbstmordnacht überlebt hat, wird nach 22jähriger Haft auf Bewährung freigelassen. Sie war die am längsten inhaftierte Frau Deutschlands.	Wegen der NATO-Beschlüsse zur anvisierten Ost-Erweiterung sagt Rußland die Unterzeichnung eines Partnerschaftsprogramms mit der Allianz kurzfristig ab.	Auf dem ersten Aids-Gipfel in Paris verpflichten sich Politiker aus 42 Ländern, den Kampf gegen die tödliche Immunschwäche zu verstärken.	
2. Dezember			In Stuttgart hat das Musical „Miss Saigon" Premiere.	
3. Dezember	Der Landtagsabgeordnete Joachim Schultz-Tornau wird zum neuen FDP-Landesvorsitzenden von Nordrhein-Westfalen gewählt. In der Stichwahl erleidet sein Vorgänger Jürgen Möllemann eine demütigende Niederlage.		Der Frankfurter Musikpreis geht an die Bratschenspielerin Tabea Zimmermann.	„Wegen Müdigkeit" verweigern Eintracht-Frankfurt-Kapitän Anthony Yeboah und seine Club-Kameraden Augustine Okocha und Maurizio Gaudino ihren Einsatz gegen den HSV. Sie werden von Trainer Jupp Heynckes aus der Mannschaft geworfen.
4. Dezember		73 Prozent der Schweizer stimmen in einer Volksbefragung für ein schärferes Vorgehen gegen straffällig gewordene Ausländer.		Schweden gewinnt mit einem 4:1 gegen Rußland in Moskau zum fünften Mal den Davis-Cup.
5. Dezember	Ein Rettungshubschrauber der Bundeswehr prallt gegen den Mannheimer Fernsehturm und stürzt ab. Alle vier Insassen werden getötet.	Zum Auftakt des KSZE-Gipfels in Budapest mit den Staats- und Regierungschefs aus 53 Staaten kommt es zum offenen Schlagabtausch zwischen Bill Clinton und Boris Jelzin über die Ost-Erweiterung der NATO.		Nach einer „Forbes"-Umfrage führt der amerikanische Basketballspieler Michael Jordan mit Werbeeinnahmen von 30 Millionen Dollar die Rangliste der bestverdienenden Sportler an.
6. Dezember	Zu seinem ersten außereuropäischen Staatsbesuch trifft Bundespräsident Herzog in Israel ein. Er hebt die besondere Verantwortung Deutschlands gegenüber dem jüdischen Staat hervor.	Der KSZE-Gipfel scheitert bei dem Versuch, eine gemeinsame Resolution zum Krieg in Bosnien zu formulieren. Italiens bekanntester Korruptionsermittler, der Mailänder Staatsanwalt Antonio di Pietro, tritt „wegen Einmischungsversuchen der Politik" zurück.	Der Wiener Bildhauer Alfred Hrdlicka wirft Liedermacher Wolf Biermann wegen dessen Kritik an Gregor Gysi vor, er sei „kein Saubermann, nur eine Sau". Deshalb wünsche er ihm „die Nürnberger Rassengesetze an den Hals".	Im UEFA-Cup schafft Borussia Dortmund mit einem 3:1 nach Verlängerung über den spanischen Club Deportivo La Coruna gerade noch den Einzug ins Viertelfinale. Weiter kommen auch Eintracht Frankfurt und Bayer Leverkusen.
7. Dezember	Das Berliner Verwaltungsgericht entscheidet, daß die PDS 67 Millionen Mark Steuerschulden nicht aus ihrem Neuvermögen zahlen muß. Darauf bricht die PDS-Spitze einen spektakulären, achttägigen Hungerstreik ab.	Die britische Regierung Major scheitert im Unterhaus mit ihrem Vorhaben, Mehrwertsteuer auf Gas und Strom zu erheben. 17 konservative Abgeordnete stimmen gegen die eigene Regierung.	Nach dem Waldzustandsbericht der Bundesregierung sind knapp zwei Drittel aller Bäume krank, jeder vierte Baum gilt als „deutlich geschädigt".	Mit einem 4:1 über Dynamo Kiew zieht Bayern München ins Viertelfinale der Champions League ein.
8. Dezember	Finanzminister Waigel stellt seine Pläne für ein neues Steuersystem vor, das einen Freibetrag von 10 000 Mark vorsieht. Die SPD will einen höheren Freibetrag. Der Landtag von Mecklenburg-Vorpommern bestätigt Ministerpräsident Berndt Seite (CDU) im Amt. Das Bundesland wird von einer Großen Koalition regiert.	Das Staatssicherheitsgericht in Ankara verurteilt acht ehemalige kurdische Abgeordnete wegen ihrer Kontakte zur verbotenen PKK zu Haftstrafen bis zu 15 Jahren. Die Urteile führen zu harten Protesten im Ausland.		Beim Münchner Grand Slam scheitert Boris Becker im Viertelfinale an Goran Ivanisevic.

	Deutschland	Ausland	Kultur/Wissenschaft	Sport
9. Dezember	In Essen treffen sich die Staats- und Regierungschefs der EU sowie der Beitrittsländer Österreich, Schweden und Finnland. Beraten werden unter anderem ein Fünfpunkteplan gegen die Arbeitslosigkeit, das transeuropäische Verkehrsnetz und die Ost-Erweiterung der EU.	In Nordirland finden die ersten Friedensgespräche zwischen der Sinn Fein, dem politischen Flügel der IRA, und der britischen Regierung statt.	Der Berliner Ernst-Lubitsch-Preis wird dem Regisseur Sönke Wortmann für seinen Kassenschlager „Der bewegte Mann" verliehen. Der Gottfried-Wilhelm-Leibniz-Preis, der höchstdotierte deutsche Forschungspreis, geht an 13 deutsche Forscher aus Natur- und Geisteswissenschaften. Die Preisträger erhalten Fördermittel bis zu je drei Millionen Mark.	
10. Dezember	Dem EU-Gipfel wohnen erstmals auch die Staats- und Regierungschefs der Anwärter-Staaten Polen, Ungarn, der Tschechischen und der Slowakischen Republik sowie Bulgariens und Rumäniens bei.			Mit einem 4:0 über den Hamburger SV wird Borussia Dortmund Herbstmeister in der Fußball-Bundesliga.
11. Dezember	Auf dem Parteitag der FDP in Gera schlägt dem Vorsitzenden Klaus Kinkel vernichtende Kritik entgegen. Da ihm 390 der 662 Delegierten ihr Vertrauen aussprechen, entgeht er knapp dem Sturz.	In Miami unterzeichnen 34 amerikanische Staats- und Regierungschefs einen Aktionsplan, der eine Freihandelszone von Alaska bis Feuerland bis zum Jahre 2005 vorsieht. Russische Truppen marschieren in Tschetschenien ein, um die Unabhängigkeitsbestrebungen der Kaukasusrepublik zu beenden. Es kommt zu schweren Kämpfen.	Mit der Carl-von-Ossietzky-Medaille der Internationalen Liga für Menschenrechte werden das Berliner Grips-Theater und sein Begründer Volker Ludwig geehrt.	Der Schwede Magnus Larsson gewinnt den mit insgesamt sechs Millionen Dollar dotierten Grand-Slam-Cup in München. Er erteilt im Finale Tennis-König Pete Sampras eine bittere Lektion. Zu Sportlern des Jahres werden die Ski-Asse Katja Seizinger und Markus Wasmeier gewählt. Mannschaft des Jahres wird das Skisprung-Team.
12. Dezember	Die NATO bittet die Bundeswehr offiziell um Unterstützung bei einem möglichen Abzug der UN-Truppen aus Bosnien.			Der Italiener Alberto Tomba gewinnt im italienischen Sestriere den ersten Flutlicht-Slalom der alpinen Weltcup-Geschichte.
13. Dezember		Der unter Korruptionsverdacht stehende italienische Ministerpräsident Berlusconi wird von der Mailänder Staatsanwaltschaft mehr als sieben Stunden lang vernommen.		
14. Dezember	Das Bundesverwaltungsgericht erklärt die Einrichtung von Tiefflugzonen grundsätzlich für zulässig. Die betroffenen Gemeinden müssen den Lärm hinnehmen.		Der amerikanische „National Board of Reviews" ernennt die Streifen „Pulp Fiction" und „Forrest Gump" zu den besten Filmen des Jahres.	Das zweite EM-Qualifikationsspiel entscheiden die deutschen Fußballer in Chisinau gegen Moldawien mit 3:0 für sich.
15. Dezember	Der Bundesgerichtshof hebt das Mannheimer Urteil gegen NPD-Chef Deckert auf und erteilt den Mannheimer Richtern eine scharfe Rüge. Wer den Massenmord an Juden leugne, verdiene keine Strafmilderung.	Das Parlament in Dublin wählt John Bruton, den Chef der konservativen Partei Fine Gael, zum neuen irischen Ministerpräsidenten.	Der britische Forstwissenschaftler John A. Spencer erhält den mit 30 000 Mark dotierten Wilhelm-Leopold-Preis der Hamburger Stiftung F.V.S.	Wegen Verdachts der Bandenhehlerei und der Autoschieberei wird der Frankfurter Bundesliga-Fußballer Maurizio Gaudino verhaftet. Nach umfangreicher Aussage darf er das Gefängnis wieder verlassen.
16. Dezember	Die Bundesregierung erklärt sich bereit, der NATO im Notfall auch Tornados zur Verfügung zu stellen, um den Abzug der Blauhelme aus Bosnien zu sichern.		Die UNESCO nimmt die Altstadt von Quedlinburg und die stillgelegten Eisenhütten von Völklingen in die Liste der Denkmäler von Weltrang auf. In Hamburg hat das Musical „Buddy – Die Buddy-Holly-Story" Premiere.	
17. Dezember		Beim Absturz eines amerikanischen Hubschraubers auf nordkoreanischem Boden kommt ein Pilot ums Leben, der andere wird festgenommen. Nordkorea wirft ihm Spionage vor.		Durch einen K.-o.-Sieg in der zehnten Runde gegen den argentinischen Titelverteidiger Nestor Giovannini wird der in Hamburg lebende Boxer „Tiger" Dariusz Michalczewski WBO-Weltmeister im Cruisergewicht.

	Deutschland	Ausland	Kultur/Wissenschaft	Sport
19. Dezember		Die russische Luftwaffe bombardiert die tschetschenische Hauptstadt Grosny.	Der Leipziger Buchpreis zur Europäischen Verständigung geht an den ungarischen Erzähler Peter Nadas.	Titelverteidiger Maddogs München beschert der Deutschen Eishockey-Liga den ersten Skandal: Der mit sechs Millionen Mark verschuldete Verein stellt „mit sofortiger Wirkung" seinen Spielbetrieb ein.
20. Dezember	Die Daimler-Benz AG entscheidet, daß das „Swatch-Auto" im französischen Hambach gebaut wird. In das Werk sollen 750 Millionen Mark investiert werden. In Köln werden die Urkunden für die Privatisierung der Post unterzeichnet.	Mit einer Menschenkette protestieren die Tschetschenen gegen die anhaltenden Bombardierungen durch die Russen. Der frühere US-Präsident Carter vermittelt in Bosnien eine Feuerpause zwischen Serben und Moslems. Sie tritt am 24. Dezember in Kraft.	In Dresdens Staatsschauspiel wird Christoph Heins neuestes Stück „Randow" uraufgeführt.	Formel 1-Weltmeister Michael Schumacher wird vom Verband europäischer Sportjounalisten zu „Europas Sportler des Jahres" gekürt.
21. Dezember	Die Staatsanwaltschaft Lübeck leitet ein Ermittlungsverfahren wegen des ungeklärten Todes von Uwe Barschel ein. Ein Schweizer Toxikologe war zu dem Schluß gekommen, daß der ehemalige Kieler Ministerpräsident die Medikamente nicht selbst eingenommen haben konnte.		In der Berliner Neuen Nationalgalerie wird eine umfassende Werkretrospektive des Malers und Zeichners George Grosz eröffnet. Der Kabarettist Hans Dieter Hüsch und der CDU-Politiker Paul Mikat erhalten den mit 50 000 Mark dotierten Staatspreis des Landes Nordrhein-Westfalen.	Ivan Lendl, von 1979 bis 1993 ununterbrochen unter den Top-Tennisspielern der Welt, erklärt das Ende seiner Karriere. Brasiliens Fußball-Idol Pele wird zum neuen Sportminister seines Landes ernannt.
22. Dezember		Nach sieben Monaten im Amt tritt der italienische Ministerpräsident Berlusconi zurück. Sein Koalitionspartner Liga Nord hatte ihm die Zusammenarbeit aufgekündigt.	Im Düsseldorfer Schauspielhaus hat die deutsch-deutsche Revue „Checkpoint Charlie" Premiere.	Mit dem fünften Sieg in Folge verabschiedet sich beim Weltcup-Riesenslalom im italienischen Alta Badia der Italiener Alberto Tomba in die Weihnachtsferien. Tags zuvor hatte „La Bomba" den Weltcup-Slalom in Lech gewonnen.
26. Dezember		Französische Elitetruppen stürmen auf dem Flughafen von Marseille einen am Heiligen Abend in Algier entführten Airbus der „Air France". 170 Passagiere werden befreit, die vier Entführer getötet. Vier Passagiere waren nach der Geiselnahme von dem fundamentalistischen islamischen Entführern erschossen worden.		
27. Dezember		In Algerien werden vier katholische Geistliche ermordet.	Die „Tagesthemen" wählen die Türkin Mevlude Genc zur Frau des Jahres. Sie hatte bei dem Solinger Brandanschlag im Mai 1993 ihre beiden Töchter, zwei Enkelinnen und ihre Nichte verloren.	
30. Dezember	Die Treuhandanstalt, einst größte Industrieholding der Welt, beendet ihre Tätigkeit. Sie hat in den vergangenen vier Jahren 14 000 Unternehmen verkauft und hinterläßt ein Defizit von etwa 260 Milliarden Mark.	Nach 13 Tagen in nordkoreanischer Haft kommt der US-Hubschrauberpilot Bon Hall wieder frei.	An der Berliner Volksbühne wird das Tanztheater-Stück „Ernst Jünger" von Johann Kresnik uraufgeführt, das den Schriftsteller als Kriegsverherrlicher brandmarkt. Der Berliner Moses-Mendelssohn-Preis geht an die Schriftsteller Inge Deutschkron und Heinz Knobloch.	Zum Auftakt der deutsch-österreichischen Vierschanzen-Tournee siegt in Oberstdorf der 17jährige Österreicher Reinhard Schwarzenberger vor seinem Landsmann Andreas Goldberger. Der Deutsche Jens Weißflog belegt Rang drei.
31. Dezember	Mit einem Feuerwerk im Wert von 140 Millionen Mark feiern die Bundesbürger den Start ins neue Jahr.	Russische Soldaten versuchen, die tschetschenische Hauptstadt Grosny zu stürmen, werden aber zurückgeschlagen. In Sarajevo unterzeichnen die Kriegsparteien einen viermonatigen Waffenstillstand für Bosnien.		

1. Januar
Werner Schwab (35), österreichischer Dramatiker.

13. Januar
Johan Jörgen Holst (56), norwegischer Außenminister und Friedensvermittler zwischen Israel und der PLO.

14. Januar
Zino Davidoff (87), Zigarrenmillionär.

22. Januar
Jean-Louis Barrault (83), französischer Schauspieler („Kinder des Olymp").
Telly Savalas (70), amerikanischer Schauspieler.

23. Januar
Klaus Hemmerle (64), Bischof von Aachen.

29. Januar
Ulrike Maier (26), Ski-Rennläuferin.

5. Februar
Hermann Josef Abs (92), Bankier.

6. Februar
Joseph Cotton (88), amerikanischer Schauspieler.

7. Februar
Witold Lutoslawski (81), polnischer Komponist.

11. Februar
Paul Karl Feyerabend (70), österreichischer Philosoph.

12. Februar
Karl Wirtz (83), Atomphysiker.

20. Februar
Derek Jarman (52), britischer Filmregisseur.

21. Februar
Johannes Steinhoff (80), General a.D. und Inspekteur der Luftwaffe.

22. Februar
Lore Lorentz (73), Kabarettistin und Mitbegründerin des Düsseldorfer „Kom(m)ödchens".

23. Februar
Emil Obermann (72), Fernsehchefredakteur und Moderator („Pro und Kontra").

6. März
Melina Mercouri (68), griechische Sängerin und Kulturministerin.

9. März
Charles Bukowski (73), amerikanischer Kultautor.
Karl-Wilhelm Berkhan (79), ehemaliger Wehrbeauftragter des Bundestages.

12. März
Sandra Paretti (59), Schriftstellerin.

15. März
Jürgen von Manger (71), Schauspieler und Kabarettist.
Mai Zetterling (68), schwedische Schauspielerin.

17. März
Walter Janka (79), Verleger.

18. März
Günter Mittag (67), Ex-DDR-Wirtschaftslenker.

23. März
Giulietta Masina (73), Schauspielerin.

28. März
Eugene Ionesco (81), französischer Schriftsteller.

29. März
Paul Grimault (89), französischer Trickfilmregisseur.

4. April
Kurt Meisel (81), österreichischer Schauspieler und Regisseur.

7. April
Golo Mann (85), Historiker.

8. April
Kurt Cobain (27), Sänger der Rockgruppe „Nirvana".

14. April
Bernt Engelmann (73), Schriftsteller.

19. April
Jochen Ziem (62), Schriftsteller.

22. April
Richard Nixon (81), früherer US-Präsident.

24. April
Margot Trooger (70), Schauspielerin.

30. April
Roland Ratzenberger (31), Formel 1-Fahrer.

1. Mai
Ayrton Senna (34), dreimaliger Formel 1-Weltmeister.

9. Mai
Heinz-Werner Meyer (61), DGB-Vorsitzender.

12. Mai
Erik Erikson (91), deutsch-amerikanischer Psychoanalytiker.
John Smith (55), Vorsitzender der britischen Labour-Partei.

19. Mai
Jacqueline Kennedy Onassis (64), amerikanische Präsidentenwitwe.

23. Mai
Joe Pass (63), amerikanischer Jazz-Gitarrist.

29. Mai
Erich Honecker (81), Ex-Staats- und Parteichef der DDR.

30. Mai
Juan Carlos Onetti (84), uruguayischer Schriftsteller.

4. Juni
Jens Rohwer (79), Komponist.

13. Juni
Peter R. Hofstätter (80), Psychologie-Professor.

16. Juni
Henry Mancini (70), Filmkomponist.

24. Juni
William Morgan (88), US-Astronom und führender Sternenforscher.

1. Juli
Hedda Zinner (90), Schriftstellerin.

8. Juli
Kim Il Sung (82), nordkoreanischer Staats- und Parteichef.

14. Juli
Robert Jungk (81), Zukunftsforscher.
Theo Nischwitz (81), deutscher Film-Trickspezialist („Raumschiff Orion").

20. Juli
Paul Delvaux (96), belgischer Maler.

23. Juli
Grete Schickedanz (82), langjährige Chefin der Quelle Schickedanz AG & Co.

26. Juli
Ernst Schröder (79), Schauspieler und Regisseur.

29. Juli
Dorothy Hodgkin (84), britische Chemie-Nobelpreisträgerin.

4. August
Giovanni Spadolini (69), früherer italienischer Minister- und Staatspräsident.
Jürgen Jürgens (68), Gründer des Hamburger Monteverdi-Chores.

11. August
Peter Cushing (81), britischer Horrorfilm-Star.

13. August
Manfred Wörner (59), NATO-Generalsekretär.

14. August
Elias Canetti (89), Literatur-Nobelpreisträger.

17. August
Jack Sharkey (91), Ex-Schwergewichts-Boxweltmeister.

18. August
Richard Synge (79), britischer Chemie-Nobelpreisträger.

20. August
Linus Pauling (93), Molekularbiologe und Friedensnobelpreisträger.

23. August
Paolo Volponi (70), italienischer Schriftsteller.

26. August
Werner Klemke (77), Graphiker und Buchillustrator.

30. August
Lindsay Anderson (71), britischer Filmregisseur.

31. August
Eberhard Roters (65), Gründungsdirektor der Berlinischen Galerie.

6. September
James Clavell (69), amerikanischer Romancier.
Terence Young (79), britischer James-Bond-Regisseur.

11. September
Jessica Tandy (85), Schauspielerin.

17. September
Karl Popper (92), Philosoph.

18. September
Franco Moschino (44), italienischer Modeschöpfer.

20. September
Jule Styne (88), amerikanischer Musical-Komponist.

24. September
Ruth Niehaus (66), Schauspielerin.

25. September
Prinz Louis Ferdinand von Preußen (86), letzter Kaiserenkel.

3. Oktober
Heinz Rühmann (92), Schauspieler.

18. Oktober
Eberhard Feik (50), Schauspieler.

21. Oktober
Burt Lancaster (80), Hollywood-Schauspieler.

24. Oktober
Raul Julia (50), Schauspieler.

28. Oktober
Agnes Fink (74), Schauspielerin.

5. November
Eckart Hachfeld (84), Kabarett-Texter.

7. November
Shorty Rogers (70), amerikanischer Jazztrompeter.

12. November
Wilma Rudolph (54), Olympiasiegerin 1960 in Rom über 100, 200 und 4x100 Meter.

15. November
Lia Wöhr (83), Schauspielerin und TV-Produzentin.

18. November
Cab Calloway (86), Jazz-Sänger und Big-Band-Leader.

5. Dezember
Günter Meisner (68), Schauspieler.

6. Dezember
Gian Maria Volonté (61), italienischer Schauspieler.

8. Dezember
Antonio Carlos Jobim (67), brasilianischer Pianist und Erfinder des Bossa Nova.

9. Dezember
Max Bill (85), Schweizer Maler und Bildhauer.

11. Dezember
Kenneth Rush (84), amerikanischer Diplomat.

20. Dezember
Dean Rusk (85), ehemaliger US-Außenminister.

24. Dezember
John Osborne (65), britischer Dramatiker.

26. Dezember
Karl Schiller (83), früherer Wirtschafts- und Finanzminister.

31. Dezember
Bruno Pezzey (39), österreichischer Fußballer.

Redaktionelle Mitarbeit: Heide Bagot-Heuser (Paris), Konstanze Merkel (London), Renate Haarhoff und Dieter Steiner (New York);

Umschlag: Reuter/Bettmann; Oliver Herrmann/Photo Selection; Dieter Bauer/STERN; Reuter; Daniela Federici/Visages/Inter-Topics; Pierre Adenis/G.A.F.F.;

8/9 Don Cochran/Courtesy Eastman Kodak Co.; 10/11 Kleefeldt/DPA; 12/13 Thomas Hegenbart; 14/15 Dieter Blum; 16/17 Manoocher Deghati/AFP/DPA; 18/19 Christopher Morris/Time/Black Star; 20/21 Doug Perrine/Innerspace Visions; 22/23 Sygma; 24/25 Rolf Nobel/Visum; 26/27 Bruno Broken; 28/29 Mike Hutchings/Reuter; 30/31 Sebastiao Salgado/Amazonas Images; 32/33 Jay Ullal/STERN, 34/35 Sawah Abu Seif/Reuter; 36/37 Khaled Zighari/Reuter (2); 38/39 Ziv Koren; 40/41 Alfred/Sipa; 42/43 Dennis Brack/Black Star; 44/45 Nikolaj Ignatiew/Network/Focus; 46/47 Sven Creutzmann/Zeitenspiegel, Eric Bouvet/Matrix; 48/49 Nikolaj Ignatiew/Network/Focus; 50/51 AFP/DPA; 52/53 Pierre Verdy/AFP/DPA; 54/55 Mario R. Dederichs/STERN, 56/57 Alexandre Saut/Anna; 58/59 Jay Ullal/STERN; 60/61 Perry Kretz/STERN (4); 62/63 Reuter (3); 64/65 Shone/Sipa, AP; 66/67 action press; 68/69 Pica Pressefoto, Lehtikuva Oy/DPA, Reuter; 70/71 Perry Kretz/STERN (3); 72/73 Perry Kretz/STERN (2); 74/75 Reuter; 76/77 Reuter (2); 78/79 action press; 80/81 Eric Camoin/Reuter; 82/83 Jay Ullal/STERN, 84/85 Jaques Demarthon/AFP/dpa; 86/87 Sean Ramsey/JB Pictures (3); 88/89 Dieter Bauer/STERN, 90/91 Georg Schönharting/Ostkreuz; 92/93 Peter Thomann/STERN; 94/95 Axel Kull/Vision, Dieter Bauer/STERN; 96/97 Robert Lebeck/STERN, 98/99 Karin Rocholl; 100/101 Karin Rocholl; 102/103 Jens Rötzsch/Ostkreuz; 104/105 Peter Himsel/Ghost; 106/107 Martin Jehnichen/Transit; 108/109 Karlheinz John, Peter Thomann/STERN, 110/111 Elleringmann/Bilderberg; 112/113 Ute Mahler/Ostkreuz, Manfred Scharnberg/Visum; 114/115 Klaus Bodig/Hamburger Abendblatt; 116/117 Mike Schmalz; 118/119 Karin Rocholl; 120/121 Jürgen Mahnke; 122/123 Unkel/action press; 124/125 Volker Hinz/STERN; 126/127 Kirk Weddle/Sipa; 128/129 Doug Ordway for Gianni Versace; 130/131 Wolfgang Wesener; 132/133 Volker Hinz/STERN (2), 134/135 Michael Thompson; 136/137 Joe Marqjette/AP; 138/139 Saugertis/AP; 140/141 Mooney/Sipa; 142/143 Virgin Records; 144/145 DPA; 146/147 David James/Sygma; 148/149 Sygma, Verleih (2); 150/151 DPA; 152/153 LFI/Photo Selection, Verleih (3); 154/155 DPA (1), Verleih; 156/157 Oliver Herrmann/Photo Selection; 158/159 Henry Grossman/© Time Warner; 160/161 Ralph Richter/Museum der Stadt Groningen (4); 162/163 Götz Schwan (2), DPA; 164/165 Dieter Blum; 166/167 © ’94 Best Ideas! Medien Produktion Herrenberg; 168/169 Hans Rauchensteiner; 170/171 Markus Gilliar/GES; 172/173 Lorenz Baader; 174/175 Alois Furtner/US Press; 176/177 Tom Jacobi; 178/179 Paul B. Goode; 180/181 Peter Thomann/STERN; 182/183 Streubel/Wende; 184/185 Sygma, DPA; 186/187 Harald Schmitt/STERN; 188/189 Rainer Martini/LOOK; 190/191 Paul Langrock/ZENIT; 192/193 AFP/DPA; 194/195 Simon/Gamma; 196/197 Patricio Estay; 198/199 Jay Dickman; 200/201 Stroscher/DPA; 202/203 Robert Lebeck/STERN; 204/205 Bonn-Sequenz; 206/207 Peter Ginter/Bilderberg; 208/209 Sipa; 210/211 Peter Thomann/STERN; 212/213 Hutchings/Sipa; 214/215 Nikolaj Ignatiew/Network/Focus; 216/217 Nathalie Robert/Sipa; 218/219 Georges Gobet/AFP/AP; 220/221 Paul van Riel; 222/223 Gerd Ludwig/Visum; 224/225 Manfred Kage; 226/227 Bettmann/Reuter; 228/229 Uta König; 230/231 Megan Lewis/Reuter 232/233 Vincent Amalvy/AFP/DPA; 234/235 Vladimir Zavialov (2); 236/237 Jamie Moncrief/Wilmington Star-News/AP; 238/239 NASA/Science Photo Library/Focus; 240/241 Mike Theiler/Reuter; 242/243 Michael Wolf/Visum; 244/245 Gunther Michel/BIOS; 246/247 Rolf Nobel/Visum; 248/249 Ulrich Baatz; 250/251 Universität Innsbruck (3); 252/253 Peter Ginter/Bilderberg; 254/255 Ronald Frommann; 256/257 Thomas Ernsting/Bilderberg (3); 258/259 action press; 260/261 Nil Jorgensen/Rex Features; 262/263 Thomas & Thomas (2), Ullstein Bilderdienst (4), Tele Bunk, Berolina-Constantin-Wesel, Röhnert (2), Gloria, du Vinage, DPA; 264/265 Harlan Ross Feltus; 266/267 dpa; 268/269 Sven Simon; 270/271 Toni Frissell/Magnum/Focus, Mark Cardwell/JB Pictures; 272/273 Daniela Federici/Visages/Inter-Topics; 274/275 Richard Young/Rex Features (3), Liz Brewer/Rex Features; 276/277 AP, Rex Features (2); 278/279 Tele Press, Lange/Paris Match; 280/281 Sygma, AP, Enrico Ferorelli/Focus; 282/283 Bruce Chambers/Orange County Register/Saba, Max Scheler/STERN; 284/285 Peter Thomann/STERN; 286/287 DPA; 288/289 A. Scattolon/Contrasto (2).